ベトナム人に日本語を教えるための

発音ふしぎ

大百科

金村久美
Kanamura Kumi

松田真希子
Matsuda Makiko

著

ひつじ書房

序 文

　日本の日本語教育機関では、2014年ごろからベトナム人の日本語学習者が急激に増えてきました。日本で教えている日本語の先生方の中にも、ベトナム人と毎日のように会い、彼らの話す日本語を毎日耳にしているという方も少なくないことと思います。

　ベトナムの学習者と、著者である私たちとの縁は、21世紀が幕を開けたばかりの頃に始まりました。

　私たちはこれまで、日本語の発音で苦労しているベトナム人学習者にたくさん出会いました。そこから、ベトナムの学習者の発音に関心を持ち、私たち自身もベトナム語を学んでみて、その発音の複雑さ、豊かさに驚きました。ベトナム語と日本語の音声は、子音、母音からアクセント、イントネーションまで、何から何まで違っていました。そして同時に、自分の話すベトナム語がベトナム人に全くわかってもらえない、という経験もたくさんしました。

　この経験から、ベトナム人の日本語学習者の音声の問題には、日本語とベトナム語の音声上の違いが強く影響することがわかってきました。ベトナムの学習者の発音が、他の学習者より聞きにくいと思っている先生方は多いと思いますが、彼らは母語とは全く違う日本語を話そうとして、大変な苦労をしているはずなのです。

　さらに近年になって、ベトナムの日本語学習者の指導に取り組む先生方からの助けを求める声が、あちこちから聞こえてくるようになりました。これまでの学習者と違って、日本語を覚えるのが特に遅い、どう教えたらいいかわからない、教材がない、というものです。その声の中には、発音が聞き取りにくい、聴解の成績が悪い、発音をどうやって教えたらいいのかわからな

いというものが多かったのです。

　そこで、ベトナム語の音声の知識を先生方の手元に届くようにする必要を感じました。それだけではなく、もともと音声学分野が苦手で、ベトナムの学習者に限らず音声の指導に不慣れという先生が多いことに気づき、音声学の知識を日々の日本語の指導にもっと活かしていただけるようにする必要性を感じるようになりました。

　これからの日本では、技能実習生、留学生、その家族など、いろいろな目的で来日するベトナムの方たちが、長期間にわたって日本に住むようになると考えられます。そんな方たちが、周囲の日本人と親しみ、日本人の中に溶け込んでいってほしいと願います。その時、ベトナムの方達の日本語の発音が果たす役割は、決して小さくないと思うのです。

　ベトナムの方達が日本の社会を支える一員になっていく、そんな未来を築くために、まずは日本語教育関係者が、ベトナムの学習者の発音の背景を理解し、異なる言語にチャレンジする学習者たちに共感をもって向き合ってほしいのです。その一助になればと思い、私たちは本書を執筆することにしました。

　発音は、コミュニケーションにおける自信に大きく作用します。発音が苦手だから、笑われるのが嫌だから、日本人とのコミュニケーションに尻込みしてしまう…というベトナムの方が多いようです。一人でも多くのベトナムの方が、自信をもって、日本人と心を通じあわせることができるように、そして日本語の先生方がその手助けをする際に、本書がお役に立てるようにと私たちは願っています。

発音困りごと
案内所

ベトナム人学生の発音で
お困りじゃな

まずはどんなことでも
相談するのじゃ

あなたの
困りごとを
選んでみよう!

言葉の意味が通じない、
違う語に聞こえる   YES

話を聞いていると
こちらが苦しくなってくる…   YES

落ち着きのない感じ
に聞こえる…   YES

言いたいことは
わかるけど、
不自然、違和感がある…   YES

長い話を聞いても、
内容が頭に入ってこない…   YES

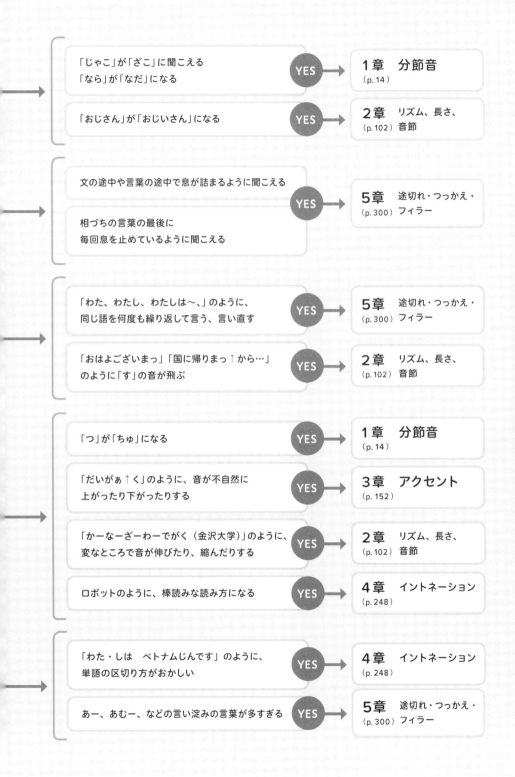

「じゃこ」が「ざこ」に聞こえる
「なら」が「なだ」になる
YES → **1章 分節音** (p.14)

「おじさん」が「おじいさん」になる
YES → **2章 リズム、長さ、音節** (p.102)

文の途中や言葉の途中で息が詰まるように聞こえる
相づちの言葉の最後に毎回息を止めているように聞こえる
YES → **5章 途切れ・つっかえ・フィラー** (p.300)

「わた、わたし、わたしは〜、」のように、同じ語を何度も繰り返して言う、言い直す
YES → **5章 途切れ・つっかえ・フィラー** (p.300)

「おはよございまっ」「国に帰りまっ↑から…」のように「す」の音が飛ぶ
YES → **2章 リズム、長さ、音節** (p.102)

「つ」が「ちゅ」になる
YES → **1章 分節音** (p.14)

「だいがぁ↑く」のように、音が不自然に上がったり下がったりする
YES → **3章 アクセント** (p.152)

「かーなーざーわーでがく（金沢大学）」のように、変なところで音が伸びたり、縮んだりする
YES → **2章 リズム、長さ、音節** (p.102)

ロボットのように、棒読みな読み方になる
YES → **4章 イントネーション** (p.248)

「わた・しは　ベトナムじんです」のように、単語の区切り方がおかしい
YES → **4章 イントネーション** (p.248)

あー、あむー、などの言い淀みの言葉が多すぎる
YES → **5章 途切れ・つっかえ・フィラー** (p.300)

目 次

登場人物紹介

先生

カメ仙人

ホアンキエム湖からでてきた伝説の仙人日本語教師。悩める日本語の先生を救うために現る。

越川なお

大百科工業ベトナム日本語講師。ベトナムでベトナム人社員に日本語を教えて1年目。ベトナム料理が大好き。今はベトナム語を勉強中。

松本羊太郎

ふしぎ日本語学校日本語講師。いつもこぶしをにぎって困っているので「こまり先生」と呼ばれている。

生徒

グエン・ビン・ズン

大百科工業ベトナム社員、北部出身、エンジニア、趣味はゲーム。

レー・ティ・マイ

ふしぎ日本語学校学生、南部出身、趣味は SNS。

凡例

記号	意味	例
' ' " "	強調や例示	意味が変わらないいろいろな音のことを‘異音’といいます。 では“お誕生日”と言ってみてください。“すみません”のアクセントは【トタタタト】です。
「」	発言	「あ」と言ってください。「ありがとございまっ」とか言われるとすごく変で…。
//	音素表記	“た”の頭子音は /t/ です。“かん［m］ぶん”の“ん”と“かん［ŋ］こく”の“ん”は音声的には別の音ですが、音素は同じ /n/ と考えます。
［ ］	音声表記	ベトナム語の子音 s は異音が多く、日本語のサ行の音だけでなく、シャ行の音や無声そり舌摩擦音［ʂ］で読まれることもあります。
〈 〉	ベトナム語の読み方のカタカナ表記	ODA〈オー　デー　アー〉
( )	ベトナム語の語や文の意味	gà con〈ガー　コン〉（ひよこ）
《 》	ベトナムの学習者の発音例	《いきまっ》【トトタタ】と読んでいる人、いませんか？
↑	上昇イントネーション、1拍分の長さの中で上昇する	《おはよございまっ↑》という発音になってしまうのです。
↓	下降イントネーション、1拍分の長さの中で下降する	《行くぅ↓↗?》（下降上昇）
↗	上昇イントネーション、1拍以上長く伸ばしながら上昇する	「母とぉー↗一緒にぃー↗…」
△	‘息止め’。声門閉鎖などで途切れて聞こえる部分	《わすれちゃっ△た》

ー	長く伸ばす	《わたしはー、あむ、あむ、だいがっくーで…》
t, s	無声子音の母音が弱くなる部分	《おはよございま t》
【】	トタトタ式アクセント表記 （3章参照）	"ランです" は、【タトトト】です。
C	子音	ベトナム語では CVC 1 音節を 1 リズム単位とし…。
V	母音	日本語では CV 1 拍が 1 リズム単位となり…。
｜	短いポーズを置くところ	今から｜パーティーを始めます‖どうぞよろしくお願いいたします。
‖	長いポーズを置くところ	
＼	アクセントの下がり目	それで＼は　はっぴょうをはじめま＼す
⬚	「こんな風に説明しよう」のなかで、板書する部分	【タ】の後に＼を書きます。 【タトトト】

音声データダウンロードの方法

1. PC・スマートフォンで音声ダウンロード用の
サイトにアクセスします。
QR コード読み取りアプリを起動し、
次のQR コードを読み取ってください。

- QR コードが読み取れない方はブラウザから
「https://audiobook.jp/exchange/hituzi」にアクセスしてください。
- これ以外の URL からアクセスされますと、無料のダウンロードサービスを
ご利用いただくことができませんのでご注意ください。
- URL は「www」等の文字を含めず、正確にご入力ください。

2. 表示されたページから、audiobook.jp への
会員登録ページに進みます。

- 音声のダウンロードには、audiobook.jp への会員登録（無料）が必要です。
- 既にアカウントをお持ちの方はログインしてください。

3. 会員登録後、シリアルコードの入力欄に「69199」を入力して「送信する」をクリックします。
クリックすると、ライブラリに音源が追加されます。

69199

4. スマートフォンの場合はアプリ「audiobook.jp」をインストールしてご利用ください。
PC の場合は、「ライブラリ」から音声ファイルをダウンロードしてご利用ください。

ご注意

- ダウンロードには、audiobook.jp への会員登録（無料）が必要です。
- PC からでも、iPhone や Android のスマートフォンからでも音声を再生いただけます。
- 音声は何度でもダウンロード・再生いただくことができます。
- 上記の 1. の URL 以外からアクセスされますと、音声をご利用いただけません。
  URL の入力間違いにご注意ください。
- ダウンロードについてのお問い合わせ先：info@febe.jp（受付時間：平日の 10 〜 20 時）

声の出演

高木香与呼・金村久美

1章
分節音

序　ベトナム語と日本語の分節音の違い

　ベトナム語の分節音、つまり子音や母音は、日本語より豊富で、日本語にない音がたくさんあります。とはいっても、ベトナムの学習者にとって、日本語の分節音は決して易しくはありません。日本語にはベトナム語にない音もあり、ベトナム語にない音の区別もあるからです。

　まず、難しい子音を挙げます。ベトナム語には、日本語のサ行とシャ行の区別、ザ行・ジャ行・ヤ行の区別がなく、ベトナムの学習者はこれを混同してしまいます。また、ベトナム語には“つ”の音がなく、よくこれを《ちゅ》と発音してしまいます。これらは、ベトナムの学習者の特徴的な発音としてよく知られているものでしょう。

　これだけではありません。ベトナムの学習者には、ダ行とナ行を混同する人が一部にいます。これは北部地方の一部の方言の影響のようです。この他、混同はしませんが、日本語らしく発音するのが難しい音がいくつかあります。例えば、ラ行音です。日本語のラ行音は、tap と呼ばれる、舌先で上顎を軽くたたくような音で、日本語に独特の音です。ベトナム語にはこの音がなく、日本語のラ行音と最も近い音は、震え音（いわゆる巻き舌音）、または側面音（英語の like の l に近い音）です。どちらも日本語のラ行音とはかなり違う音で、日本語のラ行の音を日本語らしく発音することはなかなか難しいようです。この他、日本語のガ行音は破裂音なのですが、ベトナム語でこれに当たる子音 g は摩擦音のため、ベトナムの学習者のガ行音が母音やワ行音のような柔らかい音に聞こえ、聞き取りにくいことがあります。

　次に、母音の困難点を挙げます。ベトナム語の母音は 10 〜 11 あり、日

本語の 5 母音の中でベトナム人学習者が全く発音できない音はありません。しかし、日本語の母音は、口を大きく開けず、舌を口の中の中央からあまり動かさない、弛緩した母音が多いのに対し、ベトナム語の母音は、舌を前の方に出したり、後ろに大きく引いたり、口を大きく開けたり強く横に弾いたりと、はっきりした音が多いので、ベトナムの学習者の発音はあまり日本語らしくない音色になりがちです。また、"経済"の /ei/ や "名前"の /ae/ という母音連続は、ベトナム語の音節にはないので、これを《かいざい》や《なめー》と発音してしまう学習者がかなりいるようです。

　子音、母音に加えて、拗音（ようおん）と特殊拍にも問題があります。拗音とは、日本語の小さい "ゃ ゅ ょ" を含む音のことですが、この中には、ベトナム語に存在せず発音しにくい音がいくつかあります。例えばきゃ、りゃ、みゃ、ひゃ、びゃ、ぴゃ、などで、これを《きあ》《りあ》と 2 つの音に分けて読んでしまう学習者が多いです。また、"ん"の発音にはいろいろな問題があります。撥音（はつおん）"ん"は特殊拍の 1 種ですが、ここでは分節音の問題の一部として扱おうと思います。"ん"は、日本語では 1 つの拍ですが、ベトナムの学習者にとっては音節末子音ととらえられるからです。そのため、"ん"を 1 つのリズム単位の音として発音することが難しく、これに母音をつけて《うん》と読んでしまいがちです。"ん"だけで発音できるように練習する必要があります。

　このような全体像を踏まえた上で、それぞれの問題をより詳細に見ていきましょう。

発音チェックテスト① 分節音

先生、日本人のみなさんへ

　右のシートは、ベトナムの日本語学習者の分節音の発音について、苦手な音と得意な音をチェックするためのものです。下の例文を読んでもらい、発音をチェックしてください。チェック語彙の下線部の音の誤りがあったら、誤りパターンの中から選んで、該当する欄にチェックを入れてください。

　最後までチェックしたら、合計欄に誤りの数を書き入れ、どの誤りが多いか確認して、判定欄に書いてください。結果はぜひ学習者の方にお知らせしてあげてください。このチェックは、コースのはじめと最後に行って進歩を確認したり、発音を勉強したいという学習者の方に随時実施したりできます。

学習者のみなさんへ

　日本語の発音の中で、苦手な音はありますか。このシートを使ってチェックしてみましょう。下の例文を読む練習をして、先生や日本人の方にチェックしてもらってください。あなたが苦手な音がわかります。

みなさんこんにちは。＿＿＿＿＿＿です。＿＿才（さい）です。

私（わたし）は小（ちい）さいころから日本（にほん）のマンガが好（す）きでした。

それに、私（わたし）の国（くに）では、経済（けいざい）が発展（はってん）して、日本（にほん）との貿易（ぼうえき）も増加（ぞうか）していますから、ずっと日本（にほん）に留学（りゅうがく）するのが夢（ゆめ）でした。

今（いま）の目標（もくひょう）は、日本（にほん）で就職（しゅうしょく）して社会人（しゃかいじん）になることです。

でも、英語（えいご）が弱点（じゃくてん）で、今（いま）、勉強中（べんきょうちゅう）です。

それから、やっぱり日本人（にほんじん）とつきあいたいです。

早（はや）く家族（かぞく）を作（つく）りたいので、よかったら誰（だれ）か紹介（しょうかい）してください。

どうぞよろしくお願（ねが）いします。

誤りパターン ＼ チェック語彙	さ→しゃ	しゃ→さ	ざ→じゃ	じゃ→ざ	ざ→や	や→ざ	じゃ→や	や→じゃ	つ→ちゅ	ちゅ→つ	ら→	だ→ら	その他
みなさん	▨												
2じゅう				▨			▨						
xx さい	▨												
わたし	▨												
すき													
けいざい			▨		▨								
ぞうか													
ずっと													
りゅうがく											▨		
ゆめ						▨		▨					
しゅうしょく		▨											
しゃかいじん		▨											
えいご													▨
じゃくてん				▨			▨						
～ちゅう										▨			
それから											▨		
やっぱり						▨							
つきあいたい									▨				
はやく						▨							
かぞく			▨		▨								
つくりたい						▨			▨				
よかったら						▨					▨		
しょうかい		▨											
ください												▨	
どうぞ				▨	▨							▨	
よろしく						▨							
合計	／4	／3	／5	／2	／5	／5	／2	／5	／2	／1	／4	／2	／1

判定　あなたの苦手な音は…　　　＿＿＿ → ＿＿＿　と　＿＿＿ → ＿＿＿

（例：さ→しゅ　と　つ→ちゅ）

1.1　ザ行⟷ジャ行の混同

🔍 例 1🎧 ┈┈┈┈┈┈┈┈┈┈┈┈┈┈┈┈┈┈┈┈┈┈┈┈┈┈┈┈┈┈┈┈

- 英語が弱点で
  《えいごがざくてんで》

- お誕生日おめでとうございます
  《おたんぞうび　おめでとうございます》

- どうぞよろしくお願いいたします
  《どうじょよろしく　おねがいいたします》

- 日本との貿易も増加していますから
  《にほんとの　ぼうえきも　じょうかしていますから》

❓相談 ┈┈┈┈┈┈┈┈┈┈┈┈┈┈┈┈┈┈┈┈┈┈┈┈┈┈┈┈┈┈┈┈┈

　　ベトナムの学習者の、ザ行、ジャ行の発音がおかしいんです。
"だいじょうぶ"が《だいぞうぶ》、"かぞく"が《かじょく》に聞
こえるので、ザ行とジャ行が苦手なんでしょうか。でも、他にも、
"よやく"が《よざく》とか、"やっぱり"が《じゃっぱり》とか、
いろいろあるみたいです。

　　リピートさせても、"ざ"と"じゃ"の違いに気づいていないみ
たいです。その場ではできても、指導が終わったらすぐ元に戻って
しまったりします。

　　ベトナム語には、ザとかジャの音がないんでしょうか。でも、ベ
トナムの人でも、こういう間違いが出ない人もいるかも。ベトナム

の学生が全員こういう発音になるっていうわけではないかもしれないですね…。

！解説

そうですね。人によっては区別がとても難しい音で、不思議ですよね。ベトナム語では、ザ行とジャ行の区別がありません。正確には、ザ行、ジャ行、ヤ行の区別がなく、どの音で言っても意味が変わりません。例えば、ベトナムの女性の民族衣装アオザイ（ベトナム語では áo dài と書き、ザの音は d の字で書きます）は、アオザイ、アオジャイ、アオヤイ、のどれで読んでも通じます。このように、意味が変わらないいろいろな音のことを '異音' といいます。

ベトナム語でのこの音の読み方は方言によって異なり、ベトナム中部以南の地方では、ザ行をジャ行やヤ行で読む人が多いです。ベトナム南部のホーチミン市では、アオザイはアオヤイと発音されるのが普通です。ただ、南部の人全員がアオヤイというわけではありません。どうやら、どの音で発音するかという習慣が個人によってだいたい決まっているようです。つまり、áo dài という言葉を、時によってアオザイと読んだりアオジャイと読んだりするという人は、あまりいないのです。

学習者の日本語の発音をみても、やはりザ・ジャ・ヤ行の発音が全く自由に現れるというわけではなく、読み方が個人によってだいたいどれかに決まっています。最初からこれらの音の区別や発音が簡単にできる人もいます。

そこで、区別を教えようとする前に、まず、学生の発音を観察し、次の4つのタイプに分けてみましょう。先生方がタイプ分けするだけでなく、自分がどのタイプかを学習者自身に気づいてもらうのも効果的ですので、タイプ分けの結果を学習者と共有しましょう。

タイプ名	特徴	発音例		
1）ザ型	ジャ・ヤがザになる	かぞく	ぞく	ざっぱり
2）ジャ型	ザ・ヤがジャになる	かじょく	じょく	じゃっぱり
3）ヤ型	ザ・ジャがヤになる	かよく	よく	やっぱり
4）ザ・ジャ・ヤを正しく発音できる		かぞく	よく	やっぱり

　その上で、この項目では、まず、1）と2）の人への対応を考えてみたいと思います。3）については、1.2を参照してください。

　まず、ザ行とジャ行の調音の違いを復習しておきましょう。この2つの音は、調音法は同じ摩擦音ですが、調音点が異なります。ザ行の音は歯茎音 âm chân răng で舌先を歯の裏に置くのに対し、ジャ行の音は歯茎硬口蓋音 âm lợi - vòm miệng で、前舌のやや広い範囲の部分を、ザよりも後ろの方に接触します。ジャ行の方が舌を後ろの方に置くというところがポイントです。

　ザ行とジャ行の舌の位置の違いをベトナムの学習者に説明する際には、ベトナム語の他の音の区別を利用するとわかりやすいです。まず、タ行とチャ行の区別ができることを確認してもらいましょう。ベトナム語にはタ行とチャ行の音があり、ベトナム語の綴りでは t、ch の字を使って書きます。t-の音はザ行、ch- の音はジャ行と同じ位置で調音します。この音の区別はベトナムの学習者なら誰でも必ずできるはずです。この2つの音を出すときの舌の位置が違うことに気づいてもらい、チャ行のほうが舌の位置が口の奥側であり、舌が広く上顎に接することを確認してください。

　これができたら、ザ行とジャ行の違いはタ行とチャ行の違いと同じであることを伝えます。そして、タの位置でザを、チャの舌の位置でジャを発音する練習をしてみましょう。

図 1.1
日本語のタ行、ダ行、ザ行、ベトナム語の
/t-/ の調音点

図 1.2
日本語のチャ行とジャ行、ベトナム語の
/ch-/ の調音点

　なお、ベトナムの学習者の中には、ジャ行の音を、舌先を反らして上顎に<ruby>上顎<rt>うわあご</rt></ruby>に近づけて発音する人がいます。これは‘そり舌音’といい（図 1.9 参照）、ベトナム語の<ruby>異音<rt>いおん</rt></ruby>の一つです。これは日本語としては違和感がありますので、舌先を反らせないように注意してもらいましょう。

　なお、発音の区別ができない場合、聞き分けもできないことが多いです。発音を習得するには、まず調音（音の出し方）の区別を身につけたほうがよいという考え方と、先に聞き分けを身につけたほうがよいという考え方があります。学習者にも、聞き分けができても発音ができない人、その逆の人、どちらもできない人と、いろいろなタイプがいます。聞き分けと調音は発音の両輪ですので、できるだけ両方練習した方がよいでしょう。

こんな風に説明しよう！ ⋯⋯⋯⋯⋯⋯⋯⋯

　ベトナム語では、ザとジャは同じ音ですね。アオザイ áo dài は、アオザイでもアオジャイでも、いいですね。でも、日本語ではザとジャは違う音です。"やま じゃま ざま"は、違う音です。みなさんは、聞いてわかりますか。

　ザとジャは、口の中の形が違います。どう違いますか？　違いがわかりま

すか？　わかる人は、わからない人にベトナム語で説明してあげてください。

　よくわからない人。では、ベトナム語のタ ta とチャ cha はどうですか？

> ta　cha

　これは言えますね。では、タ ta、チャ cha、と言ってください。舌の形は同じですか？　違いますか？

　タ ta のとき、舌は歯のすぐ後ろにあります。舌の先の小さい部分だけ、歯の後ろにくっついています。じゃあ、ベトナム語のチャ cha のときはどうですか。舌はタ ta よりも後ろにありますね。歯ではなくて、もっと後ろの、歯の後ろの硬い部分にくっついています。舌の先ではなくて、舌の前の方の広い部分が、歯の後ろの硬い部分にくっついています。わかりますか。

タ・テ・トの口の形　　　　チャの口の形

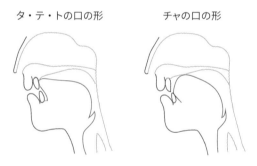

図1.3　タ・テ・トとチャの口の形の違い

ザの音の口の形は、タ ta と同じです。ジャの形は、チャ cha と同じです。じゃあ、発音の練習をしてみましょう。

①タ行とチャ行では舌の場所が違うのを感じてください。

タタタ チャチャチャ タタタ チャチャチャ…

トゥトゥトゥ チュチュチュ トゥトゥトゥ チュチュチュ…

テテテ チェチェチェ テテテ チェチェチェ…

トトト チョチョチョ トトト チョチョチョ

② タと同じ位置でザを言います。チャと同じ位置でジャを言います。

タタタ ザザザ　　　チャチャチャ ジャジャジャ

トゥトゥトゥ ズズズ チュチュチュ ジュジュジュ

テテテ ゼゼゼ　　　チェチェチェ ジェジェジェ

トトト ゾゾゾ　　　チョチョチョ ジョジョジョ

1.2 ヤ行 と ザ・ジャ行の混同

🔍 **例** 2🔊 ···

- ずっと日本に留学するのが夢でした
  《 ずっと　にほんに　りゅうがくするのが　じゅめでした 》

- 居酒屋のホールで働いてます
  《 いやかや　の　ホールで　はたらいてます 》

- どうぞよろしくお願いします
  《 どうよ　よろしくおねがいします 》

- おじいさんは山へ芝刈りに
  《 おじいさんは　ざまへ　しばかりに 》

❓ **相談** ···

　　ベトナムの学習者の中に、ザ行やジャ行の音を、ヤ行の音と間違
える人がいます。"よく"を《ぞく》って発音したりとか、よく使
う言葉なのに全く違う音になるので、一瞬何を言っているのかわか
らなくなります。

　　逆に、ザ行やジャ行の音が、みんなヤ行になってしまう人もいま
す。発音だけではなくて、書くときにも間違えるみたいで、《せん
せい　おたんようび、おめでとうございます》っていうメッセージ
が送られてくるんですよね…。

　　ヤがザやジャになるか、またはザやジャがヤになるか、人によっ
てどちらかに分かれるんですけど、これはどうしてなんでしょうか。

! 解説

　確かに、ザがヤになったり、ヤがザになったりすると、意味がわからなくなることも多いですよね。1.1 で説明したように、ベトナム語ではザ・ジャ・ヤ行の区別がありません。そのため、日本語のザ行・ジャ行・ヤ行の間で混同が起こりやすいです。これらの音は、一人の人が 3 つの音を全く不規則に発音するわけではなく、その人が言いがちな音があり、それによって、ザ型、ジャ型、ヤ型に分けられます。

　ここではヤに関連する場合の教え方を考えてみましょう。つまり、①ザ型の人のうちヤがザになる場合、②ジャ型の人のうちヤがジャになる場合、そして、③ヤ型、つまりザもジャもヤになる人、についてです。ザ型は北部出身の人、ヤ型は南部出身の人が多いようです。

　まず、ヤ行とザ・ジャ行の調音について復習します。ザ行、ジャ行は、調音点は異なりますが、調音法は同じで、いずれも摩擦音です。上顎と舌が近づき、摩擦する音が出ます。一方、ヤ行は接近音で、摩擦する音が出ない音です。この 2 つの音の調音の違いは、調音器官がどのくらい近づくかの違いだけで、接近音をもっと接近させれば摩擦音になります。日本人には、ザ、ジャ、ヤの音は全く違う音に聞こえますが、実は、発音をするときの口の形は 3 つとも近くて、微妙な違いしかないんですよ。

　ヤ行とザ・ジャ行の区別を身につけるには、この摩擦音と接近音の音質の違いを感じてもらわなければなりません。ヤ型の人には、摩擦音のザラザラした音の感じに気づいてもらいましょう。ザ型、ジャ型の人には、接近音であるヤ行の、母音に似た雑音のない音質に気づいてもらうようにします。

　なお、ザ型、ジャ型の人にヤ行の音を区別してもらうには、ベトナム語の中でヤ行に近い音を利用する方法もあります。ベトナム語の中でヤ行に近い音としては y があります。yêu〈イエウ〉（愛する）という語のように、y は語頭にくることがあるのですが、これはベトナム語では頭子音ではなく、

'長いi'、つまりiが2つ連なったもの、と位置付けられています。この音には異音がなく、yêuをジエウと発音する人はいません。ですので、ヤ行がどうしても言えない学習者には、ヤ行をベトナム語のy、またはiiで置き換えて読んでもらい、接近音のなめらかな音の感じをつかんでもらうのも1つの方法です。たとえば"よやく"をiio iia kuと書くようにです。ただし、その場合は、リズムが乱れる恐れがあるので、注意が必要です。

こんな風に説明しよう！

áo dài

みなさん、これをどう読みますか。アオザイの人。アオジャイの人。アオヤイの人。ベトナム語のdの音には、ザ、ジャ、ヤの音があるんですね。じゃあ、これはどうですか。1、2、3番には、ABCのどの音がありますか。

---

	1 家族	2 翻訳	3 二十二
A	ぞ	ざ	ず
B	じょ	じゃ	じゅ
C	よ	や	ゆ

全部Aの人は、ザ型の人です。Bの人は、ジャ型の人。Cの人は、ヤ型の人です。みなさんは何型ですか。

ぞ、じょ、よ、ざ、じゃ、や、違いはわかりますか。ヤの音とザ、ジャの音の違いを練習しましょう。

"や ゆ よ"のとき、舌 lưỡi が上顎 khẩu cái に近づきます。口の中が狭くなります。でも、舌と上顎はくっつきませんから、息を入れたり、出したり

できます。ベトナム語で i や y を言う時と同じです。こんな音を接近音 âm tiếp cận, âm trung gian といいます。

図1.4　ヤ行（接近音）の口の形

"ざ" や "じゃ" の発音のとき、舌と上顎は、ヤよりももっと近くなります。息が通る道は、とても狭くなります。それで、摩擦する音 âm sát が出ます。机を手で擦ったり、紙を 2 枚合わせて擦ったりしてみてください。これが摩擦する音です。

図1.5　ジャ行（摩擦音）の口の形

ヤの音と、ザやジャの音の違いがわかりますか。日本語の "や ゆ よ" は接近音で、摩擦の音が出ません。iia、iiu、iio、と言ってみてください。摩擦の音が出ませんね。なめらかな音です。

日本語の“ざ じ ず ぜ ぞ”“じゃ じ じゅ じぇ じょ”は摩擦音です。ザラザラする摩擦の音が出ます。この違いが感じられれば、区別ができると思います。

舌の高さを動かす練習をしてみましょう。「あ」と言ってください。次に「い」と言ってください。さっきより、口の中で舌が上顎に近くなりましたね。じゃあ、舌をもっと上顎に近くしてください。でも、まだくっつけてはダメです。はい、では息だけを出してください。シーという音が出ます。次は声を出してみてください。“じー”という摩擦の音が出ましたか？

次に、“お誕生日”で練習します。1）2）3）を言ってみましょう。図1.6を見てください。

1）おたんいおうび　　2）おたんようび　　3）おたんじょうび

1）は言えますね。「いお、いお、いお…」と繰り返し言ってください。次に、舌をもっと上顎に近づけてください。「よ　よ　よ…」と繰り返し言ってください。じゃあ、言いながら、舌と上顎をもっと近くしていってください。「よ　よ　よ … じょ …」とても近くすると、〈じょ〉になりますね。では“お誕生日”と言ってみてください。《おたんようび》が“おたんじょうび”になりましたか。

1）いお　　　　　2）よ　　　　　3）じょ

図1.6　《おたんいおうび》から“おたんじょうび”へ、舌を上顎に近づけて言う練習

違う方法でもう一度練習してみましょう。

> 1）おたん<u>よ</u>うび　　2）おたん<u>ショ</u>ーび　　3）おたん<u>じ</u>ょうび

　まず、1）を言ってみましょう。これは接近音です。次に、2）を言ってみましょう。ベトナム語で書けば xio という音です。"ショー"という摩擦の音を強く出してください。このショーの音を忘れないでくださいね。最後に、3）を、"ショー"の息の音を強くして"おたんじょうび"と言ってみましょう。言えましたか？

1.3　サ行⟷シャ行の混同

🔍 **例** 3🎧 ·····································

- 誰か紹介してください
  《 だれか　そうかいしてくらさい 》

- 日本の漫画が好きでした
  《 にほんの　まんがが　しゅきでした 》

- それから
  《 しょれから 》

❓ **相談** ···

　　サ行とシャ行の音が混同することが多いです。ただ、シャ・
シュ・ショの音がサ・ス・ソになることは多いようですが、逆は少
ないようです。"わたし"が《わたすぃ》となっているのは、時々
耳にしますが…。
　　こんな間違いが多いので、日本人からよく聞き返されているよう
です。でも、聞き返されても、自分の発音のどこが間違っているか
わからないみたいなので、自分の発音に自信が持てなくて、日本人
と話すのがおっくうになってしまうようなんです。

! 解説

　なるほど。自信を持って話せるように、手助けをしてあげたいですよね。確かに、ベトナム人の学生は、日本語のサ行とシャ行を混同することがあります。これは 1.1 ザ行←→ジャ行の混同 と似ているのですが、実は少し事情が違っています。学習者の発音とベトナム語の文字が関係していると思われるのです。日本語のサ行、シャ行に対応する音としては、ベトナム語では x と s という字で表記する 2 つの頭子音があります。

　このうち、x のほうは、舌を歯の後ろに近づける無声歯茎摩擦音（むせいしけいまさつおん）で、日本語でいえばサ・スィ・ス・セ・ソという音です。この x の字がシャ行の音で読まれることはありません。

　一方、s のほうはというと、x と同じサ行の音（無声歯茎摩擦音（むせいしけいまさつおん））のほか、舌の位置が少し後ろのシャ行の音（無声歯茎硬口蓋摩擦音（むせいしけいこうこうがいまさつおん））や、舌先を後ろに外らせる音（無声そり舌摩擦音（むせいじたまさつおん））という、いろいろな発音の仕方がある音です。1 つの音のいろいろな発音の仕方のことを、異音（いおん）といいます。北部では x も s もどちらも同じサ行の音で読む人が多いのですが、中部以南では異音が多く現れる傾向にあります。ちなみに、ベトナムの国語教育では、x と s を区別するために、音読や書き取りの際には、あえて s をそり舌音（じた）で発音させています。そのため、s の音はそり舌音で読むのが正しい、と主張するベトナム人もいます。

　このような事情から、日本語のサ行はベトナム語の x の音と考える学習者が多いのか、サ行をシャ行で読んでしまう人は少ないようです。これに対し、シャ行のほうは s に対応すると覚えてしまっているのか、シャ行の音をサ行やそり舌音（じた）で読んでしまう誤りが多く発生します。

　従って、教え方としては、サ・ス・セ・ソの子音は x の音であると教えてよいです。ただし、ベトナム語の xi はスィという音（無声歯茎摩擦音（むせいしけいまさつおん））ですが、日本語のシの音をスィと読んだら間違いになり、舌を後ろに引いてシ

と発音しなければいけない（これを口蓋化音（こうがいかおん）といいます）ので、注意が必要です。そして、シャ行はベトナム語のsと全く同じではないこと、シャ行はsのいろいろな音（異音（いおん））のうち歯茎硬口蓋音にあたること、を理解してもらうようにすればいいと思います。歯茎硬口蓋音（しけいこうこうがいおん）については、1.1 ザ行←→ジャ行の混同 と同様に、タの音（歯茎破裂音（しけいはれつおん））とチャの音（歯茎硬口蓋破擦音（しけいこうこうがいはさつおん））の対立を利用して、シャ行を正しく発音するための舌の位置を確認してもらいましょう。

こんな風に説明しよう！

> Aさ・す・せ・そ　　Bしゃ・し・しゅ・しぇ・しょ
> 日本で①就職して、②社会人になりたいです。
> それで、③説明会に④参加しました。

①～④の中で、Aさ・す・せ・その音はどれですか。③せつめい ④さんか ですね。じゃあ、Bしゃ・し・しゅ・しぇ・しょの音はどれですか。①しゅうしょく ②しゃかい ですね。

では、この文を読んで、隣の人に聞いてもらってください。サ行とシャ行を区別することはできますか。全部サ行になってしまう人はいませんか。では、サ行とシャ行の発音を練習しましょう。

まず、サ行の音を確認してみましょう。日本語のさ・す・せ・その音は、ベトナム語で書くならどう書きますか。さ xa、す xu、せ xe、そ xo ですね。サ行はベトナム語の x の音と同じです。

じゃあ、次にシャ行の音を確認してみましょう。しゃ・し・しゅ・しぇ・しょの音は、ベトナム語で書くならどう書きますか。sa si su se so でいいですか？本当？ sa si su se so を読んでみてください。この音、しゃ・し・しゅ・しぇ・しょ、とはちょっと違いませんか？

ベトナム語の sa の音は、実は色々な音があります。さ・しゃ・しゃ（そり舌音）の 3 つの音があるんです。sa の 3 つの音のうち、xa と同じ音があります。これは舌先 đầu lưỡi が歯の後ろに近づく音 âm chân răng です。この音は、日本語のサ行の音と同じです。

図 1.7　サの口の形

　sa の音には、シャという音もあります。前舌 mặt lưỡi が歯茎よりも後ろに近づく音 âm lợi - vòm miệng です。この口の形は、cha と同じです。

図 1.8　シャの口の形

　それから、sa には、舌先 đầu lưỡi が反り返って、巻いて、上顎に近づく音もあります。この音は ‘そり舌音’ というのですが、日本語にはありません。日本語のシャの音はこの音ではないので、気をつけてください。

図1.9　そり舌音の口の形

これを図で説明すると、このようになります。

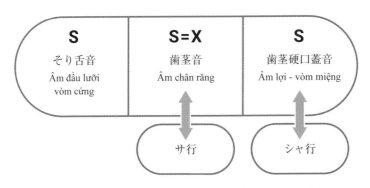

図1.10　ベトナム語の s、x と日本語のサ行、シャ行の関係

　つまり、日本語のしゃ・し・しゅ・しぇ・しょの音は、ベトナム語の sa の音のうち、前舌 mặt lưỡi が歯茎硬口蓋に近づく音と同じ âm lợi - vòm miệng ということです。このことがわかったら、さとしゃ、すとしゅ、せとしぇ、そとしょを区別する練習をしてみましょう。

1.1-1.3 練習

練習1

まず、発音してみましょう。その後、音声 4🎧 を聞いて、どちらの音か選んで○をつけてください。答えをチェックして、間違えたら、＿に✓してみましょう。

			ザとジャ	ザ・ジャとヤ	サとシャ
（1）	a. や	b. じゃ		＿＿＿	
（2）	a. さ	b. しゃ			＿＿＿
（3）	a. ざ	b. じゃ	＿＿＿		
（4）	a. や	b. ざ		＿＿＿	
（5）	a. そ	b. しょ			＿＿＿
（6）	a. ま<u>よ</u>	b. ま<u>じょ</u>		＿＿＿	
（7）	a. <u>ざ</u>ま	b. <u>じゃ</u>ま	＿＿＿		
（8）	a. い<u>そ</u>	b. い<u>しょ</u>			＿＿＿
（9）	a. <u>す</u>う	b. <u>しゅ</u>う			＿＿＿
（10）	a. <u>じょ</u>う	b. <u>ぞ</u>う	＿＿＿		

あなたはどのまちがいが多いですか？ ＿＿／3 ＿＿／3 ＿＿／4

練習2

意味の違いに注意して発音しましょう。その、音声 5🎧 を聞いて正しいほうに○をつけてください。

（1） a. 傘 か<u>さ</u>　　　b. 貨車 か<u>しゃ</u>

（2） a. 幼児 <u>よ</u>うじ　　b. 常時 <u>じょ</u>うじ

（3） a. 邪魔 <u>じゃ</u>ま　　　b. 山 <u>や</u>ま

（4） a. 勇気 <u>ゆう</u>き　　　b. 重機 <u>じゅう</u>き

（5） a. 交差 <u>こうさ</u>　　　b. 校舎 <u>こうしゃ</u>

（6） a. 障子 <u>しょうじ</u>　　　b. 掃除 <u>そうじ</u>

（7） a. 側道 <u>そくどう</u>　　　b. 食堂 <u>しょくどう</u>

（8） a. 拗音 <u>ようおん</u>　　　b. 常温 <u>じょうおん</u>

（9） a. 母数 <u>ぼすう</u>　　　b. 募集 <u>ぼしゅう</u>

練習 3

ひとりで練習！　自分で上手に言えるようになるまで、練習してみましょう。
日本人や先生にもチェックしてもらいましょう。

初級読み練習

（1）　<u>や</u>っぱり

（2）　<u>よ</u>かったら

（3）　冷<u>ややか</u>

（4）　ヒ<u>ヤ</u>ヒ<u>ヤ</u>

（5）　いらっ<u>しゃ</u>いませ

（6）　<u>堺</u>(さかい)に<u>住</u>(す)んでいます。

（7）　<u>社会人</u>(しゃかいじん)になります。

（8）　<u>住</u>(す)みたいです。

（9）　<u>就職</u>(しゅうしょく)したいです。

（10）そうじしてください。

（11）<u>紹介</u>(しょうかい)してください。

中級読み練習

（1）　今の目標は、日本で<u>就職</u>(しゅうしょく)して<u>社会人</u>(しゃかいじん)になることです。

（2）　誰か<u>紹介</u>(しょうかい)してください。

（3）　英語が<u>弱点</u>(じゃくてん)です。

（4）　今24（に<u>じゅう</u>よん）歳です。

上級読み練習

（1） <u>社</u>長の<u>サ</u>インを秘<u>書</u>からもらう。

（2） <u>彼女</u>といっ<u>しょ</u>に写真をとった。

（3） 静かな<u>住</u>宅でお<u>嬢</u>さまが<u>上手</u>にピアノをひいています。

（4） <u>上級</u>の<u>授業</u>で<u>情報</u>の雑誌を<u>読</u>みました。

（5） <u>やっぱり将来</u>、日本の会<u>社</u>に<u>就職</u>したいです。

（6） 経<u>済</u>が発展して、貿易も<u>増加</u>しています。

答え

練習1 （1）a （2）b （3）b （4）b （5）a （6）b （7）a
（8）a （9）b （10）b

練習2 （1）b （2）b （3）a （4）a （5）b （6）b （7）a
（8）a （9）a

ベトナムの地方と方言

はじめに

　ベトナムは南北に長い国です。国土は南北が約1650キロメートルで、日本でいうと青森から福岡くらいまで離れています。地方は、大きく北部、中部、南部の3つの地域に分けられます。ベトナムの学習者の雰囲気や日本語学習の目的、発音などは、出身地によって特徴があり、地方の特色を理解すると学習者への理解が深まります。ここでは、ベトナム人学習者に関わる皆様が、出身地について知っておくとよいことを簡単にまとめます。

1. 地方の特色

　まず、3つの地方の地理や気候などについて知っておきましょう。まず、気候についてですが、ベトナムは全土が常夏の国というわけではありません。首都ハノイがあるベトナムの北部から中部の古都フエ付近までは、四季がはっきりしています。夏は40度近くまで上がりますが、11～2月ごろは気温が10度近くまで下がる日もあり、コートやブーツが必要なほど寒いです。四季があるという点で、日本と似た気候と言ってもいいでしょう。一方、中部の大都市ダナンより南は、四季がはっきりせず、雨季と乾季に分かれる気候です。日本の冬の時期でも温かく、20度以下になることは珍しく、南国のイメージ通りといえるでしょう。この点から、ベトナムが一通りではないということがわかるかと思います。

　次に、歴史的な経緯についてです。ベトナムは複雑な歴史を持つ国です。中世までは、現在の中部ベトナムより南は別の民族が支配

する別の国でした。北部のキン族という民族の国家が南へ拡大を続け、今の国土を持つようになりました。そのため、北部と南部はもともとの成り立ちが異なります。実は民族も多様で、キン族という名の民族が8割を占めますが、全部で54の民族がいます。

　北部ベトナムは、紀元10世紀までの1000年ほどの間、中国に支配され、民族的にも言語的にも中国の影響を強く受けてきましたが、中国への抵抗を繰り返し、自らの手で独立を勝ち取ってきました。19世紀末から1945年まではフランスと日本に支配されましたが、戦後独立して社会主義化し、さらにアメリカに支援された南ベトナムとの戦争に勝って全土を統一し、今に至っています。この点で、特に北部ベトナムの人々は、列強に打ち勝った国、という高いプライドを持っています。

　一方、南部ベトナムは、フランスの植民地となったり、太平洋戦争後からベトナム戦争の間はアメリカに支配されて資本主義の恩恵を受けたりした経緯から、北部ベトナムよりも経済発展が進み、物質的に豊かでした。しかし、社会主義化した北部ベトナムがベトナム戦争に勝って全土を統一した後は、ベトナム南部出身者が政治的にも経済的にも抑圧され、多くの南部の人々が難民となって国外に流出したのです。そのため、北部と南部の人々の間のわだかまりは今も完全になくなってはいないかもしれません。例えば 北の奴ら というように、南部の人が北部の人を蔑んで呼ぶ言い方もあります。

　各地域間の人の行き来は、日本に比べるとまだあまり盛んではなく、学習者に聞いてみると、首都ハノイに行ったことがない、ホーチミン市に行ったことがない、という人がまだまだ多いです。しかし最近は、経済的に余裕のある若い世代の間で、ベトナム国内旅行が流行し始めています。ベトナム戦争を知らない90年代以降生まれの若者たちが、ベトナムの地域間の一体感をいよいよこれから醸

成していくのでしょう。

　歴史についてもう1つ、日本の人たちにぜひ知っておいていただきたいことは、日本がベトナムを占領した時代があったということです。それは太平洋戦争中の1940年から1945年の降伏までの間で、この間、日本軍がベトナムの米を接収し、ベトナム人の学ぶ歴史においては、中部から北部で40～200万人が餓死したと伝えられています。ベトナムの人たちはたいへん親日的ですが、この歴史は忘れられたわけではありませんので、ぜひ心にとめておいてください。

2．方言について

　この3つの地域で話されているベトナム語は、基本的には同じ1つの言語ですが、方言による差がかなりあります。例えていうなら、北部・南部・中部弁は、関東・関西・東北弁くらい、またはそれ以上の違いがあります。いずれも文法には違いがないのですが、語彙と発音には大きな違いがあります。ベトナムの人であれば、発音を聞けば、だいたいどの地域の出身の人かすぐにわかります。

　発音については、まず声調の数が違います。北部では6声調を全て明確に区別しますが、中部と南部では5～4声調しか区別しません。また、頭子音の種類、母音の種類、末子音の種類が異なります。ベトナム語の綴りは全土で統一されていますが、その読み方が違っています。

　ベトナムの人たちの名前のカタカナ書きの例をあげてみましょう。

表 1.1 ベトナム人の名前の地方による読み方の違い

綴り	北部	中部	南部
Dung	ズン	ジュン／ユン	
Giang	ザン	ジャン／ヤン	
Anh	アイン	アン	
Huong	フオン	フーン	
Minh	ミン		ムン

次のようなルールがあります。

- d の字：北部ではザ行で読むが、中部と南部ではヤ行または ジャ行で読む。
- gi- の綴り：北部ではザ行で読むが、中部と南部ではヤ行または ジャ行で読む。
- -anh の綴り：北部ではアインと読むが、中部と南部ではアンと 読む。
- -ương の綴り：北部ではウオンと読むが、南部ではウーンと読 む。
- -inh の綴り：北部と中部ではインと読むが、南部ではウンに近 い音で読む。

　このような方言による発音の違いから、ベトナムの学習者の日本 語の発音の誤りにも地方による違いが出てきます。

　ベトナム語では、サ行とシャ行、ザ行とジャ行の区別がありませ ん。これはどの地方の学習者も同じですが、さらに、ザ行・ジャ行 とヤ行が混同する人がいます（1.2 参照）。例えば、"やっぱり"が 《じゃっぱり》、"かぞく"が《かよく》になるなどです。これは、

北部ではヤ行がザ行で読まれ、南部ではザ行がヤ行で読まれるためです。

　また、北部では、6つの声調の区別をするのに、喉<small>のど</small>を緊張させる音を使います。末子音にも、喉<small>のど</small>の奥にある声門を閉じる音が含まれます。南部ではこの喉<small>のど</small>を使った音があまりありません。そのため、北部出身の学習者の日本語の発音には、喉<small>のど</small>が緊張する音が目立つ傾向があります。

３．語彙について

　その他、語彙にも方言があります。日常的に使う言葉は、地方によってかなり違っています。例えば、"傘"は北部では ô〈オー〉、南部では dù〈ユー〉といいます。ご飯をよそうお茶碗を、北部では bát〈バーッ〉といいますが、南部では chén〈チェーン〉といいます。ややこしいことに、北部では chén というのはお茶を飲むときに使う湯飲みのことなのです。

　それで、例えば、日本語の語彙リストのベトナム語訳を作ったり、印刷物に翻訳をつけるといったときに、どの地方の人が訳すかによって表現がかなり違ってきますので、注意してください。なお、首都である北部の方言は、全国放送のテレビやラジオなどでも使われていますので、どの地方の人でも一応意味がわかりますが、共通語として全国で統一されているというわけでもありません。自分が使っているのが方言だと気づいていないことも多く、どの言い方が正しいか、ベトナム人同士でも論争になることがあります。

４．地域のグループ

　ベトナムの人たちは、地域単位で行動することが多いです。同じ故郷の留学生がグループになっており、お互いに助け合っているこ

とも多いです。そこに違う地域の人が入っても、なじめないことが
あります。

　以上のことから、ベトナム人の出身地の違いについては、多少
デリケートになる必要があります。一方で、ベトナム人は自分の
国や出身地をとても大切にしており、お国自慢が大好きです。ど
の地方の人でも、外国人がその人の出身地に関心を持つととても
喜ばれます。

1.4 つ→ちゅ

🔍 例 6🎧 ··

- お疲れさまでした
  《 おちゅかれさまでした 》

- 家族が懐かしいです
  《 かじょくが　なちゅかしいです 》

❓相談 ··

ベトナム人の留学生のほとんどが、"つ"が言えません。《ちゅ》になってしまいます。昔から言われていることだと思いますが、未だに教え方がわかりません。ベトナム人だけではなく、インドネシアの学生などでもこの問題があります。

"つ"が《ちゅ》になると、子どもっぽく聞こえて、学生を子ども扱いしてしまいそうです。実際は、学習者は子どもじゃないんですが…。アルバイト先などでも指摘されたことがあるようです。就職にも差し支えるんじゃないかと思って、心配していて、なんとかしてあげたいんですが。

"つ"が苦手な学生にこれを指摘すると、気をつけて言えば言おうとするほど力が入ってしまうようで、逆効果のような気がするんです。

! 解説 ....

　"つ"の音が《ちゅ》になるというのは、一番よく受ける相談です。"つ"は、舌の先の小さな部分を歯の裏にあて、破裂<ruby>破裂<rt>はれつ</rt></ruby>の音と摩擦<ruby>摩擦<rt>まさつ</rt></ruby>の音を同時に出して言う音（<ruby>無声歯茎破擦音<rt>むせいしけいはさつおん</rt></ruby>）です。ベトナム語にはこれに対応する音がないため、他のベトナム語にある音に置き換えたり、調音点や調音法が少しずれたりしてしまいます。多くの場合は、ベトナム語の chu〈チュ〉（<ruby>無声歯茎硬口蓋破擦音<rt>むせいしけいこうこうがいはさつおん</rt></ruby>）に置き換えてしまっており、その結果《ちゅ》と聞こえます。ベトナムの日本語教育機関では、日本語のツを ベトナム語の綴りの chu と表記することがあるようですので、これは正しくないことを学生にぜひ教えてください。なお、u は唇を横に引く音で、日本語のウの音とは少し違います。

　ツは日本人の幼児もなかなか言えるようにならない音で、ツがまだ言えない子どもはチュと言うのがふつうです。ツをチュと言うと子どもっぽく聞こえるということを学習者にも説明し、練習のモチベーションを高めてもらいましょう。

図 1.11　ツの口の形

図 1.12　チュの口の形

　ツの発音を復習しましょう。ツの発音では、歯茎<ruby>歯茎<rt>はぐき</rt></ruby> lợi と舌先<ruby>舌先<rt>したさき</rt></ruby> đầu lưỡi が触れ、息の通り道が閉じ、その後、破裂<ruby>破裂<rt>はれつ</rt></ruby>するように急に舌先が離れます。

日本語の た・つ・て・と、ベトナム語の ta ti tu te to はこの位置で発音され
ます。

　一方、チュになってしまう学習者の口の形は図1.12のようになってい
ると思われます。舌先よりも後ろのほうの広い部分、前舌 mặt lưỡi が、歯
茎よりも後ろの位置に接しています。日本語のちゃ・ち・ちゅ・ちぇ・
ちょ、ベトナム語の cha chi chu che cho はこの位置で発音します。

　練習のポイントは2つあり、1つは舌の位置です。ツは舌先が歯茎につき
ます。"つ"が"ちゅ"となる学習者は、舌先を使わず舌の後ろの方を歯茎
につけているか、または歯茎より後ろの歯茎硬口蓋に舌が接してしまってい
ます。舌先のとても狭い部分だけを、歯茎にチョンと触れさせることがポイ
ントです。ベトナム語で舌先を使う音には、tu〈トゥ〉（無声歯茎破裂音）や、
xu〈ス〉（無声歯茎摩擦音）がありますので、これを利用して練習していくと
いいです。

　もう1つのポイントは、音の出しかた（調音法）です。ツは破擦音で、破
裂の音と摩擦の音が同時に出る音です。トゥやスを破擦音にするとツになる
ので、破擦音の感じを知ってもらわなければいけません。xuuu,xuuu,xuuu
…というように、ベトナム語の xu を発音した後、その口の形のまま舌先を
歯茎に付けて息を止め、また息を出すようにすると、"つ"に近い破擦音が
出やすいと思います。ささやき声のように声を出さずに、xu の子音の音を
出しながら舌を歯茎につける練習を、繰り返ししてみるといいと思います。

　また、英語が話せる人であれば、英語の let's の ts の音が日本語のツの音
と同じであることを説明すると、一発でできるようになるラッキーな場合も
ありますので、お試しください。

　スピーチ大会や就職活動の面接などで、急いで言えるようになりたい学
習者に対しては、"つ"をすべて"す"で置き換えて言うように指導しても
いいです。"つ"は無声化することが多い音ですので、会話の中では"す"
に置き換えて言っていても、日本人はちょっと聞いただけでは気づきませ

ん。特に"つ"をがんばって言おうとして口に力が入ってしまって余計に《ちゅ》に聞こえてしまう学習者にはおすすめです。ただし、"す"をローマ字で su と書かないでください。《しゅ》になってしまうことがあります。もしローマ字で書くなら xu と書いて示してくださいね。

こんな風に説明しよう！

> A つ　B ちゅ
> お<u>つ</u>かれさまでした

　これを読んでみてください。みなさんの"つ"の発音は、A、B、どちらでしょうか。

　"つ"と"ちゅ"の発音は難しいですか。日本人から、「違う」と言われたことはありますか。"つ"のある言葉は、他にどんな言葉がありますか。言いにくい言葉を教えてください。

　"つ"の音は、日本人の子どもにとっても難しいです。小さい子どもは"つ"が言えなくて、"ちゅ"になります。だから、みなさんが"つ"を"ちゅ"と間違えると、日本人は、子どもみたいだな～と思ってしまいます。

　みなさんの中で、日本人と恋人になりたい人はいますか。その時、どう言いますか。

（'つきあってください'と板書、つの下にちゅと書く）

> A <u>つ</u>きあってください
> B <u>ちゅ</u>

　Bのように、「ちゅきあってください」と言ったら、OK してもらえます

か？　たぶんしてもらえないですね。そんなときのために、“つ”が言える
ように練習しましょう！

　まず、“ちゅ”の発音を確認しましょう。ベトナム語にもこの音があり
ますよね。ベトナム語の chu は、日本語の“ちゅ”の音と同じです。chu
〈ちゅ〉をいう時、舌のどの部分を使っていますか。舌の前の方 mặt lưỡi
が、歯茎（はぐき）の後ろのほうにつきます。こういう形ですね（図1.12を参照）。

　日本語の“つ”の発音は、こういう形ではないです。みなさん、“つ”の
音はベトナム語のアルファベットでどう書きますか？　“つ”の音は chu で
はないですよ。ベトナム語には“つ”の音がないので、ベトナム語の字で書
くことはできないんです。

　じゃあ、“つ”はどうやって発音すればいいですか。ベトナム語にも、
“つ”の音とよく似た音はあります。(chu tu xu つ と板書、読んでみてもらう)

```
chu
tu  xu  つ
```

　tu と xu の口の形は、chu と比べてどうですか。少し違いますね。tu と
xu では、舌は、前の方の、先の小さい部分だけ使っていますね。舌先（したさき） đầu
lưỡi と歯茎（はぐき） lợi がくっつきます（図1.11を参照）。

　“つ”をいう時、口の形は、chu ではなくて、tu、xu と同じです。舌の先
を歯の後ろにつけてください。

　“つ”を言ってみましょう。まず、舌の先を指で触って見てください。舌
の先のとても小さい部分ですよ。次に、今触った部分を、歯茎（はぐき）の後ろにつけ
て言ってください。次は少し前につけて言ってください。もう少し前に。歯
につくようにして。… はい、今、“つ”になりました。“つ”になる場所が
見つかりましたか？

　もう1つやってみましょう。口を開けて、また舌の先を指で触ってくだ

さい。その舌の先を、前の歯の下に、チョンとつけてください。舌には力を全然入れなくてもいいです。チョン、チョン、チョン、チョン。では次は前歯の下ではなくて、前歯の後ろにチョンとつけてください。チョンチョンチョンチョン。舌先を歯の後ろにつける感じ、わかりますか。

　じゃあ、次は、舌先を歯の後ろに置いて止めてください。今、口から息が出ませんね。じゃあ、手でお腹をぎゅっと押して、短く息を出してください。"つっ"という音が出ますか？　それが"つ"の音です。"ちゅ"の音と違うのがわかりますか。

1.4 練習

練習1

発音してみましょう。その後音声 7⋂ を聞いて、同じ発音を選んで○をつけてください

（1） a. つ　　　　　b. す
（2） a. す　　　　　b. ちゅ
（3） a. ちゅ　　　　b. つ

練習2

次の音を出してみましょう。音楽に合わせたり、歩きながら、ずっと続けてみましょう。

1） （声を出さないで、ささやくように）つ つ　ch ch　つ つ　ch ch…
2） つくつくつくつく　ちゅくちゅくちゅくちゅく…

練習3

発音してみましょう。

1） べんきょう<u>ちゅう</u>です　　7） <u>ちゅ</u>うしん（中心）です
2） <u>す</u>きです　　　　　　　8） <u>す</u>うじ（数字）です
3） <u>つ</u>くりたいです　　　　9） <u>つ</u>うしん（通信）です
4） <u>ちゅ</u>ういします　　　　10） すてきな人と<u>つ</u>きあいたいです。
5） <u>す</u>ばらしいです　　　　11） 早く家族を<u>つ</u>くりたいです。
6） <u>つ</u>きあいたいです

答え

練習1　（1）a　（2）a　（3）a

1.5 ダ行・ラ行・ナ行の混同

🔍 **例** 8🔊 ....

- 友達と
  《 ともら<u>ち</u>と 》

- 誰か紹介してください
  《 だれか　そうかいしてく<u>ら</u>さい 》

- 灯台下暗し
  《 とう<u>ら</u>い　もとく<u>ら</u>し 》

- それに
  《 そ<u>ね</u>に 》

- どうぞよろしくお願いします
  《 どう<u>じょ</u>　よろしく　お<u>れ</u>がいします 》

❓ **相談** ....

　ラ行がいえない学生が時々います。ラ行がナ行になっていて、
"知<u>ら</u>なかった"のか、"死<u>な</u>なかった"のか、よくわかりません。
ナ行がダ行と混同することもあって、"ください"を《くらさい》
と言うのも聞いたことがあります。意味がわからなくなることもあ
りますし、緩んだ発音に聞こえるので、日本人からみて印象が悪い
ように思います。

解説

　ベトナムの学習者の中には、時々、ナ行、ラ行、ダ行音が区別できない人がいます。その原因はおそらく2つあり、1つはベトナム語と日本語のダ行の発音の違いによるもので、もう1つはベトナム語の方言の影響ではないかと思います。

　まず、1つめの原因は、ベトナム語のラ行とダ行の音は、日本語の音とかなり違う音だということです。日本語のダ行の音を、ベトナム語ではđという文字で書きますが、この音は、息を少し吸うようにしながら出す、入破音（にゅうはおん）と呼ばれる音です。đの音の場合は、舌を歯茎（はぐき）に強くつけ、舌を離す前に少し息を吸い込むようにして、口の中を真空のような状態にし、それから声を出しますが、日本人には、子どもがふざけて変な声を出して遊ぶときのような、少し変わった音に聞こえます。これに対して、日本語のダ行の音は、舌を歯茎（はぐき）につけて声を出し、それから舌を離す、歯茎破裂音（しけいはれつおん）です。ベトナム語ほど舌を強くつけないので、ベトナムの学習者にとっては、おそらく、ベトナム語のđに比べて軽い感じの音と感じるのでしょう。それで、軽く言おうとするあまり、ダ行が日本語のラ行のように舌先で軽くたたくような発音に近くなってしまうのではないかと思うのです。

　もう1つの原因は、ベトナム人の中に、lとnの区別がもともとできない人がいることです。これは、北部の一部の地方の方言と言われているのですが、今は、人の移動により、どの地方の方言なのかはっきりしなくなってしまいました。こういう人たちは、ベトナム語を話すときも、lをn、nをlと発音してしまい、例えば "私はハノイ人です" Em là người Hà N<u>ộ</u>i.〈エム　<u>ラ</u>ー　グオイ　ハー　<u>ノ</u>イ〉は〈エム　<u>ナ</u>ー　グオイ　ハー　<u>ロ</u>イ〉となってしまって、田舎者と笑われてしまったりします。

　ただし、lとnは、台湾や中国南部の方言でも区別がないので、ベトナムの学習者だけの問題ではありません。lは舌の左右の端から息が出る音（側

面音)、n は鼻を響かせて出す音（鼻音)、という違いを説明するようにしましょう。

こんな風に説明しよう！

1. ベトナム語の đ と日本語のダ行の違い

> cà phê đá（アイスコーヒー）　　　　やま<u>だ</u>
>
> <u>Để</u> làm gì?（何のために？）　　　　<u>で</u>んち
>
> <u>Đi</u> đâu <u>đấ</u>y?（どこへ行くの？）　　う<u>ど</u>ん

　ベトナム語の đ と、日本語のダデドの音は、同じですか。少し違いますよね。どう違いますか？　日本語のダデドの音を、日本人と同じように言ってみましょう。どんなことに気をつければいいですか？

　ベトナム語で đa đe đo と言ってみてください。đ の音をいう前に、息が完全に「んっ」と止まって、それからまた出ますね。喉を触りながら言って見てください。đ の音を言う前には、喉の震えが止まるのではないでしょうか？

　日本語のダデドの音はちょっと違います。こう言ってみてください。

> んーんーんーんーんー　んーだーんーだー
>
> んーんーんーんーんー　んーでーんーでー
>
> んーんーんーんーんー　んーどーんーどー

　「んー」という音を、止めないでずっと出してください。「んーんーんーんー」です。今、舌が歯茎についていますね。

　そうしたら、「んー」の音を止めないようにしながら、舌を上顎から離し

てください。「だー」になります。喉を触ってみると、「んーだー」と言う時、喉がずっと震えていて、止まりません。「んーっ、だー」と止めないでください。「んーだー」です。何度もやってみてください。「でー」「どー」でもやってみてください。

2．ラ行とナ行の区別

①N　②L
Hà Nội

　これ、読んでみてください。みなさんの発音は、①ハノイですか？　②ハロイですか？　NとLの違いがわかりますか？

A なにぬねの　　　　B らりるれろ
　かのじょ　　　　　　さくら

　次は、これを読んでみてください。みなさんの発音は、A かのじょですか、B かろじょですか？　A さくらですか、B さくなですか？　違いがわかりますか？　ラリルレロの発音と、ナニヌネノの発音の違いがわからない人はいますか。ベトナム語でも間違えてしまう人がいますね。ナ行とラ行の発音の仕方を確認してみましょう。
　まず、A ナニヌネノの音です。この音を言う時、口の中はこういう形です。舌の端は、全部、上顎についています。だから、口からは息が出ません。代わりに、鼻から息が出ます。

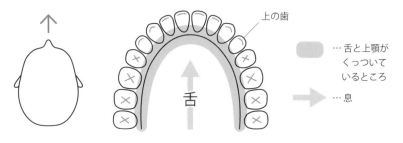

図1.13 ナ行をいう時の舌の位置

こうして「んーんー」と言ってみてください。これは n の音です。

じゃあ次に、「あーんーなー」と言ってみてください。「あー」と言って、舌を上顎につけて「んー」と言います。そのとき、口から息が出ません。そして舌を離して「なー」と言います。「あーんーなー」、できますね。

じゃあ、「あーんーなー、いーんーにー、うーんーぬー、えーんーねー、おーんーのー」と言ってみましょう。これがナ行の音です。"ん"の音をいう時に鼻に指を当ててみてください。鼻が震えています。

じゃあ、次はラ行の音を言ってみましょう。今度は、舌の先の部分だけを使います。舌の先だけを歯茎の裏につけてください。舌の右側と左側の端は、上顎にくっついていません。じゃあ、口から息を吸ったり吐いたりしてみてください。「ふーふー」と、舌の端から息が出ますよね。

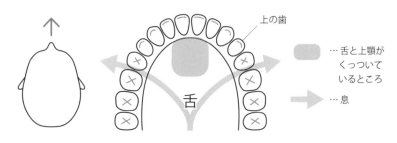

図1.14 ラ行をいう時の舌

じゃあ、そのまま「うーうー」と声を出してください。こんな風に、舌先だけが上顎にくっついているというのは、こういう形のことですよ。

　今度は、ラ行を言ってみます。まず、「あー」と声を出し続けてください。それから、舌先だけを歯の裏に軽くチョンとつけて、すぐ離してみてください。「あーらー」です。

… 舌と上顎が
くっついているところ

図1.15　ラ行をいう時の舌の先の動き

　上顎についているのは、舌の先だけですよ。じゃあ、続けてどうぞ。

あーらーあーらーあーらーあーらー
いーりーいーりーいーりーいーりー
うーるーうーるーうーるーうーるー
えーれーえーれーえーれーえーれー
おーろーおーろーおーろーおーろー

　舌の本当に小さい部分だけが上顎について、すぐに離れます。この感じ、わかりましたか?

じゃあ、ナ行とラ行を区別して言ってみましょう。

> あーんーなー、あーらーらー
> いーんーにー、いーりーりー
> うーんーぬー、うーるーるー
> えーんーねー、えーれーれー
> おーんーのー、おーろーろー

できますか。では、もっと速く言います。

> ならならならなら
> にりにりにりにり
> ぬるぬるぬるぬる
> ねれねれねれねれ
> のろのろのろのろ

1.5 練習

練習1

音声 9Ω を聞いてください。ただしいものを a-c から選びましょう。

1. a. なんなん　b. らんらん　c. だんなん
2. a. たらたら　b. だらだら　c. ならなら
3. a. たなたな　b. たらたら　c. ただただ
4. a. らりらり　b. だりだり　c. なりなり
5. a. らるらる　b. だるだる　c. なるなる

練習2

音を区別して発音してみましょう

a. なだ
b. そうだ
c. だんな
d. それでね
e. なら　なだ
f. なだらか　ならだか　だならか　らなだか

答え

練習1　1. c　2. c　3. c　4. a　5. b

1.6 ん

🔍 例 10 Ω ·····································

- 買うんです
  《 かー　うんー　です 》(*'うん'が1音節になっている)

- クアンです
  《 クアン　です 》('クアン'が1音節で、平板型で発音している)

- 今までに取れた単位は何単位ですか
  《 いままでに　とれた　たんには　なんたんにですか 》

- 時給は千円です
  《 じきゅうは　せんねんです 》

❓ 相談 ···

　　ベトナム人学生の自己紹介を聞くと、みんな、名前の部分を速く
言い過ぎて、聞き取れないんです。ベトナム人学生の名前って、フ
ンとかランとかソンとか、"ん"で終わる名前が多いみたいですね。
でも、"ん"の発音が何か日本人と違って、不自然な気がして…。
"ん"だけ指して、ここを読んでください、と言うと、ベトナムの
学習者は《うん》と発音するんです。でも、文の中で"ん"が出て
くると、どうも短くなるし、その部分の発音が何だか目立って聞こ
えるんですよね。

　　あと、"ん"のアクセントもおかしくて。2拍目に"ん"が入っ
ている言葉、例えば"こんかい"を読んでもらうと、"ん"で下が

るのがどうしてもできないんです。"すみません"のアクセントは、【トタタタト】だと思うんですが、何度読んでも【タタタタタ】になっちゃうんです。"ほんやく"は"ほにゃく"に聞こえるし…。

（注　この本では、日本語のアクセントを表す際、高い音を【タ】、低い音を【ト】で表します。このアクセントの表し方については3章を見てください。）

！解説 ....

　よく気がつきましたね！　確かにその通りです。ベトナム人の学習者にとって日本語の"ん"が難しいのは、日本語をベトナム語のルールに沿って発音してしまっているからです。

　詳しく言うと、日本語の音は、最大で1つの子音（C）と1つの母音（V）からできています。"にほんご"は"に""ほ""ん""ご"の4つの音に分かれ、"ん"は1つの音として独立することができます。

　しかし、ベトナム語では、"にほんご"という言葉があったら"に""ほん""ご"の3つの音に分けます。ベトナム語の音は、最大で頭子音1つ、母音1つ、末子音1つ の3つの部分（と、声調を含めた4つの部分）からできていて、"ん"という音は"ほん"という音の最後の子音（末子音）ととらえられます。"ん"という音は1つの音として独立できないのです。ベトナム人の学習者に"ん"を読んでくださいと言うと、"ん"の前に母音をつけて、《うん》と読もうとする人が多いのは、このためです。もしかすると、日本語のかなを習ったときに、そのように習っている人が多いのかもしれません。

　"ん"を含む語をベトナム語のルールに沿って読んでしまうと、アクセントにも影響します。"すみません"を【トタタタト】と読めないのは、"せん"を1つの音ととらえてしまうからです。それで、"せん"を"せ"と"

ん"に分けて、"せ"を高く"ん"を低く言う、ということができなくて、一続きにタタと読んでしまうのです。「ランです」、「ソンです」、「フォンです」、という"ん"で終わるベトナム人の名前の発音は、よく聞くと、だいたい、【タタト】という発音になっています。

"ほんやく"を《ほにゃく》と読んでしまうのは、"ん"を [n] の音で読んでしまっているためです。"ん"はすべて [n] と理解しているベトナムの学習者もいるようです。実際は、日本語の"ん"の音は1種類ではなく、"かんたん"というときの [n] のほか、"さんまい"というときの [m]、"こんにゃく"というときの [ɲ]、"はんがく"というときの [ŋ]、"かんさい"というときの鼻にかかった母音（鼻母音）など、いろいろな音があります。これを'異音'といいますが、このことを知らない学習者が多いようです。ただ、日本人はこの"ん"のいろいろな音の違いに注意していませんが、実はベトナム語の中に存在する音が多く、ベトナムの学習者の耳には違う音として聞こえているので、発音は難しくないはずなんです。

このように、ベトナム人学習者の"ん"の発音の不自然さには、いろいろな理由が関わっているので、整理して示すとよいです。ベトナムの学習者が日本語をベトナム語式に聞きとるという傾向が根底にあるので、"ん"を長くはっきり言ってください、と、1部分だけを取り上げて練習しても、なかなかよくなりません。

「ん」を日本語らしい発音に近づけるために、まず、"ん"を《うん》と読んでしまうことからはじめましょう。"ん"の音だけを長く続けて出す練習をします。その時は、[n] だけでなく、[m][n][ɲ][ŋ] や鼻母音も練習しましょう。

次に、語や文の中で"ん"の長さを十分保つ練習をします。このとき、自己紹介の場面を使って、相手に自分の名前や出身地などをはっきり聞き取ってもらえるように言おう、というように指導するのもいいと思います。その際、まず、ベトナム語の名前などを、日本語の子音1つと母音1つという

分け方に分解して書いてみる練習をして、それからそれを1音ずつ読む練習をするといいです。手などをたたきながら学習者に読んでもらうのもいいかもしれません。ここで、正しく読めているかどうか、できるだけ一人ずつに対して正誤を示すようにしましょう。できる学習者からできない人に教えてもらうのもおすすめです。"ん"の発音が《うん》に戻ってしまわないように注意しましょう。

　"ん"を1つの音ととらえることが理解できたら、次はアクセントの練習に進みましょう。下記の説明の中では、【タ】（高い音）と【ト】（低い音）を使ってアクセントを説明しています。【タ】と【ト】を使ったアクセントの説明方法については、3章で詳しく説明しています。

こんな風に説明しよう！

　日本語の"ん"の発音は、実は日本語とベトナム語のリズムの違いと関係があるんです。これから、たまごの形の図を使って説明します。これを"リズムたまご"と呼びます。ベトナム語の1つの音の中には、4つの部屋があります。1つの音の中に、4つの要素を入れることができます。頭子音、母音、末子音、声調です。

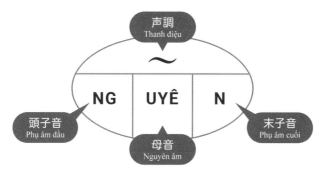

図1.16　"NGUYỄN"のリズムたまご―ベトナム語の音は4つの部屋に分けられる

でも、日本語の音には、2つの部屋しかなくて、2つの要素しか入れることができません。子音と母音です。

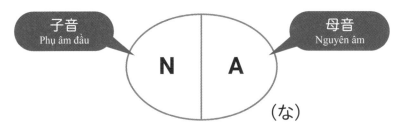

図1.17　"な"のリズムたまご―日本語の音は2つの部屋に分けられる

　だから、ベトナム語の言葉を日本語の読み方でいう時、4つの音が2つの部屋に入ることができなくて、余ってしまいます。たとえば、ランさん。ランさんのお名前は、ベトナム語ではいくつの音ですか。1つですね。じゃあ、日本語ではどうですか。日本語の音には2つの部屋しかないですから、laで2つの部屋がいっぱいになりますね。じゃあ、nは？　nも、1つの音になります。

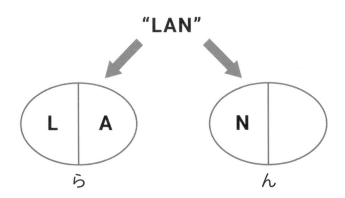

図1.18　"LAN"のリズムたまご―"LAN"は日本語では2つの音になる

ランは、ベトナム語では 1 つの音ですが、日本語では 2 つの音になるんですね。

　ベトナム語の n の音は、1 つの音の中の一部分ですから、あまり長くなくてもいいです。でも、日本語の "ん" の音は 1 つの音になりますから、もっと長く言うんです。だから、みなさんが、ベトナム語の名前を言うとき、「Lan です」と 1 つの音で言うと、n の音が短くて、日本人にはよく聞こえないんです。もっと長く、2 つの音で、よく聞こえるように言ってほしいんですね。

　それから、ベトナム人の名前を言うとき、アクセントはいつも【タト】や【タトトト】という音です。ですから、"ランです" は、【タトトト】です。【タタトト】ではありません。ラは【タ】ですから高く言います。ンは【ト】ですから低く言います。言ってみましょう。【タト】、「ラン」。【タトトト】、「ランです」。

　他の名前でも同じですよ。練習してみましょう。「アンです。ミンです。ソンです。リンです。フンです。」どれも【タトトト】です。

1.6 練習

"ん"のいろいろな音

日本語の"ん"には、いろいろな音があります。次の言葉を日本語の‘リズムたまご’に入れて、アルファベットで書いてみましょう。それから、読んでみましょう。"ん"の発音に気をつけてください。"ん"はリズム1つです。でも、"ん"の発音は《うん》ではありません。

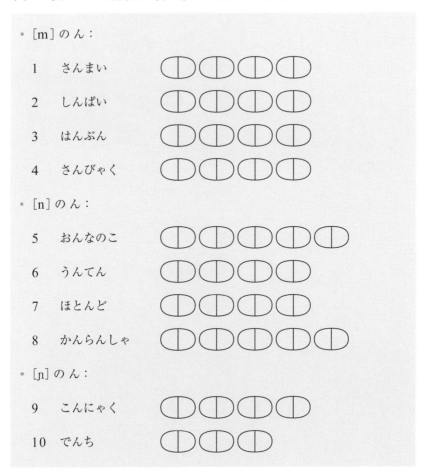

- [m] のん：

  1 さんまい

  2 しんぱい

  3 はんぶん

  4 さんびゃく

- [n] のん：

  5 おんなのこ

  6 うんてん

  7 ほとんど

  8 かんらんしゃ

- [ɲ] のん：

  9 こんにゃく

  10 でんち

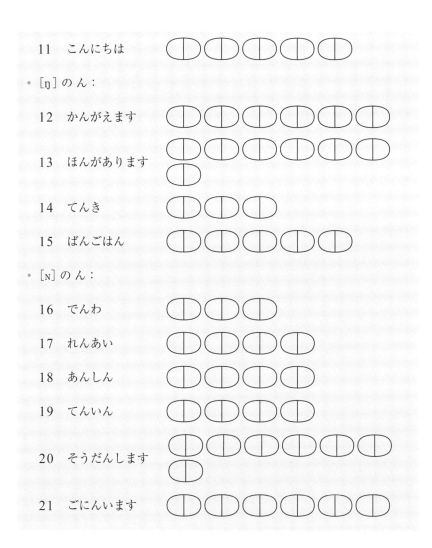

11 こんにちは

・[ŋ]のん：

12 かんがえます

13 ほんがあります

14 てんき

15 ばんごはん

・[N]のん：

16 でんわ

17 れんあい

18 あんしん

19 てんいん

20 そうだんします

21 ごにんいます

練習 2

拍切り分け練習

次の1〜15の名前を、日本語の‘リズムたまご’に入れて、アルファベット
で書いてみましょう。それから、読んでみましょう。たまご1つはリズム1つ
です。でも、“ん”を「うん」と読まないように気をつけてください。

- ベトナム人の苗字

    1   Nguyễn   (|) (|) (|)

    2   Trần   (|) (|)

    3   Hoàng   (|) (|) (|)

    4   Phan   (|) (|)

    5   Huỳnh   (|) (|) (|)

- ベトナム人の名前

    6   Tuấn   (|) (|) (|)

    7   Minh   (|) (|)

    8   Hùng   (|) (|)

    9   Tùng   (|) (|)

    10 Bình   (|) (|)

    11 Huyền   (|) (|) (|)

    12 Hương   (|) (|) (|)

    13 Dung   (|) (|)

    14 Thanh   (|) (|) (|)

    15 Linh   (|) (|)

アクセント練習

1 〜 15 の語には "ん" の音があります。"ん" の音のアクセントに気をつけて読んでみましょう。

1	グエンです。	【タトトトト】
2	チャンです。	【タトトト】
3	ホアンです。	【タトトトト】
4	ファンです。	【タトトト】
5	フインです。	【タトトトト】
6	トゥアンです。	【タトトトト】
7	ミンです。	【タトトト】
8	フンです。	【タトトト】
9	トゥンです。	【タトトト】
10	ビンです。	【タトトト】
11	フエンです。	【タトトトト】
12	フオンです。	【タトトトト】
13	ズンです。	【タトトト】
14	タインです。	【タトトトト】
15	リンです。	【タトトト】

会話練習

"ん" の音とアクセントに気をつけて、上の名前を言ってみましょう。

A お名前は？　　B（　　）です。

答え

練習1

- [m] のん:

  1　さんまい　　(s | a)(m)(m | a)(i)

  2　しんぱい　　(sh | i)(m)(p | a)(i)

  3　はんぶん　　(h | a)(m)(b | u)(n)

  4　さんびゃく　(s | a)(m)(by | a)(k | u)

- [n] のん:

  5　おんなのこ　(o)(n)(n | a)(n | o)(k | o)

  6　うんてん　　(u)(n)(t | e)(n)

  7　ほとんど　　(h | o)(t | o)(n)(d | o)

  8　かんらんしゃ(k | a)(n)(r | a)(n)(sy | a)

- [ɲ] のん:

  9　こんにゃく　(k | o)(n)(ny | a)(k | u)

  10　でんち　　(d | e)(n)(ch | i)

  11　こんにちは　(k | o)(n)(n | i)(ch | i)(w | a)

- [ŋ] のん:

  12　かんがえます(k | a)(n)(g | a)(e)(m | a)(s | u)

13 ほんがあります (h)(o)(n) (g)(a) (a)(r)(i)(m)(a) (s)(u)

14 てんき (t)(e)(n) (k)(i)

15 ばんごはん (b)(a)(n) (g)(o)(h)(a)(n)

・ [N] の ん：

16 でんわ (d)(e)(n) (w)(a)

17 れんあい (r)(e)(n) (a) (i)

18 あんしん (a)(n) (sh)(i)(n)

19 てんいん (t)(e)(n) (i)(n)

20 そうだんします (s)(o) (o)(d)(a)(n) (sh)(i)(m)(a) (s)(u)

21 ごにんいます (g)(o)(n)(i)(n) (i)(m)(a)(s)(u)

答え

• ベトナム人の苗字

1　Nguyễn　(g u)(e)(n)

2　Trần　(ch a)(n)

3　Hoàng　(h o)(a)(n)

4　Phan　(f a)(n)

5　Huỳnh　(f u)(i)(n)

• ベトナム人の名前

6　Tuấn　(t u)(a)(n)

7　Minh　(m i)(n)

8　Hùng　(f u)(n)

9　Tùng　(t u)(n)

10　Bình　(b i)(n)

11　Huyền　(f u)(e)(n)

12　Hương　(f u)(o)(n)

13　Dung　(z u)(n)

14　Thanh　(t a)(i)(n)

15　Linh　(r i)(n)

1.7　母音

🔍 例 11🔊 ··

- 栄の居酒屋で働いています
  《 さけえの　いやかやで　はたらいています 》（さけえ←さかえ）

- 今から帰る？
  《 いまからけえる？ 》（けえる←かえる）

- あいうえお
  《 あいうえお 》（"あ"や"え"は口の開きが広すぎ、舌が前に出ているような発音。
  "い"は唇を横に引きすぎているような鋭い発音。
  "う"は唇を丸めてすぎているような開きの狭い音。
  "お"は広すぎて"あ"のように聞こえたり、または唇を丸めすぎているような音。）

❓ 相談 ··

　　ベトナムの学習者の発音って、"あ"とか"え"とかの音が、
はっきりしすぎているというか、外国語っぽいというか、違和感を
感じます。口をちょっと大きく開けすぎているんでしょうか。"お"
の音も、"おねがいします"の'お'の音が広すぎるのか、ときど
き"あ"のように聞こえることもありますね。でも、学生にどう指
摘したらいいのかわかりません。
　　ベトナムの学生の自己紹介で、"わたしのなまえは…"という時、
何度言っても《なめー》になってしまう人が多いんですが、"てめ

え"のようなべらんめえ調のように聞こえます。他にも "べんきょ
う" が《ぶんきょう》、"しんぱい" が《すんぱい》に聞こえたりす
ることもあります。

　ベトナムの学生の声の感じは、どこか日本人と違う感じがしま
す。文法の間違いや、ツがチュになるなどの間違いとかだけではな
くて、何となくふざけて話しているような感じというか…うまく言
えないんですが…。でも、そんな風に学習者に言うわけにもいか
ないし、これまでは何も言わないで済ませてしまっています。

！解説 ··

　そこに気づくとはさすがですね！　日本語の母音は5つありますが、ベ
トナム語では11と、倍以上あります。では、日本語の "あいうえお" に対応
する音が、ベトナム語ではいくつあるか、また、日本語の音とどのように違
うか整理してみましょう。( ) 内は、日本語の音と比べてベトナム語の母音
がどう違うかを説明したものです。

あ　:　a（舌をもっと前に出す。口をより大きく開く）

　　　　â（舌を前でも後ろでもなく中間の位置に置く）

　　　　ă（aと母音の音色は同じだが、長さを短くする）

い　:　i（唇をもっと横に強く引く）

う　:　u（唇をぐっと強く丸めて隙間を狭くする）

　　　　ư（唇を横に強く引く）

え　:　e（舌をもっと前に出す、口をより大きく開く）

　　　　ê（口を 'い' を言う時と同じくらい狭く開く）

お　:　o（口を 'あ' を言う時と同じくらい大きく開く）

ô（唇をぐっと強く丸めて隙間を狭くする）

ơ（唇を横に強く引く）

　全体として言えることは、舌の前後の動き、口の開きの大小、唇の丸め、唇の引き、どの動きも、日本語よりも大きく、動きの幅が広いということです。ベトナム語では日本語よりも多くの母音を区別しなければいけないので、あいまいな音では似た音同士の区別ができないのです。

　ベトナムの日本語学習者の発音も、その影響を受けて、日本人の発音よりも鋭く尖（とが）った感じの音に聞こえることが多いでしょう。特に、舌を前に出す発音や、唇を強く引いたり丸めたりする発音は、日本人の耳には奇妙な感じに聞こえやすいです。逆に、日本語の母音は、ベトナム人にとって、はっきりしないこもった音に聞こえているのではないかと思います。

　1つ1つの母音の音色以外に、特定の音の連続に問題が現れることもあります。まず、母音連続です。ベトナム語の語の中で、母音の並び方には決まりがあり、ベトナム語には決して現れない母音の組み合わせがあります。日本語にはあってベトナム語の語にはない母音の組み合わせは、“あえ”“いお”“えあ”“えい”“おう”です。これらの音はベトナムの学習者にとっては言いにくく、よく似た他の音で置き換えてしまうことがあります。

　たとえば例に挙げたように、“あえ”を含む音は特に言いにくいようで、“さかえ”“かえる”などは、《えー》で置き換え、《さけー》《けーる》となりやすいです。

　“えい”は、ベトナム語のây（日本語ではアイとウイの中間のように聞こえる音）で置き換えることが多いです。その結果、例えば“経済”が《かいざい》とか《くいざい》のように聞こえることがあります。

　方言による違いが日本語に現れることもあります。例えば、Minh さんという名前の人がよくいます。この名前は、北部ではミンと読むのですが、南部方言では舌が後ろに寄り、ムンというような音になります。南部出身のベ

トナムの学習者は、日本語にもこの影響が現れて、例えば"しんぱい"が《すんぱい》のような発音になったりします。また、êの母音も、南部ではやはり舌が真ん中の方に置かれてウに近い音になります。そのため、"べんきょう"が《ぶんきょう》になってしまうこともあります。

　ベトナムの学習者には、このような違いに気づいてもらい、日本語の母音の、全体的に舌が前後に大きく動かない、緩く柔らかい感じを身につけてもらうことを目指したいところです。ただ、1音1音取り上げて指導しても効果は出にくいでしょう。母音は全ての語に必ずあるので、母音を間違えないように発音せよと言われたら、一言も声が出せなくなってしまいます。ほとんどの場合、学習者の発音は、意味の理解を妨げるほど違っているわけではないので、もっと日本語らしい発音を目指したいと思ってもらうには、まずはその微妙な違いを感じ取ってもらうことが第一でしょう。日本語の母音の音色にじっと耳を傾けて聞く機会を作り、学習者個々人の中で日本語の母音の音のイメージを作ることを目指すのがよいのではないかと思います。歌を日本人の歌手そっくりに歌ったり、詩を朗読したりするのもいいかもしれません。なお、母音の前で音が途切れたり、喉を締めるような音を入れたりする学習者もいます。これは、音の区切りを声門閉鎖によってはっきり示そうとするものです。これについては、'5.1 息止め'の項を参照してください。

こんな風に説明しよう！

　次の言葉を、日本人のように発音してみましょう。どんな風に発音すればいいですか？

> 1）いいです。　2）えーっ？　3）あー！　4）おーい。　5）うーん。

みなさんは、日本語の‘あいうえお’の音を勉強しましたね。じゃあ、日本語の‘あ’の音と一番似ている音は、ベトナム語のどの母音ですか。a ですか。じゃあ、日本語の‘あ’とベトナム語の a は、同じ音ですか。どう違いますか。‘い・う・え・お’はどうですか。

　これはベトナム語の母音の図です。日本語の"あいうえお"は、この図の中のどこにありますか。

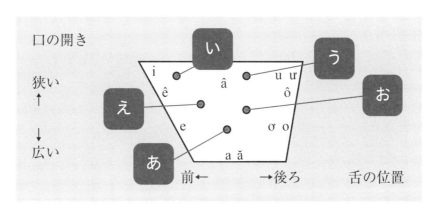

図1.19　ベトナム語の母音と日本語の母音の違い

　ベトナム語の i は、口の開きがとても狭いですね。唇を横に強く引きますね。でも、日本語の"い"を言うときは、そんなに狭くないです。それに、唇をそんなに引きません。

　ベトナム語の ê と e は、どちらも日本語の"え"とは違いますね。ベトナム語の ê と e は、どちらも舌が前の方にあります。でも、日本語の"え"は、舌は前でも、後ろでもないです。

　ベトナム語の a は、口を大きく開けて、舌も前に出しますね。でも、日本語の"あ"は、やっぱり舌は前でも後ろでもないです。口も、あまり大きく開けません。でも、â とも違いますね。â は、口はもっと狭いです。

ベトナム語の o は、口を大きく開けますね。口の中にオレンジが入るく
らい大きく開けます。ô は、口の開きは狭いですね。口に鉛筆をくわえるく
らいでしょう。じゃあ、日本語の"お"はどうですか。o と ô の間くらいで
しょうか。日本語の"お"はベトナム語の σ と似ていますか? でも、日本
語の"お"を言うときは、口を横に引きませんよね。

　ベトナム語の u と日本語の"う"はどうですか。ベトナム語の u はとて
も狭いし、唇を丸くします。日本語はどうでしょうか。あんまり丸くしない
ですね。でも、ベトナム語の ư とも違います。日本語では唇を横に引きま
せんから。

　このようにベトナム語の母音と日本語の母音は、音がずいぶん違うことが
わかりますね。日本語を言うときは、あまり口を大きく開けません。唇を横
に引くことも、丸くすることもあまりないです。舌は、前でも後ろでもない
ところに置くと、日本語らしい発音になります。母音が日本語らしくなると、
発音が全体的に日本語らしい感じになりますよ。

　次は、この言葉を読んでみましょう。

　6）なまえ　　7）けいざい　　8）べんきょう　　9）しんぱい

　6）は、"なまえ"ですか、"なめー"ですか? "なまえ"ですね。でも、
読みにくいですよね。ベトナム語には ae という言葉はないですから。

　他にも、こんな言葉があります。練習してみましょう。

　会えました　　買えます　　生えます　　前に　　着替えます

　7）を読んでみてください。"けい"を、"くい"と発音している人はいま
せんか。 ei という音も、ベトナム語にないので、読みにくいですね。でも、
ây と読んではいけません。"え"の発音に気をつけてください。

8）は、"ぶんきょう"ではありません。"べんきょう"です。9）も、"すんぱい"ではありません。"しんぱい"です。南部の出身の人、"ぶんきょう"になっていませんか。南部では、minh をムンと読みますね。それと同じように読むと、"ぶんきょう""すんぱい"になってしまいますね。気をつけて読んでみましょう。

1.7 練習

練習1

言いにくい音 ae の練習

次の　　の言葉を日本語の‘リズムたまご’に入れて書いてみましょう。それから、読んでみましょう。言いにくい音があるかもしれません。気をつけてください。

1　おなまえは　◯◯◯◯◯

2　かえますか　◯◯◯◯◯

3　はえて います　◯◯◯

4　やっときみに あえた　◯◯◯

5　サザエ さん　◯◯◯

6　ドラえ もん　◯◯◯

7　すてちゃえば？　◯◯◯◯◯

練習2

言いにくい音 ei の練習

　次の□□の言葉を日本語の'リズムたまご'に入れて書いてみましょう。それから、読んでみましょう。ベトナム語の ây にならないように気をつけてください。

1　けいざい がくぶ　　◯◯◯◯

2　えいごが にがてです　◯◯◯◯

3　へいせい 30 年　　　◯◯◯◯

練習3

言いにくい音 in の練習

　次の□□の言葉を日本語の'リズムたまご'に入れて書いてみましょう。それから、読んでみましょう。"ん"が《うん》にならないように気をつけてください。

1　しんぱい です　　　　◯◯◯◯

2　ビール びんを すてます　◯◯◯

3　みんなで 行きます　　　◯◯◯◯

4　ぎんこう　　　　　　　◯◯◯◯◯

答え

練習1

1　おな**まえ**は　⬭ o ⎮ n ⎮ a ⎮ m ⎮ a ⬭ e ⬭ w ⎮ a ⬭

2　**かえ**ますか　k ⎮ a ⬭ e ⎮ m ⎮ a ⎮ s ⎮ u ⬭ k ⎮ a

3　**はえて**います　h ⎮ a ⬭ e ⎮ t ⬭ e

4　やっときみに **あえた**　⬭ a ⬭ e ⎮ t ⎮ a

5　**サザエ**さん　s ⎮ a ⎮ z ⬭ a ⬭ e

6　**ドラえ**もん　d ⎮ o ⎮ r ⬭ a ⬭ e

7　すて**ちゃえ**ば?　s ⎮ u ⎮ t ⬭ e ⎮ cha ⬭ e ⬭ b ⎮ a

練習2

1　**けいざい**がくぶ　k ⎮ e ⬭ i ⎮ z ⎮ a ⬭ i

2　**えいごが**にがてです　⬭ e ⬭ i ⎮ g ⎮ o ⎮ g ⬭ a

3　**へいせい**30年　h ⎮ e ⬭ i ⎮ s ⎮ e ⬭ i

練習3

1　**しん**ぱいです　sh ⎮ i ⎮ n ⬭ p ⎮ a ⬭ i

2　ビール**びん**を すてます　b ⎮ i ⎮ n ⬭ o

3　**みんな**で 行きます　m ⎮ i ⎮ n ⬭ n ⎮ a ⎮ d ⬭ e

4　**ぎんこう**　g ⎮ i ⎮ n ⬭ k ⎮ o ⬭ o

1.8　その他…カ行、ガ行、ハ行、パ行

🔍 **例** 12 🎧 ┈┈┈┈┈┈┈┈┈┈┈┈┈┈┈┈┈┈┈┈┈┈┈┈┈┈

- 留学するのが夢でした
  《りゅうあくするのが　ゆめでした》

- 元気な男の赤ちゃんが
  《えんきな　おとこの　あかちゃんが》

- パーティーをします
  《バーティーを　します》

- 種類によって価格も違いますよ
  《しゅるいによって　かがくも　ちがいますよ》

❓ **相談** ┈┈┈┈┈┈┈┈┈┈┈┈┈┈┈┈┈┈┈┈┈┈┈┈┈┈┈┈

　　ベトナムの学習者の発音で、"こうき"が《ごうき》に聞こえるように、カ行の音がガ行の音のように聞こえることがあります。

　　逆にガ行の音もおかしいことがあって、"りゅうがくします"の"が"の音がはっきりしなくて、《りゅうはく》とか《りゅうあく》と言っているように聞こえるんです。時々、聞き違えてしまいます。"なごや"を《なおや》と言っていたり、"ほご（保護）"が《ほほ》に聞こえることもあります。

　　他にも、ハ行の音が聞こえにくいこともあります。よく気になるのは"にほんご"で、《におんご》のような音に聞こえます。

ベトナムの学習者のカ行、ガ行、ハ行、パ行の発音に違和感を感じていますね。ちょっと変な発音、ということもあれば、えっ、今なんて言った？と聞き直してしまうほどの発音もあるかもしれません。これらの発音は、ベトナム語と日本語の子音の違いが影響しています。

　まず、カ行についてです。日本語のカ行にあたる音は、ベトナム語では c または k で書きます。この音は日本語のカ行音とは少し違います。日本語のカ行の音は、発音する時に少し息が出ることが多いです。特に、語の最初の音がカ行の場合は、息が少し出る方が自然です。しかし、ベトナム語の c や k の音は、全く息が出ない音（無気音）なのです。例えば、日本語で「<u>か</u>わいい」という時、気持ちを込めて言えば言うほど、"か"の音を出す時に息がたくさん出ます。しかし、ベトナム語の c や k から始まる語、例えば cao〈カーオ〉（高い）は、どんなに気持ちを込めても、息は全然出ません。一方、ガ行音は息が出ないので、語の始めのカ行の音で、息を全く出さずに発音をすると、日本人には、カ行ではなく、ガ行に近い音に聞こえてしまうのです。

　次に、ガ行についてです。日本語のガ行音は、上顎（うわあご）の奥に舌の奥がくっついて、息が一度完全に止まり、その後息が出る音（破裂音（はれつおん））です。一方、ベトナム語のガ行に当たる g の音は、日本語とは違い、舌が上顎（うわあご）に近づきますが隙間（すきま）があり、息の流れが完全に止まらない音（摩擦音（まさつおん））で、摩擦は弱くとても柔らかく聞こえる音です。それで、日本語のガ行の音を言う時に、ベトナムの学習者が g の音を使うと、ガ行ではなくハ行やア行のような音に聞こえます。このような人には、日本語との音の違いを説明し、日本語のガ行は舌の奥を上顎（うわあご）につけ、完全に息を止めて作る破裂音（はれつおん）であることを伝えたほうがよいでしょう。

　それから、ハ行についてです。日本語のハ行は複雑で、"は・へ・ほ"は

喉の奥の声門で作る摩擦音、“ひ”は舌の後ろの方の軟口蓋で作る摩擦音、“ふ”は両方の唇で作る摩擦音です。しかし、ベトナム語のhはすべて声門で作る摩擦音で、しかも、日本語の“は・へ・ほ”より摩擦がもっと弱く、“あ・え・お”に近いほど柔らかな音です。それで、ベトナム人学習者が日本語のハ行音をすべてベトナム語のhの音で出そうとすると、母音のような音になってしまうのです。このような学習者には、日本語のハ行音では摩擦の音を強く出すように指導したほうがよいです。

　最後にパ行についてです。ベトナム語母語話者は日本語のパ行がバ行と混同することがあります。実は、ベトナム語の頭子音にはpの音はないのです。pという文字はあるのですが、末子音のpにしか用いられません。ただし、少数民族の言葉や外来語を書くときにpの字が用いられることはあります。それで、ベトナム語ではpとbを区別する必要がないため、日本語でも、人によってパ行をバ行で読んでしまうことがあるのです。

　カ行、ガ行、ハ行、パ行については、ベトナム人の学習者は、自分の発音が日本語と違うということを、指摘されたことがないかもしれません。日本語の先生や周りの人達は、気がついたら、ぜひそのことを伝えてください。ベトナム語と日本語の発音の違いに気づくよい機会になるはずです。

こんな風に説明しよう！　と 練習 ....

1. 日本語のカ行は息が出る

次の言葉を聞いてください。AですかBですか。

A カ・キ・ク・ケ・コ　　B ガ・ギ・グ・ゲ・ゴ
1) <u>か</u>れき　　　　　<u>が</u>れき
2) <u>き</u>んメダル　　　<u>ぎ</u>んメダル
3) <u>く</u>ず　　　　　　<u>ぐ</u>ず
4) <u>け</u>んがく　　　　<u>げ</u>んかく
5) <u>こ</u>ま　　　　　　<u>ご</u>ま

聞いて、AかBかわからない人はいますか。みなさん、わかりますね。
Aはカ行です。「゛」はありません。Bはガ行です。「゛」があります。

じゃあ、みなさん、読んでみてください。AとBを区別して読めますか。
時々、AがBのように聞こえる人がいます。またはBの発音が、日本語の
ガ行の音と違う人がいます。

AがBのように聞こえる人がいますね。その人は、カ行の音を言う時、
少し息が出るようにしてください。日本語では、カ行の音が言葉の最初にあ
る時、少し息が出ます。"かわいい"という言葉で練習してみましょう。手
を口の前にあてて、普通に言ってみてください。"か"で、手には息が当た
りませんね。じゃあ、ここに、すごくかわいい犬がいます。気持ちを込め
て言ってみてください。"<u>か</u>わいい〜！"この時、手に息が当たりますか？
日本人なら、手に息が少し当たります。当たるように言ってみてください。
じゃあ、上の1）〜5）も、手に息が当たるように言ってみてください。

2. 日本語のガ行は破裂音<ruby>破裂音<rt>は れつおん</rt></ruby>

Ｂの音が、日本語の音と少し違って、ベトナム語のgのように聞こえる人がいます。日本語のガ行の音と、ベトナム語のガ行の音はどう違いますか。

6）<u>が</u>っこう　gà con〈ガー　コン〉（ひよこ）

7）<u>ぎ</u>んこう　ghi tên〈ギー　テン〉（名前を書く）

8）<u>ぐ</u>あい　　gửi tiền〈グイ　ティエン〉（お金を送る）

9）<u>げ</u>んき　　ghen tị〈ゲーン　ティ〉（うらやむ）

10）<u>ご</u>うかく　gỏi cuốn〈ゴーイ　クオン〉（生春巻き）

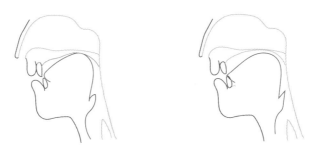

図1.20　（左）日本語のガ行の口の形　（右）ベトナム語のgの口の形

日本語のガ行は、舌の奥が上顎<rt>うわあご</rt>にくっついて、息が一回止まります。でも、ベトナム語のgは、舌の奥が上顎<rt>うわあご</rt>にくっつきませんから、gの音を出しながら息が出ます。図1.20を見てください。左側は日本語のガ行、右側はベトナム語のgです。

日本語のガ行と言う時、ベトナム語のgの音のように言うと、日本人にとっておかしいです。時々、アイウエオとか、ワの音のように聞こえます。"げんき"ですか、"えんき"ですか？　わかりません。気をつけて言ってみましょう。

3．日本語のハ行のハヘホは摩擦の音が強い

　みなさんは、にほんごを勉強していますね。"にほんご"と言ってみてください。えっ？ におんご？ にほんご？ ハヘホの音が、時々アエオに聞こえますよ。次の言葉を読んでみてください。ハヘホの音とアエオの音を区別できますか。

11）はな	あな	hoa hồng〈ホア　ホン〉	（ばらの花）
12）へん	えん	mùa hè〈ムア　ヘー〉	（夏）
13）ほしい	おしい	hồ sơ〈ホー　ソー〉	（申し込み書類）

　日本語のハヘホの音は、ベトナム語の h の音と同じで、喉のところで音を出して作ります。図 1.21 の矢印のところです。たとえば、急に走って苦しい時、ハーハーという音が出ますね。これを摩擦の音 âm sát といいます。日本語のハヘホの音やベトナム語の h の音を言う時は、この喉の摩擦の音です。ただ、ベトナム語の h の音は、この摩擦の音がとても弱いですね。日本語では、摩擦の音がもっと強いです。もし、みなさんがハヘホを言う時、摩擦の音が弱いと、アエオのように聞こえます。"はな"ですか、"あな"ですか、わかりません。11）12）13）の言葉で、ハーハーという摩擦の音を強くして言ってみてください。

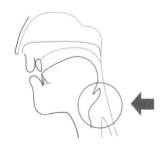

図1.21　日本語のハ・ヘ・ホと、ベトナム語の h の音を出す場所

では、次の言葉はどうですか。

14) <u>ひ</u>と　　<u>い</u>と　　hy vọng〈ヒー　ヴォン〉（希望）

15) <u>ふ</u>え　　<u>う</u>え　　hứa hẹn〈フア　ヘン〉（約束する）

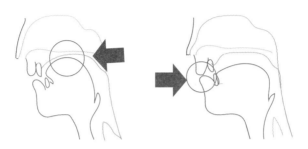

図1.22　（左）日本語のヒ　（右）日本語のフ

　ベトナム語の hi、hy や hu の音と日本語のヒやフの音は、違いますね。ベトナム語の hi の音は、上の図 1.21 と同じように、喉（のど）の摩擦（まさつ）の音です。でも、日本語のヒは、図 1.22 の左の図ように、舌が上顎（うわあご）に近づいて出す音です。ベトナム語の khi の音と少し似ていますが、khi の音は舌の奥の方を使って、hi の音は舌の中心の部分を使うので、少し違います。

　ベトナム語の hu の音も、上の図 1.21 と同じように、喉（のど）の摩擦（まさつ）の音ですが、日本語のフは唇を使う音です。でも、ベトナム語の phu の音とは違いますよ。ベトナム語の phu の音は上の歯を使いますが、日本語のフの音は歯を使いません。上と下の唇だけ使う音です。14）と 15）を気をつけて言ってみてください。

4．日本語のパ行とバ行の区別

　2つの言葉を言いますから、聞いてください。Aはパピプペポの音です。

pの音ですね。Bはバビブベボの音です。bの音ですね。どちらですか。二つの言葉は意味が違います。

A. p　　B. b
16）<u>パ</u>ス　　　　<u>バ</u>ス
17）<u>ピ</u>ザ　　　　<u>ビ</u>ザ
18）<u>プ</u>レーン　　<u>ブ</u>レーン
19）<u>ペ</u>ット　　　<u>ベ</u>ッド
20）<u>ポ</u>ール　　　<u>ボ</u>ール

　聞いて違いがわかりますね。ベトナム語には、pとbの音がありますよね。じゃあ、AとBを言ってみてください。私はみなさんの発音を聞いて、pかbか言います。今の発音はpですか？　よく、bのように発音してしまいますね。ベトナム語では、pの音をbと発音してもいいんですよね。sa pa〈サパ〉（北部の高原にある町の名前）は、サパでもサバでも大丈夫だそうですね。でも、日本語では、pの音をbで発音すると、意味がわからなくなってしまいますよ。

　パの音を練習してみましょう。まず、声を出さないで、両方の唇をつけて、それから開いて、パという音を出してください。パパパパパパ、と何回もやってみてください。声を出さないでくださいね。

　次に、声を出さないでパと唇を開いて、それからアと言ってください。できるだけ早く、何回もやってみてください。唇を開くときに声を出さないようにします。早くいうと、パの音になります。唇を開くときに一緒に声を出すと、bの音になります。

　では、16）〜20）の言葉を練習してみてください。

ベトナム人は名前を呼ぼう

Q

ベトナム人の名前のうち、どの部分を呼んだらいいかわかりません。

A

ベトナム人の名前を呼ぶときは、名前のうち、最後の音を呼び名として呼ぶとよいです。

ベトナム人の名前は、苗字（姓）、定型ミドルネーム、名前の一部、名前、の順に並んでいます。日本、中国、韓国と同様、苗字が最初に来ます。

定型ミドルネームというのは、Văn（文という漢字の漢越語。ベトナム語の中の漢字については、'コラム ベトナム人と漢字'を参照）と Thị（氏という漢字の漢越語）の2つしかありません。Văn は男性だけ、Thị は女性だけにつきます。これは、人によってある人とない人がいます。

次に、'名前の一部'ですが、これは、人によって名前の部分が1音節の人と、2音節の人がいるということです。ただ、主となる名前は名前の最後の音節の方であることがほとんどで、後ろから2つ目の音は呼び名として使われないことが多いです。

従って、ベトナム人の名前には、次のようなパターンがあります。ベトナム人の名前はほとんどが漢越語ですので、表1.2には漢字も添えました。

上記のいずれの名前の場合も、通常、呼び名は一番最後の1音

表1.2　ベトナム人の名前のパターン

	苗字（姓）	定型 ミドルネーム	名前の一部	名前 （呼び名）
1	Trần 陳			Vũ 武
2	Nguyễn 阮	Văn 文		Nam 南
3	Phan 潘	Thị 氏		Mai 梅
4	Bùi 裴		Huy 揮	Hoàng 皇
5	Trần 陳		Thu 秋	Trang 裝
6	Đào 桃	Thị 氏	Ngọc 玉	Hoa 花

節です。Vũ〈ヴー〉さん、Nam〈ナム〉さん、Mai〈マイ〉さん、Hoàng〈ホアン〉さん、Trang〈チャン〉さん、Hoa〈ホア〉さん、と呼べばいいです。中には、名前の一部の部分も含めて、2語で呼んでほしい、という人もいます。例えばAnh〈アイン〉という名前は非常に多く、男女ともにあり、Anhと呼ぶだけでは名前の意味も性別もわからない、という場合です。その場合、Hiền Anh〈ヒエン アイン〉さん、などと呼ばれます。

　なお、ベトナムでは、苗字の部分を呼びあうことは、全くありません。不思議なようですが、本当にないんです。ベトナムでは苗字の数が少なく、7割くらいの人の苗字がNguyễn〈グエン〉であるとも言われていますので、苗字を読んでも誰のことかわからないからかもしれません。

　ちなみに、ベトナムは夫婦別姓です。子どもにはお父さんの苗字

をつける人が一番多いですが、お母さんの苗字をつける場合もあります。

　日本では苗字を呼ぶのが普通ですので、日本人と一緒に過ごす学校や職場などでどう呼んだらいいか、迷われるかもしれません。名前は呼ばれる本人のものですので、本人と相談して、本人が一番納得できる名前で呼ぶのが一番いいかもしれません。

ベトナム人の名前を日本語で書くには

はじめに

　ベトナムの人の名前を日本語のカタカナで書くとき、どう書いたらいいか分からず戸惑われることが多いと思います。 名前は誰にとっても大切なものですし、外国人が日本に住む場合には銀行口座や身分証明書などにも表記されますので、違和感がないようにしてあげたいものです。名前のことで、学習者も周りの日本人も苦労することがないように、知っておくとよいことをまとめます。

　まず、ベトナム語はアルファベットで表記されます。ただし、読み方が英語式の読み方とは違うため、日本人の想像と違う読み方をすることがあります。ベトナム語特有の文字もあります。次に、ベトナム語には日本語にない音がたくさんあります。日本語における外来語のカタカナ表記は、日本語教育であまり詳しく教えられないため、日本語では馴染みがない音をカタカナでどう表記したらいいか、学習者には分からないことがあります。さらに周りの日本人も、ベトナム語の音が聞き取れないため、間違った表記で書かれてしまうわけです。ベトナム語には、どうしても日本語では表記できない音があり、ベトナム語の音の区別は日本語では残念ながらある程度失われてしまいます。これはやむを得ないことです。

　ただ、ベトナム語の文字の読み方のルールを日本人が知らなかったことにより、ベトナム人の名前が実際の音とは全く違う音で書かれているのをよく見かけますので、下の説明を参考に、大切な名前をぜひ適切な書き方で書いてください。なお、読み方は方言によっても違います。この点はコラム「ベトナムの地方と方言」を参照し

てください。

1.　ベトナム語の文字の特殊な読み

1）D は ザ行、またはヤ行の音

　Diên ✕ディエン ○ジエン

　ベトナム語のアルファベットには、D という字と Đ という字が
あります。Đ というのはベトナム語のために作られた特別な文字
で、英語の D と同じ読み方をします。ベトナム語の D の字は、英
語の D の字の音とは違い、ザ行またはヤ行で読まれます。da di du
de do はザ ジ ズ ゼ ゾまたはヤ イ ユ ィェ ヨと読みます。Du はヅ
（有声歯茎破擦音）ではなくズ（有声歯茎摩擦音）です。

　D の字の名前を、ダ行の音で書いてしまっていることが時々あ
ります。例えば Diên という名前は、本来ジエンと読むのですが、
ディエンと書き表している学習者がいました。なお、ベトナム語で
は、Điên というのは‘気が狂っている’という意味になってしま
うのです。

2）Gi- ザ行、ジャ行またはヤ行

　ベトナム語では Gi- という綴りがあり、ザ行、ジャ行またはヤ
行で読まれます。例えば Gia, Giáp, Giang といった名前は、それ
ぞれ〈ザー、ザップ、ザン〉、または〈ジャー、ジャップ、ジャン〉
という音と近いです。ジア、ギアとは読むのは間違いです。

3）Ng- 鼻音のガ行

　Nga ✕ニャ ○ガ

　Ng- という綴りは、鼻音のガの音です。日本語には鼻音を表す
字がありませんので、Nga はガーと書き表す他ないことになりま

す。時々、Nga さんという方がニャーさんと表されていることがありますが、これは間違いです（Nha という綴りはニャーと読みます）。なお、Ga という綴りもありますが、こちらもガーと書くしかありませんので、Nga と Ga は日本語では残念ながら区別できません。

4）Ph-

　　Phong ×ポン ○フォン　Phú ×プゥ ○フー

　　Ph- という綴りは、英語の F と同じ、上の歯で下の唇を噛んで出す音（無声唇歯摩擦音）です。この音は日本語にはありませんが、Phong さんはフォン、Phú さんはフーと書くのが最も近いと思います。パ行の音はベトナムには（少数民族の名前や語彙を除いて）ありません。

5）Tr- チャ行

　　Trang ×トラン ○チャン　Trần ×トラン ○チャン

　　Tr- という綴りは、ベトナム語ではチャ行の音で、トラーとは読みません。ベトナム語は語頭の頭子音は 1 つだけしか許されず、2 つ以上の頭子音の連続はありません。Trần はベトナムで最も多い姓の 1 つで、チャンと読むのが近いです。また、Trang はベトナム人の女性に多い名前ですが、こちらもチャンと読むのが近いです。Trần と Trang はベトナム語では違う音ですが、日本語ではどちらもチャンになってしまいます。ちなみに、フランス在住のベトナム人映画監督 Trần Anh Hùng さんは、日本ではトラン・アン・ユンと表記されています（フランス語読みと思われます）が、ベトナム語ではチャン・アン・フンと読まれます。

2．難しいカタカナ表記

6）ch チャ行

chu ×ツ ○チュー

ch- はチャ行の音で、cha chi chu che cho は〈チャ チ チュ チェ
チョ〉と読みます。ベトナム語にはツの音はありません。

7）đ ダ行

đi ×ジィ ○ディ　Định ×ドィン ○ディン

Đ（英語のDの字に横棒を入れた字、小文字はđ）は、英語のDと同
じ読み方をします。đa đi đu đe đo は〈ダ ディ ドゥ デ ド〉と読み
ます。Đi - の音がジィやドィ、Đu がドュ、ズ、Đo がドゥなどと
書かれている場合がありますが、これは間違いです。Đức（徳の字
のベトナム語読み）はドクと書かれることが多いですが、ドゥックの
方が近いと思います。

8）Tr- チャ行

Trang ×テャン ○チャン

Tr- から始まる語がテャと書かれているのを時々目にします。上
に述べたように、Tr- はチャ行の音（無声硬口蓋破擦音）です。Trần
はベトナム人に最も多い姓のひとつですし、Trang は女性に多い
名前ですが、どちらもチャンと書くのが最も近いです。実は Tr- の
音はベトナムの中部と南部ではそり舌音で発音されるので、Tra を
チャと書くと、少し違う音だなとベトナム人は感じるのかもしれませ
ん。しかし、テャと書けばベトナム語とは全く違う音になってし
まいます。

9）Th-

Thị ×チィ ○ティ
Th- は無声有気歯茎破裂音で、日本語のタ行が有気音になった音

です。有気音は日本語にはないため、ベトナム語とは少し違う音になってしまいますが、Tha Thi Thu The Tho は、タ ティ トゥ テ トと書くと最も近いです。Thang〈タン〉、Thị〈ティ〉（女性のミドルネーム）、Thu〈トゥー〉など、この音はベトナム人の名前によく出てくる音です。

　Thi はチではなくティという音に最も近いです。Thu はテゥ、テュ、チュなどと書かれていることがありますが、いずれも本来の音とは違い、トゥが最も近いです。Thủy（水という漢字の漢越語。日本語の音読みのスイに対応している）という名前は女性にとても多いですが、トュイやテュイではなく、トゥイが適当です。

10）母音の連続 -uố-, -iê-, -yê- など
　無声の末子音 -p, -t, -ch, -c,

-iểu	Hiểu	×ヒョウ	○ヒエウ
-uyết	Quyết	×クィエト	○クエット
-uốc	Quốc	×コク	○クオック
-uyền	Huyền	×フェン	○フエン
	Uyên	×ウェン	○ウエン
	Luyền	×ルェン	○ルエン
	Tuyển	×トゥイエン	○トゥエン

　ベトナム語では、母音が連続する綴りがある場合、すべての母音をローマ字読みのように読んで文字にするといいです。母音が連続する綴りを、連続する母音を小さいィ、ゥ、ェ、などで書こうとする学習者が多いです。例えば Huyền をフェンと書くなどです。しかし、実際のベトナム語の音は、フェという /e/ の母音1つの音節ではなく、Hu フと ye エと n ンの3つの音がそれぞれはっきりと

聞こえる音節です。ですので、小さいィゥェで書かないほうがいい
でしょう。

　また、無声の末子音で終わる名前、例えば Quốc, Tuyết, などが
あります。ベトナム語では、この最後の末子音の破裂がなく、息が
出る音がしないため、実際の発音は、クオッ、トゥエッ、というよ
うな音です。しかしこれは日本人にとって非常に発音しにくいです
し、最後の末子音が全くないわけではありません。そこで、実際の
ベトナム語の音とはずいぶん違う音になってしまいますが、Quốc
はクオック、Tuyết はトゥエット、Ngọc はゴックというように、
小さい"ッ"を入れ、最後に母音をつけて読むといいと思います。

3．どうしても書き表せないもの、区別できないもの
11）声調

　改めて言うまでもないですが、ベトナム語には声調があり、a á
à ả ã ạ という記号で区別します。それによって意味が異なります
が、これを日本語で区別することはできません。ベトナム人の名前
は一つ一つ良い意味の言葉がつけられていますが、その声調を変え
ると全く違う意味になります。例えば、Kiên〈キエン〉（平らな声調）
は男性に多い名前で、漢字では‘堅’という字にあたりますが、こ
れを Kiến（鋭い声調）に変えれば‘アリ’という意味になってしま
います。ホアという名前の人は多いですが、実は、平らな声調の
Hoa（花）という名前の人と、下がる声調の Hoà（和）という名前
の人がいます。しかしこれはどうしても日本語では区別することが
できません。日本語とベトナム語の関係上どうしようもないことで
すが、「あなたの名前はどんな音？　自分には発音はできないけど、
どんな意味がある言葉ですか？」と関心を寄せれば、ベトナム人は
誰でも喜ぶでしょう。

12）横に弾く音 u と ư、o と ơ

　ベトナム語には日本語の倍以上の 11 の母音があります。これらを区別して表すための記号があります。母音の記号の横に「 ’ 」のような小さな記号がついているのを見たことがあると思いますが、これは‘口を横に引く’という意味のある記号で、この記号を使う音は ư と ơ の 2 種類あります。しかし、u と ư、o と ơ の違いを日本語で書くことはできません。Hùng（雄）さんと、Hưng（興）さんは、実際には違う母音なのですが、どちらもフンさんになってしまいます。ベトナム語の母音の記号は、他に o と ô、a と â の区別をする記号、a と ă を区別する記号の合わせて 3 種類があります。

13）Ng-

　Nga も Ga も ガー

　頭子音の ng- 、および末子音の -ng は、日本語でいえばガ行の鼻音（有声軟口蓋鼻音_{ゆうせいなんこうがいびおん}）です。日本語では、東京方言では助詞の“が”を鼻濁音で読みますが、それ以外のガ行音は鼻音がありませんので、この音を日本語で書き表すことができません。この音をング、とか、ンガと書き表わそうとする学習者がときどきいます（例：Hoàng をホアングと書くなど）。g- と ng-、-n と -ng を区別しようとすると、こう書くほかありません。ベトナム人に最も多い姓 Nguyễn も、このように書けば、ングエン、となります。ただ、日本人にとって非常に読みにくいので、グエンでも致し方ないと思います。その際、例えば ga も nga もどちらもガーと同じ表記になります。

14）鼻音の末子音

　例えば Trâm という名前を、チャンムと書いている人がときどき

います。ベトナム語には無声末子音と有声末子音の2種類があり、無声末子音についてはすでに述べました。有声末子音には、-m, -n, -nh, -ng の4種類があります。この4つは、例えば Phạm, Trần, Thanh, Hoàng などのバリエーションがあり、ベトナム人の耳には全部違う音に聞こえるのですが、日本語では全てンになってしまいます。ベトナムの学習者はこれを書き分けようとして、Trâm をチャンムと書いていてみたわけです。ng- の項目で述べた、Hoàng をホアングと書く例もこれと同様です。

このうち、-m については、日本人の耳にもはっきり m の音が聞こえるので、Phạm をファムというように、ムと書いていいと思います。Trâm はチャンムではなく、チャムのほうが近いです。

-nh については、北部の方言では、例えば Thanh はタイン、Khánh はカインというように "イ" を入れて読むので、そのように書くといいと思います。

15) T- と Th

Tú さんと Thu さんは、どちらも女性に多い名前です。Tú の子音は息の出ない t（無声無気歯茎破裂音）、Thu の子音は息の出る t（無声有気歯茎破裂音）です。無気音と有気音の区別は日本語にはありませんので、これを区別して書き表すことはできず、どちらもトゥーと書くほかありません。

16) V と B

ベトナム語には b（バ行）の音の他に v の音があり、英語の v の音と同じ音（有声唇歯摩擦音）です。例えば Băng さんと Vân さんは違う音です。これを区別しようとすれば、Băng はバン、Vân はヴァンとするのがいいでしょう。

2章
リズム、長さ、音節

序　ベトナム語と日本語のリズムの違い

　ベトナム語話者の日本語の発音の特徴を知る上で、リズムの仕組みの違いはとても重要です。ベトナム語と日本語のリズムの単位の違いは、ベトナム語話者の日本語の発音に大きな影響を及ぼしているからです。

　ベトナム語では、"cac" のような子音＋母音＋子音（CVC）の閉音節1音節が1リズム単位となっています。そして、ベトナム語では、それぞれの音節頭が均一なタイミングで始まるように発音します。これを'音節が等時的に保たれる'といいます。

　ベトナム語では、子音＋母音（CV）や、母音だけ（V）や、母音＋子音（VC）が1音節となり、1リズム単位になることもあります。ただし、どのような構造の音節が並んでも、リズムは一定です。すなわち、V、VV、CV、VC、CVC、CVVC といったいろいろな音節がありますが、構成要素の数に合わせてリズムが長くなったり短くなったりすることはなく、均一なリズムが刻まれます。音節内の各構成要素の持続時間は一定ではなく、例えばV という音節とCVC という音節とのリズムを均一にするため、V という音節の母音V はCVC という音節のV よりも長く伸ばされます。例を見てみましょう。

　例　Cô tên là Nguyệt.（私の名前はグエットです）

　ベトナム語では音節の開始のタイミングが等時的に保たれるため、音節中の構成要素が多いほど各構成要素の持続時間は短くなります。上の例の Cô

（女性を指す人称の 1 つ）は 1 音節が頭子音と母音の 2 要素から成りますが、tên（名前）は頭子音・母音・末子音の 3 要素、Nguyệt（女性の人名）は頭子音、2 つの母音、末子音の 4 要素から成り、それでも 1 つの音節の始まるタイミングは一定です。従って、音節中の構成要素が多いほど各構成要素の長さは短くなることになります。つまり、1 音節中の各構成要素の長さは、音節中の構成要素の数によって‘伸び縮み’し、構成要素が多くなれば、1 つの音節の持続時間中に、末子音など複数の要素が‘食い込んで’くるわけです。

　一方、日本語では、この音節の構成要素の伸び縮みが起こりません。日本語のリズム単位は、頭子音 C 1 つと母音 V 1 つ（CV と書き表します）から成る開音節を基本としますが、撥音、長音、促音という 3 種類の特殊拍があり、これらは CVC、CVV という音の流れを作ります。しかし、日本語のリズム単位である拍には、最大でも C 1 つと V 1 つという 2 つの要素しか入らないため、ここからはみ出た要素は拍に合わせて伸び縮みすることなく、次の拍に‘押し出され’ます。“て”と“てん”では、“て”に“ん”が後続しても、“て”の拍の中に撥音 /n/ が‘食い込んで’くることはなく、次の拍に‘押し出され’て 2 拍となり、1 つの拍としての長さを保ちます。この‘押し出し’ルールに従うと、ベトナム語の Nguyệt を日本語の綴りで書けば、“Ngu e t to ぐえっと”の 4 拍になります。

　この、音節の構成要素を次のリズム単位に‘押し出’す感覚は、ベトナムの日本語学習者にとって非常にわかりにくいのです。つい、日本語の音の流れを CVC の音節構造でとらえようとし、1 音節中に末子音や母音連続などを‘食い込ませ’てしまうのです。具体的には、日本語の促音（例 きって）、無声破裂音 p t k などが後続する拍（例 かぞく）、撥音（例 さんまん）があるところでは、無声破裂音や撥音の鼻音を CVC の閉音節の末子音ととらえ、1 音節中に‘食い込ませ’てしまいたくなるのです。そして、さらに、その CVC の音節の長さを、前後の CV の拍と一定に揃えたくなってしまうのです。すなわち、この、ベトナム語との日本語の、リズム単位の区切り方

（Segmentation）の違いこそが、ベトナム語話者の日本語のリズムの乱れの根本であるということです。

　例を見てみましょう。

例）　"学校に入ります"《がっ　こう　にー　はい　りー　ます》

　この文では、ベトナムの学習者は、"がっこう"（ローマ字表記ではgakkoo）のgakを無声末子音の閉音節CVCととらえ、"が"の拍にkを'食い込ませ'て、gak koと区切りたくなります。その結果、gakの母音aも短くなります。"がっ"と"こう""に"を同じ長さに保とうとした結果、"に"が長く伸ばされて長音のように聞こえます。

　このような違いを背景として、ベトナムの学習者の日本語のリズムには、大きく分けて次の3つの現象が起こります。

● **伸ばして揃える**

　94円：ベトナムの学習者には、これが《きゅう じゅう よー えん》の4つの音節に聞こえ、"よ"を"きゅう""じゅう""えん"の音節と同じ長さに揃えようとします。そのため、"よ"が前後の拍の長さに合わせて長く伸ばされたように聞こえます。この現象を本書では'伸ばして揃える'と呼びます。

● **縮めて揃える**

　"高校にはいりました"：ベトナムの学習者には、これが《ここ に はい り まった》の7音節に聞こえます。"こう""こう""はい""まし"を、"に""り""た"の拍と同じ長さに揃えようとします。この現象を本書では'縮めて揃える'と呼びます。この場合、"こうこう"が《ここ》のように短音に聞こえることもあれば、"に"が《にー》のように長音に聞こえることもあると思われますが、実際に起こって

いる現象に違いはありません。

● 促音を入れて揃える

　　大学：ベトナムの学習者には、これが《だい　がっ　く》の3音節に聞こえます。その際、"がく"の部分は、gac cu と区切ろうとします。gac の c は無声末子音であり、gac と cu を同じ長さに保とうとするため、a は1拍より短く c の閉鎖は長く聞こえます。ベトナム人がその通りに発音すると、日本人には《がっく》と促音が入るように聞こえます。この現象を、本書では'促音を入れて揃える'と呼びます。ただし、ベトナム語母語話者は、あえて促音を入れているという感覚はないかもしれません。

　このような背景は単純ではないですが、これらの現象を日本語らしく変えるために、次のような順を追って指導を進めると効果が期待できます。

　まず、ベトナム語と日本語のリズムの仕組みの違いについての理解を図ります。ベトナム語では CVC 1音節を1リズム単位とし、1音節の中の構成要素の長さが伸び縮みし、音節の等時性が保たれるのに対し、日本語では CV 1拍が1リズム単位となり、構成要素が'伸び縮み'することはなく、末子音が前の母音に'食い込む'こともなく、次の拍に'押し出'されることによって、拍の等時的なリズムが維持されるということを理解してもらう必要があります。末子音や母音連続は、1つのリズム単位に'食い込む'ことはなく、次の拍に押し出されて1拍分の長さを維持することを、まずは知ってもらいましょう。

　次に、ベトナム語話者の日本語の発音で起こりがちな3つの現象、'伸ばして揃える''縮めて揃える''促音を入れて揃える'を示します。それぞれのパターンで、ベトナム語話者はどのように区切り、どのようにリズムを揃えているか振り返り、気づきを促しましょう。一方で、日本語では'押し出し'のルールに従い、CV から成る拍の単位でリズムを区切ることを確認し

ましょう。拍で区切って書く練習が有効です。また、1拍の長さを保って読む練習も必要でしょう。本書では、リズムをたまごの形で表した図‘リズムたまご’を使って、ベトナム語と日本語のリズムの違いを図で表し、日本語を拍で区切って書いたり読んだりする練習を行っていきます。

　このようにして、日本語のリズムの基盤を確認した上で、日本語の4拍のリズムパターン①〜⑤の分類（p.124）を示し、読む練習をしていきます。まず、連続音声の中から①〜⑤のリズムパターンを分類して聞き取る練習をします。次に、①〜⑤の4拍の語の読み練習、さらに①〜⑤の4拍の語に1・2・3・4拍のいろいろなリズムパターンの語が後続する場合のリズム練習をしていきます。このようにすることで、普段の音声のインプットの中から日本語のリズムパターンを感じとり、さらには長い発話の中でも日本語のリズムパターンを実現できるように練習していきます。特に、短・長・短 のような、不揃いなリズムを苦手としますので、これに注意して練習します。

　注意することは、学習者のリズムの問題の原因は、母語の音節構造に沿った音の区切り方を日本語にも応用していることにあるということを、教員が理解しておくことです。学習者の多くは、日本語の拍という単位とベトナム語の音節という単位の違いを理解していませんので、そのような学習者に対して日本語の語の1拍の母音の長さや短さだけを練習しても決してできるようになりません。また、リズムの違いが理解できたら、1語だけで練習せず、連続的な音声の中でのリズムを聞き取ったり練習したりするように心がけるとよいです。リズムは連続的な音声の中で実現されるものだからです。

　リズムは、アクセントやイントネーションの基盤になっており、リズムの仕組みが身に付かなければアクセントやイントネーションもできるようになりません。リズムは、分節音に比べて短時間の座学での学習である程度の理解が得られると思いますので、リズムの指導はできればアクセントやイントネーションの指導より前に行う方がよいと思います。リズムが整うととても

日本語らしくなります。本章の解説を参考に、ベトナムの学習者にぜひよい
気づきを促してほしいと思います。

発音チェックテスト② リズム

学習者のみなさんへ

次の文を読んでください。そして、先生やまわりの日本人などに下の表に
チェックしてもらってください。どんな間違いが多いですか。あなたの発
音は、日本人にどう聞こえているでしょうか。

先生、日本人のみなさんへ

次の文を学習者が読みます。発音を聞いて、下の表の例のうち、どれに聞
こえるか選び、聞こえると思ったものにチェックしてみてください。どれ
でもないと思ったら、「その他」にひらがなで書いてください。そして、
その結果を学習者に見せてください。

（1）友達と東京の大きな空港に行って、飛行機と鉄道の写真を撮った。

	ともだちと	とうきょうの	おおきな	くうこうに	いって
伸ばして揃える	□ともだちーとー	□とうきょうのー	□おきーな □おーきーな	□くうこうにー	
縮めて揃える		□ときょの □ときょのー	□おきな □おきなー	□くこに □くこにー	
促音を入れて揃える	□ともだっちとー □ともだっちーとー				
その他					

	ひこうきと	てつどうの	しゃしんを	とった
伸ばして揃える	□ひーこきとー □ひーこーきーとー		□しゃーしんを □しゃーしんをー	
縮めて揃える	□ひこきと □ひこきとー	□てつどの □てつどのー		
促音を入れて揃える		□てっつどの □てっどのー		
その他				

（2）私は11人兄弟がいます。弟が7人、兄が3人、姉が1人です。妹はいません。

	わたしには	じゅういちにん	きょうだいが	います
伸ばして揃える	□わたしーには		□きょうだいがー	
縮めて揃える		□じゅいちにん	□きょだいが □きょだいがー	
促音を入れて揃える		□じゅいっちにん		□いまっ
その他				

	おとうとが	しちにん	あにが	さんにん
伸ばして揃える	□おーとーとーがー □おーととがー	□しーちーにん	□あにがー □あーにーがー	
縮めて揃える				
促音を入れて揃える		□しっちにん □しっにん		
その他				

	あねが	ひとりです	いもうとは	いません
伸ばして揃える	□あーねーがー □あねがー	□ひとりーです	□いもうとーはー	□いーまーせん
縮めて揃える			□いもとは □いもとーはー □いーもとは	
促音を入れて揃える				
その他				

（3）恋人の弟の部屋に、泥棒がいたので、警察に通報した。

	こいびとの	おとうとの	へやに	どろぼうが
伸ばして揃える		□おーとーとのー □おーととのー	□へーやに □へーやーにー	□どーろぼーがー
縮めて揃える		□おととの		□どろぼが □どろぼがー
促音を入れて揃える	□こいびっとの			
その他				

	いたので	けいさつに	つうほうした
伸ばして揃える			
縮めて揃える		□けさっにー □けいさっつに □けさっつに	□つほした
促音を入れて揃える			
その他			

（４）学校の近くの国道に、ステーキ屋と、カレー屋と、ラーメン屋があります。

	がっこうの	ちかくの	こくどうに	ステーキやと
伸ばして揃える	□がっこうのー	□ちかくーのー		□すーてきやーとー
縮めて揃える	□がっこの		□こくどに	□すてきやと
促音を入れて揃える		□ちかっくの	□こっくどーに	□すてっきやーとー
その他				

	カレーやと	ラーメンやが	あります
伸ばして揃える	□かーれやと □かれやーと □かーれーやーとー	□らーめんやーがー	
縮めて揃える	□かれやと	□らめんやが	
促音を入れて揃える			□ありまっす □ありまっ
その他			

（5）どんな服装をして、どんなことを勉強して、どんな仕事につくかは、個人の自由です。

	どんな	ふくそうを	して	どんな	ことを
伸ばして揃える	□どんなー			□どんなー	□ことをー □こーとーをー
縮めて揃える		□ふくそを			
促音を入れて揃える		□ふっくそを □ふっくそうを	□しって		
その他					

	べんきょうして	どんな	しごとに	つくかは
伸ばして揃える		□どんなー	□しーごとに □しーごっとに	□つくかーはー
縮めて揃える	□べんきょして			
促音を入れて揃える			□しごっとに □しごっとにー	□つっくかは
その他				

	こじんの	じゆうです
伸ばして揃える	□こーじんの □こーじんのー	□じーゆーです
縮めて揃える		□じゆです
促音を入れて揃える		
その他		

2.1 伸ばして揃える

🔎 **例** 13 🎧 ·······

- 弟の
  《 おーとーとーのー 》

- 佐藤さんに
  《 さーとーさんに 》

- ステーキ屋と
  《 ステーキーやーと 》

- 飛行機と
  《 ひーこーきーとー 》

- 写真を撮った
  《 しゃ　しん　を　とっ　た 》

❓ **相談** ·······

　ベトナムの学生の発音を聞いていると、長音、短音の間違いがとても多いんです。長音がないところに、長音を入れることが多いみたいです。学生も、よく、コンビニでバイトしてるけど、数字の発音をよく直される、長い音がわからなくて、って言っています。確かに、学生たちの発音は、例えば、"ごじゅうごえん" が、長音が入って《ごーじゅーごーえん》って聞こえます。何度も直しているんですが…。"おばさん" と "おばあさん" の違いも、なかなかできなくて。「ば を長くして」と言うんですが《おーばーさん》と

なってしまって、“おばさん”なのか“おばあさん”なのか、何度言ってもらってもよくわからないんです。でも、いつも長音が入るわけでもないみたいです。長い音を短く言ったり、短い音を長く言ったり、その時によって違うみたいで、法則がよくわからないんです。どう指導したらいいんでしょうか。

! 解説

　確かに悩んでしまいますよね。でも、ベトナム人学習者は、長音を入れようとしているわけではありません。日本語の拍を音節ととらえ、音節の長さを揃えようとしているのです。短音の前後に長音があるときに、短音を長音と同じ長さにそろえようとします。そして、短音の拍と長音の拍の区別をなくし、同じ長さに均そうとしてしまうのです。

　ご相談の例をみてみましょう。たとえば、“55円”では、“ごじゅう”を日本語話者は“ご”“じゅ”“う”の３つの拍と感じ、３つの拍を同じくらいの長さに保とうとします。日本語では、母音の長さによってリズムの単位（日本語の場合は拍と呼ばれます）が分けられるため、“じゅ”の母音 /u/ を長くすると、リズム単位が１つ増え、“じゅ”“う”と２つの拍に分かれるのです。しかし、ベトナム語では、母音の長さによってリズムの単位が変わることはありません。“う”が長いかどうかに関係なく、“ご”と“じゅ”の２つの音節に分けます。

　また、“ごえん”では、日本語話者にとっては、“ご”“え”“ん”の３つの拍に分けられ、それぞれ同じ長さにしようとします。日本語では“ん”は１つのリズムの単位（拍）になるためです。しかし、ベトナム語のリズムの単位である音節はCVCの閉音節を基本形としていて、“ん”は“えん”という１つの音節の末子音となり、“ご”と“えん”の２つの音節に分けるほ

うが自然です。さらに、ベトナム語は音節をリズムの単位としていて、音節を一定のリズムで保とうとするので、"ご"と"えん"を同じ長さに保とうとします。そのため、《ごー えん》と聞こえます。

その結果、"ごじゅうごえん"を、ベトナム語話者は"ご""じゅ""ご""えん"という4つの音節であると感じ、それぞれを一定のリズムで読もうとするため、《ごー じゅー ごー えん》というような発音に聞こえることになります。つまり、短い音を長い音に'伸ばして揃える'わけです。

上の例では、日本語では2拍になるがベトナム語では1音節になるものとして長音と撥音（はつおん）をあげましたが、その他に、母音連続 /ai/ も、ベトナム語では1音節として許容されます。そして、/ai/ を含む音節とその前後の拍と長さを揃えようとします。このため、例えば"若いもの"が《わー かい もー のー》と聞こえるという現象が起こります。これも'伸ばして揃える'現象の1つです。

このように、ベトナム人学習者は日本語の語をベトナム語式の音節に句切り、これを同じ長さに保とうとしているのであって、ベトナム人学習者は決して"ごじゅう"の"ご"に長音を入れようとしているわけではなく、"じゅう"の母音を'じゅ'と短く言おうとしているわけでもありません。そのため、「じゅ をもっと長く言って」とか「ごーえん ではなくて ごえん です」というように、発話の一部分を取り出して指導しても効果はなかなか出ません。

まず、迂遠（うえん）なようですが、ベトナム語話者が、日本語を日頃からベトナム語の音節の区切り方で区切っていることに気づいてもらいましょう。その上で、ベトナム語では CVC の1音節がリズムの単位であるが、日本語では CV、V または C が1つのリズムの単位であり、それぞれが同じ長さに保たれること、この単位に収まらない要素は次の拍に'押し出される'ことを理解してもらうとよいです。そして、日本語式の拍の区切り方ができるように、初めは書く練習をしてみましょう。特に、ベトナム人にとって音節の一部に聞こえる長音、促音、撥音（はつおん）、連続する母音が、日本語では1つのリズ

ム単位として独立し、他の拍と同じ長さを維持するということを、まずは頭で十分理解してもらうとよいです。これを踏まえて、長音・促音・母音連続 /ai/ がそれぞれ 1 つの拍として 1 拍分の長さを保つための発音練習に進んでいくとよいです。

こんな風に説明しよう！

　日本語の数字の発音、難しいですね。日本人からよく直される、という人はいませんか？　たとえば、これ、どう読みますか。読んでみてください。

　￥50

ごじゅうえん、ですね。

　この発音、どこに長い音がありますか。"ごー" ですか。"じゅう" ですか。両方ですか。

　ごじゅうえん

"じゅう" ですね。

　この、長い音があるか、どこにあるか、聞いてわかりますか。よく間違えてしまうという人、きっと多いですね。どうしてでしょうか？

　ごじゅうえん、この音を聞いて、ベトナム語の字で書くなら、どう書きますか。

　go du en でしょうか。

　ベトナム語で書くとき、go と du と en は、全部同じ長さですね。ベトナム語では、1 つの語、1 つの音節（âm tiết）は、いつも、同じ長さですから。ベトナム語では、"ご" も、"ごー" も、"ごーーーー" でも、go ですね。go が、

go o になることは、ありませんね。go と du は、同じ長さで、どちらもリズム1つです。go と en も、同じ長さで、どちらもリズム1つですよね。

　ベトナム語は、1つの語は1つの音節です。1つの音節には、4つの部屋があります。頭子音（âm đầu）母音（âm chính）末子音（âm cuối）と、声調（thanh điệu）です。1つの音節は、同じ長さになります。だから、ベトナム語では、"ご"と"じゅう"と"えん"は同じ長さになりますね。このとき、"ご"と"じゅう"は同じ長さですから、長い音はどこにあるか、よくわからなくなります。¥50 をベトナム語のリズムのルールで発音した場合、図2.1 のようになるでしょう。1つのリズムをたまごの図1つで表します。この図を '리ズムたまご' と呼びます。

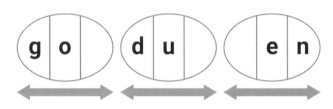

図 2.1　ベトナム学習者の "ごじゅうえん" をリズムたまごで表した図

　でも、日本語はどうでしょうか。日本語では、"ごじゅ"と"ごじゅう"は、長さが違います。"ごじゅ"はリズム2つ、"ごじゅう"はリズム3つです。日本語では、"じゅ"と"じゅう"はリズムが違うんですね。それから、"え"はリズム1つ、"えん"はリズム2つです。"えん"は"え"よりリズムが多いんですね。ベトナム語と違いますね。

　日本語のリズム1つに入れるのは、子音1つと母音1つだけです。だから、"じゅう"は、1つの単位の中に入りません。長い音の"う"が1つ余ってしまいます。それで、"う"は次のリズムに入れて、"じゅ"と"う"のリズム2つにします。だから、"ごじゅう"は、"ご""じゅ""う"のリズム3

つです。"ごー"と"じゅう"の2つではありません。

"えん"も、1つのリズムの中に入りません。"ん"が1つ余ってしまいます。それで、"ん"は次のリズムにして、"え"と"ん"の2つの単位にします。"ごじゅうえん"は、全部でリズム5つです。図2.2では日本語の¥50の発音をリズムたまごで表してみます。

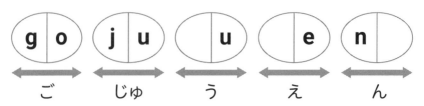

図2.2 日本語母語話者の"ごじゅうえん"をリズムたまごで表した図

だから、日本語の"ごじゅうえん"を言う時、go du en というように、ベトナム語のリズムで切って言ってはいけないんです。日本語のリズムは、長い音や"ん"の音を、1つのリズムと感じますから、これを他の音と同じくらい長く言わなければいけないんですね。

/ai/ という音も同じです。たとえば"甘いね"は、ベトナム人にとって、A mai ne と聞こえると思います。ベトナム語では、ai は、1つの音節の中に入れることができますから。それで、a と mai と ne を、だいたい同じ長さにしてしまいますね。

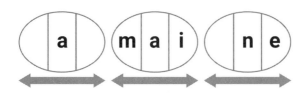

図2.3 ベトナム人学習者の"あまいね"をリズムたまごで表した図

でも、日本語のリズムの単位の中には、母音は1つしか入ることができません。それで、"い"は次の単位に入れて、4つの単位にします。この4つの単位を、だいたい同じ長さにしなければいけないんです。mai ではなくて、"ま""い"になるんですね。

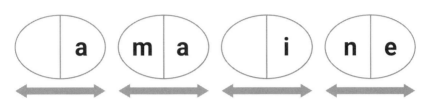

図2.4　日本語母語話者の"あまいね"をリズムたまごで表した図

　このように、日本語とベトナム語は、リズムの単位が違います。ベトナム語では、頭子音、母音、子音が1つの単位になって、だいたい同じ長さになります。でも、日本語では、子音と母音1つずつが1つの単位になって、だいたい同じ長さになります。日本語を話すときは、日本語のリズムで話すと、日本人にとって聞こえやすくなりますよ。

2.2　縮めて揃える

🔍 **例** 14 🎧 ┈┈┈┈┈┈┈┈┈┈┈┈┈┈┈┈┈┈┈┈┈┈┈┈┈┈┈┈┈┈

- 泥棒がいたので
  《 どろぼがいたので 》

- 妹はいません
  《 いもとはいません 》

- 32 歳です
  《 さんじゅにーさいです 》

- 友達と
  《 ともだちーと 》

❓ **相談** ┈┈┈┈┈┈┈┈┈┈┈┈┈┈┈┈┈┈┈┈┈┈┈┈┈┈┈┈┈┈┈┈┈┈┈┈┈

　　ベトナム人の学習者は、よく長音を落とすような気がします。例えば"洋服"を《よふく》と発音します。《こーとーしー》と長く話した単語の後で、急に《ともだ　ちー》と《ともだ》だけをすごく速く話したりもするので、日本語の単語が伸びたり縮んだりしているような気がします。

! 解説 ⋯⋯⋯⋯⋯⋯⋯⋯⋯⋯⋯⋯⋯⋯⋯⋯⋯⋯⋯⋯⋯⋯⋯⋯⋯⋯⋯⋯⋯⋯⋯⋯⋯⋯⋯⋯⋯⋯⋯

　ベトナム人学習者の発音は、長音を落とすように聞こえることがあります。ただし、これは、長音を落としているわけではなく、短い音節を長く、長い音節を短くして、音節の長さのばらつきを均（なら）そうとした結果で、実際に起こっている現象は、2.1 で説明した‘伸ばして揃える’と違いはありません。

　この現象は、長音や撥音（はつおん）など、長い音節と、短い音節が交互に並ぶ部分でよく起こります。例えば、“高校に”を《ここに》と読む現象は、“こうこう”が長い音節 2 つ、“に”が短い音節 1 つで、長さが不揃いです。この音の流れは、ベトナム語話者の耳には、co co nhi と聞こえます。ベトナム語では、o の母音がどんなに長く伸ばされていても co の 1 音節であり、co o と 2 つの単位に分かれることはありません。そして、ベトナム語では音節は同じ長さに揃えて発音されます。このように、日本語の音がベトナム語の音節の区切り方に倣って区切られ、ベトナム語の音節のリズムに沿って発音された結果、“こうこうに”が《ここに》と長音を落としたように聞こえることになるわけです。場合によっては、《こうこうにー》と“に”を伸ばしたように聞こえることもあるかもしれませんが、これも上と原因は同じです。

　この誤りに対して、「こではなく、こーです」と説明しても、co がベトナム人にとって 1 音節に聞こえている限り、言いたいことが伝わらないと思われます。日本語では長さがリズム単位の数の違いにつながるんだということを知ってもらう必要があります。そのため、まずは 2.1 と同様に、日本語とベトナム語のリズムの仕組みの違いを理解してもらいましょう。

　次に、ベトナム語からみて短い音節と長い音節が交互に出てくるような音の流れが、ベトナム語話者にとって苦手となるので、このような語をパターンに分類し、練習していくといいと思います。

　なお、語をパターンに分けて分類していく際には、アクセント型に気をつ

けましょう。3 章でも解説しますが、ベトナム語話者にとってアクセント型にはなじみやすいものとなじみにくいものがあり、特に下降のない平板型と下降のある起伏型ではリズムの感じ方がかなり違うようです。アクセントの説明を十分に受けていない学習者に対してリズムを教える際は、最初は平板型の語を例に挙げて練習し、慣れてきたら起伏型の語を混ぜて練習していく方がよいようです。

こんな風に説明しよう！

次の文を読んでみましょう。

> おととい、おおさかのおばさんのところにおとうととでかけて、
> きゅうしゅうりょこうのおみやげをあげました。

どうですか？　私は、今からみなさんが読んだ音を聞いて、みなさんが発音した通りに黒板に書きます。読んでみてください。あらっ、"おさか"ですか、"おおさか"ですか？　"おとと"ですか、"おとうと"ですか？"りょうこ"ですか、"りょこう"ですか？

ベトナム人の学生の発音を日本人が聞くと、長い音がどこにあるか、よくわかりません。みなさんにとって、長い音があるかないか、よくわからないし、発音も難しいですね。たとえば、"おおさか"では、みなさんは、長い音があるかどうか、聞いてすぐわかりますか。よく《おさか》と間違えてしまうのではないでしょうか。

みなさんは、次の言葉を読んでください。私は、みなさんの発音がA、B、C、Dのうちどれか、指します。みなさん、正しく読んでみてくださいね。

> おとうと

A おとと　B おーとと　C おとうと　D おととう

みなさんは、正しい発音がすぐにできますか。間違えることが多いのではないでしょうか。ベトナム人の学生にとって、この長い音の発音が難しいのは、なぜだと思いますか。

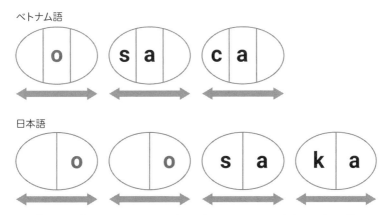

図2.5　"おおさか"をベトナム語のリズムで読んだものと、日本語のリズムで読んだものを、リズムたまごで表した図

　"おおさか"は、ベトナム語で書くと o sa ca です。このとき、o は、sa、ca と同じ長さですね。ベトナム語では、1つ1つの音節は、いつも同じ長さですから。o、sa、ca が全部同じ長さの時、リズムがいいです。

　でも、日本語の"おおさか"はどうですか。"おお"は長い、"さ"と"か"は短いです。長い音と短い音が続いています。これは、ベトナム語では、リズムが悪いです。ベトナムの人にとって、お、さ、か、を同じ長さにしたいですよね。

　でも、日本語は、そうじゃないんです。長いリズムと、短いリズムがあるんです。"おお"はリズム2つ、"さ"と"か"はリズム1つ。"おお"は、長い音があるので、短いリズムが2つくっついて、長ーい、短い、短い。日本語では、こんなリズムがきれいなんです。

"おおさか"のようなリズムを、"モーモコ"のリズムと呼びましょう。

ベトナム語

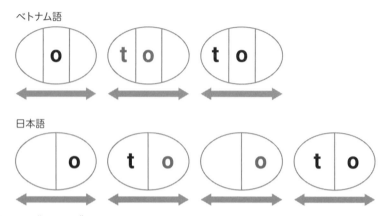

日本語

図2.6 "おとうと"をベトナム語のリズムで読んだものと、日本語のリズムで読んだもの
を、リズムたまごで表した図

じゃあ、"おとうと"はどうですか。"おとうと"も、ベトナム語で書くと
o to to です。3つとも、同じ長さですね。全部同じ長さで、ベトナム語では
リズムがいいですね。

でも、日本語の"おとうと"は、ちょっと違います。"お"は短い、"と
う"は長い、"と"は短い。"とう"は、長い音がありますから、短い音が2
つくっついて、長いリズムになります。それで、短い、長ーい、短い、で
す。短いリズムと長いリズムが並んでいます。日本語では、このリズムがい
いんです。

"おとうと"のようなリズムを、"モコーコ"のリズムと呼びましょう。
こんな風に日本語のリズムのパターンを分類すると、大きく分けて次の5
つのパターンがあります。一緒に読んでみましょう。

① モコモコ　②モーモコ　③モコーコ　④モコモー　⑤モーモー

最初に読んだ練習の文をもう一度見てみましょう。この文の中には、この5つのパターンの言葉が全部あります。探してみてください。見つけられますか？　見つけられたら、読む練習をしてみましょう。文全体も、このリズムを感じながら読んでみましょう。

---

① モコモコ：ところに　でかけて　おみやげ
② モーモコ：おおさか
③ モコーコ：おとうと　りょこうの
④ モコモー：おばさん　おととい
⑤ モーモー：きゅうしゅう

2.3　促音を入れて揃える

🔍 **例** 15 🎧 ⋯⋯⋯⋯⋯⋯⋯⋯⋯⋯⋯⋯⋯⋯⋯⋯⋯⋯⋯⋯⋯⋯⋯⋯⋯⋯⋯

- 本日
  《 ほんじっつ 》

- 親切な
  《 しんせっつな 》

- 飛行機と
  《 ひこっきと 》

- 弟が
  《 おとっとが 》

- どうぞよろしくお願いします
  《 どぞじょろしくお願いしまっ 》

❓ 相談 ⋯⋯⋯⋯⋯⋯⋯⋯⋯⋯⋯⋯⋯⋯⋯⋯⋯⋯⋯⋯⋯⋯⋯⋯⋯⋯⋯⋯⋯⋯⋯

　　ベトナムの学生の発音を聞いていると、促音がないところに促音を入れることが多いように思います。発音だけではなく、書き取りなどのときにも促音が入るのが気になります。それに、長音があるところに、代わりに促音が入ることもあるみたいです。すごく気になるのは、"ます"が《まっ》、"ました"が《まった》になることです。何度も何度も出てくるし、「ありがとございまっ」とか言われるとすごく変で…。そういえば、促音があるところでは、決まって高い発音で言っています。アクセント型を教えたこともあるんで

すけど、全然直りません。アルバイト先とかでも、変だと思われているんじゃないでしょうか。でも、どういうルールで入れるのかわからないし、指導の仕方もよくわかりません。どうしたらいいでしょうか。

！ 解説

　ベトナム語母語話者の発音や書き取りなどでは、もともと促音がないところに促音を入れる誤りがよく起こります。その原因はベトナム語の音韻的な特徴に深く根ざしています。ここではその原因と、教え方のポイントを見ていきましょう。

　日本語の促音を含む語、例えば"がっこう"は、日本語では、"が""っ""こ""う"の4拍となり、促音"っ"の部分は、実際は何も音がない部分になります。一方、ベトナム語には促音というものはありません。ベトナム語話者にとって、この無音区間を1つのリズムの単位として区切ることは、非常に不慣れなことです。ここまでは促音のない他の言語母語話者も同様だと思います。

　さて、CVCの閉音節を典型とするベトナム語の話者は、日本語の促音のある部分を、促音の後の無声末子音を含めたCVCの1音節ととらえようとします。どういうことかというと、"がっこう"は gac co の2音節ととらえます。"きって"は kit te の2音節ととらえます。つまり、ベトナム語母語の日本語学習者には、日本語の音の流れを、できるだけCVCの形で区切っていこうとする傾向があります。その影響で、さまざまな現象が起こります。

　その第一番目が、促音がない部分でも、促音を入れてしまうケースです。日本語の語中に無声破裂音があると、それをベトナム語の無声閉鎖音末子音ととらえて、CVCの1音節と区切ろうとすることがあるのです。例として、

かぞく（家族）という語を取り上げます。これは日本語では ka zo ku の 3 拍の語です。ところが、ベトナム語母語話者がベトナム語の耳でこれを聞くと、zo ku の k が、ku という拍の頭子音であるだけに留まらず、zo の拍の後ろに'食い込み'、zok という閉音節と聞こえるのです。それで、ka zok ku と区切ることになります（なお、ベトナム語では ca doc cu と綴られます）。このとき、zok の k は zok という音節の一部分となり、母音 o の持続時間が末子音 k に'食い込まれ'、短くなります。その結果、《かぞっく》と促音が入っているような発音になるのです。

　第二に挙げるのは、無声化するサ行を無声閉鎖音末子音として聞いてしまうケースで、これも促音のないところに促音を入れるという結果になります。例えば"ます""ました"の"す""し"は日本語話者の発音では無声化することが多いです。この無声化した部分が、ベトナム語母語話者には無声閉鎖音末子音 t に聞こえるようであり、その結果、"ます"を mat、"ました"を mat ta という CVC の音節ととらえてしまうようです。ベトナム語の無声閉鎖音末子音は、開放のない内破音ですから、結局、《まっ》《まった》という促音を入れたような発音になってしまうのです。ベトナム語話者が、無声音を無声閉鎖音末子音として聞き、CVC の形で語を区切ろうという傾向は、なかなか強力です。

　第三に、CVC の形で語を区切ろうとした結果、長音が促音に置き代わってしまうケースです。《スピッド》のように、長音を促音で置き換える例は、おそらく"スピード"という"モコーコ"（短・長・短）の音の流れが、ベトナム語話者にとって不揃いに聞こえることとも関係し、"ド"の頭子音 d を前の音節に'食い込ませ'て、su pid do または su pit do として、3 つの音節の長さを揃えようとした結果であろうと思います。

　この傾向は、実はリズムだけでなく、アクセントにも影響を及ぼします。上記の 3 つの例で、無声破裂音を末子音として CVC の形に区切られた部分は、多くの場合、高く発音されます。たとえば"かぞく"ないし《かぞっ

く》は、《ぞっ》の部分が高く発音されます。"ます"ないし《まっ》、"ました"ないし《まった》では、《まっ》の部分が高く発音されます。《スピード》では、《ピッ》の部分が高く発音されるでしょう。これは、ベトナム語の声調と関係しています。このことについては、3.5の小さい‘っ’上がり、3.6の‘つ’前上がり で詳しく述べますので、こちらを参照してください。

　このように、ベトナム語を母語とする学習者が促音を入れてしまうという誤りは、日本語をベトナム語のように区切って聞いたり発音したりする傾向によって生じます。ですので、2.1や2.2と同様に、まずはこの区切り方の違いに気付いてもらう必要があります。その上で、上記の3つの現象はいずれも促音を入れるという現象ではあっても、それぞれ違う仕組みに基づいているため、それぞれの現象に即した説明をしたほうがよいと思います。

こんな風に説明しよう！

1.　かぞくを ca doc cu と区切ることについて
　この言葉はどんな発音ですか。読んでみてください。

　家族
　A かぞく　　B かぞっく

　この漢字は、A‘かぞく’ですか。B‘かぞっく’ですか。正しいのはA‘かぞく’ですね。

　今から、AとBを両方読みます。Aですか、Bですか。どちらか言ってください。‘かぞく’と、‘かぞっく’違いがわかりますか。みなさんにとって、たぶん、よく似ていますね。

　じゃあ、"かぞく"を、ベトナム語の字で書いてください。どう書きますか。

ca do cu ですか。ca doc cu ですか。どちらがみなさんにとって言いやすいですか。たぶん、ca doc cu ですね。

日本語では、ca do cu はいいです。でも、ca doc cu はダメです。日本語に、doc という音はありません。

じゃあ、"コピー"はどうですか。A、B、どちらが正しいですか。

A コピー　　B コッピー

---

co pi i ですか。cop pi ですか。みなさんにとって発音しやすいのは？cop pi ですね。でも、日本語で、cop pi はダメです。co pi i です。みなさんは、"かぞく"は ca doc cu、"コピー"は cop pi にしたいですね。どうしてですか？

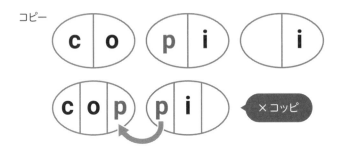

図 2.7　"コピー"の発音をリズムたまごで表した図―p が"コ"を'食べる'

日本語のリズム 1 つには、子音と母音、1 つずつ、全部で 2 つだけ入ることができます。

でも、ベトナム語のリズムには、子音、母音、子音、全部で 3 つ入ることができますね。

それで、2 つ目の p が、前のリズムに入りたくなります。前のリズムを'食べて'しまいます。

でも、日本語のリズムは、部屋が2つだけですから、このpが前に入っ
てはダメなんです。だから、co pi i はいいですが、cop pi はダメなんですね。
後ろの子音が、前の音を‘食べて’はいけません！

2.　促音で音が高くなることについて

　日本語の“ます”“ました”を読んでみてください。す、し、の音は聞こえ
えますか。あまりよく聞こえませんね。日本語では、時々、こういうよく聞
こえない音があります。これを、無声化 vô âm hoá と言います。書いてみ
ましょう。

> ます ma su → ma s（u）
> ました ma shi ta → ma sh（i）ta

　このとき、す、や、し、の音は無声化して、母音u、i、の音が小さくな
ります。このとき、残ったs、sh の音は、どんな風に発音すればいいです
か？　やってみてください。

　masu のu の音は小さくなりますが、このs（u）の音は、まだ、あります。
なくなりません。だから、mas ではありません。ma s（u）です。s の音を
長く出してください。うの音はあんまり大きく出ませんが、口は“う”の形
をします。リズムは1つではなくて、2つです。

　もちろん、mat でもありません。mat と発音している人、いませんか？
mat と言うと、声調をつけて mát　と高く言いたくなりますね。でも、これ
はダメです。日本語に声調はありませんから。「ます」と上げないで言って
ください。練習してみましょう。「おはようございま（す）」。《まっ》ではあ
りませんよ。

　“ました”も同じです。mát ta ではありませんよ。ma sh（i）ta です。“まし”
は高くありません。練習してみましょう。「ありがとうございました。」

3. スピードをスピドと言うことについて

　カタカナ語を書いたり、読んだりすることは難しいですね。次の（　）に入る言葉は何ですか。言ってみてください。

> 車の（　）を出しすぎると、（　）を踏んでも、なかなか止まれない。

　スピッド？　スピード？　スピド？　正しいのはどれですか？　スピードですね。

　ブレッキ？　ブレーキ？　ブレキー？　正しいのはどれですか？　ブレーキですね。この長い音、よく間違えるという人はいませんか。スピッドと、スピード、似ていますか？　たぶん、ベトナムの学生にとって区別するのが難しいですね。それは、たぶん、日本人とベトナム人とでは、音を聞くとき、注意しているところが違うからです。

　ベトナム語では、1つのリズムには、3つの要素です。だから、たぶん、この3つの要素が何か、聞いていますね。図の、pi のところを見てください。

　"スピード"のピーの音を聞きます。頭子音は p です。母音は i です。i は、"い"でも、"いー"でも、i ですから、いつもリズム1つです。それで、末子音の部分を聞きます。末子音はありません。ここ、空いています。それで、後ろの頭子音が、ここを食べます。それで、《スピド》になります。ベトナム人の学生の気持ち、こんな感じじゃないでしょうか？

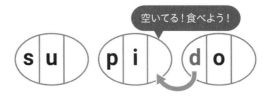

図2.8　"スピード"をベトナム語のリズムで読んだ場合をリズムたまごで表した図
　　　　―d が"ピ"を'食べる'

でも、日本人の聞き方は、ちょっと違うんですね。

"ピー"の音を聞きます。"い"の母音の長さを聞きます。リズム１つかな？　２つかな？　あ、長い。リズム２つだ！

日本語には、末子音はありませんから、それには注意していません。

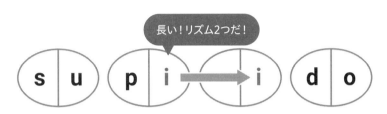

図2.9　"スピード"を日本語のリズムで読んだ場合をリズムたまごで表した図
　　　　—"ピー"のｉが'押し出される'

こんな風に、日本語には末子音はありませんから、日本語を聞くときは、それに注意して聞かなくてもいいです。

代わりに、母音の長さを、短いか、長いか、聞いてください。長かったら、リズム２つにします。

"スピード"では、スは短い、ピーは長い、ドは短い、ですね。短い、長い、短い、です。モコーコです。

ベトナム語では、１つのリズムの長さはいつも同じですから、短い、長い、と揃っていないのは、たぶん慣れないと思います。でも、これが日本語のリズムです。長いところと短いところがあります。このパターンに慣れるように練習していきましょう。

モコーコのリズムを、他にも練習してみましょう。「モコーコ、スピード、ステーキ、ブレーキ、…。」

2章　練習

練習1

リズムたまご書き取り練習

①言葉を聞きます。普通の速さです。聞いた言葉を、ローマ字でリズムたまごに書いてください。

②もう一度言葉を聞きます。次は、自分で1音ずつ止めて読んでみましょう。もう一度、ローマ字でリズムたまごに書いてください。

③それから、答えを見てください。①と②の答えは、同じですか、違いますか。どこが違いますか。②は正しいですか。確認してください。

1）　16

番号	言葉	①1回目（ふつうの速さ）	②2回目（1つの音ずつ）	答え✓
例	たまご	t a m a g o	t a m a g o	
1	ガム	◯◯	◯◯	
2	おかし	◯◯◯	◯◯◯	
3	ポテト	◯◯◯	◯◯◯	
4	袋（ふくろ）	◯◯◯	◯◯◯	
5	サラダ	◯◯◯	◯◯◯	
6	おにぎり	◯◯◯◯	◯◯◯◯	

134　2章　リズム、長さ、音節

2）17Ω

番号	言葉	①1回目（ふつうの速さ）	②2回目（1つの音ずつ）	答え✓
例	ビール	b i r u （×）	b i i r u	
1	コーヒー			
2	レシート			
3	スプーン			
4	ストロー			
5	バーコード			
6	ロールケーキ			

3) 🎧18

番号	言葉	①1回目（ふつうの速さ）	②2回目（1つの音ずつ）	答え ✓
例	アイス	(ai)(s)(u)( ) ✗	(a)(i)(s)(u)	
1	タオル	( )( )( )	( )( )( )	
2	からあげ	( )( )( ) ( )	( )( )( )	
3	オムライス	( )( )( ) ( )( )	( )( )( ) ( )( )	
4	ウインナー	( )( )( )( ) ( )( )( )( )	( )( )( )( ) ( )( )( )( )	

4) 🎧19

番号	言葉	①1回目（ふつうの速さ）	②2回目（1つの音ずつ）	答え ✓
例	チキン	(chi)(ki)(n)( ) ✗	(chi)(ki)(i)(n)	
1	うどん	( )( )( )	( )( )( )	
2	おでん	( )( )( )	( )( )( )	
3	弁当 べんとう	( )( )( ) ( )	( )( )( ) ( )	

番号	言葉	① 1回目（ふつうの速さ）	② 2回目（1つの音ずつ）	答え ✓
4	あんまん	○○○ ○	○○○ ○	
5	メロンパン	○○○ ○○	○○○ ○○	
6	電子レンジ	○○○ ○○○	○○○ ○○○	

5） 20♫

番号	言葉	① 1回目（ふつうの速さ）	② 2回目（1つの音ずつ）	答え ✓
例	ホット	ho ⟨t o⟩ to ○ ✗	ho t to	
1	切手	○○○	○○○	
2	コロッケ	○○○ ○	○○○ ○	
3	サンドイッチ	○○○ ○○○	○○○ ○○○	
4	ペットボトル	○○○ ○○○	○○○ ○○○	

6）🔊21

番号	言葉	①1回目（ふつうの速さ）	②2回目（1つの音ずつ）	答え ✓
例	カレーパン	k a r e pan ✗ ◯ ◯ ◯	k a r e / pan	
1	お惣菜 そうざい			
2	化粧品 けしょうひん			
3	缶コーヒー かん			
4	宅配便 たくはいびん			
5	アイスコーヒー			
6	カップラーメン			
7	フライドチキン			

「モコモコ」リズム転写練習

練習1の1）〜6）の言葉をもう一度聞いてください。今度は、何も見ません。まず、言葉を言います。それから、聞いたリズムの数だけ「モコモコ…」と言います。リズム1つなら"モ"、2つなら"モコ"、3つなら"モコモ"、4つなら"モコモコ"…、です。（　）の中から正しいものに○をつけてください。

わからないときは、「た、ま、ご。モ、コ、モ。…」と数えながら、言葉と「モコモコ」を何度も繰り返して言ってみましょう。

1）

練習　ガム〈 モコ 〉　たまご〈 モコモ 〉　やきとり〈 モコモコ 〉

1　おかし　　　　（＿モコ　　＿モコモ　　　＿モコモコ）

2　ポテト　　　　（＿モコ　　＿モコモ　　　＿モコモコ）

3　袋（ふくろ）　　（＿モコ　　＿モコモ　　　＿モコモコ）

4　サラダ　　　　（＿モコ　　＿モコモ　　　＿モコモコ）

5　おにぎり　　　（＿モコ　　＿モコモコ　　＿モコモコモ）

2）

練習　ビール〈 ×モコ　○モコモ 〉　コーヒー〈 ×モコ　×モコモ　○モコモコ 〉

1　レシート　　　（＿モコモ　　＿モコモコ　　　＿モコモコモ）

2　スプーン　　　（＿モコモ　　＿モコモコ　　　＿モコモコモ）

3　ストロー　　　（＿モコモ　　＿モコモコ　　　＿モコモコモ）

4　バーコード　　（＿モコモ　　＿モコモコ　　　＿モコモコモ）

5　ロールケーキ　（＿モコモコ　＿モコモコモ　　＿モコモコモコ）

3）

練習　アイス ＜ ×モコ　○モコモ　　やきいも ＜ ×モコモ　○モコモコ

1　タオル　　　　（＿モコ　　　　＿モコモ　　　　＿モコモコ）

2　からあげ　　　（＿モコモ　　　＿モコモコ　　　＿モコモコモ）

3　オムライス　　（＿モコモコ　　＿モコモコモ　　＿モコモコモコ）

4　ウインナー　　（＿モコモ　　　＿モコモコ　　　＿モコモコモ）

4）

練習　チキン ＜ ×モコ　○モコモ　　新聞 ＜ ×モコ　×モコモ　○モコモコ

1　うどん　　　　（＿モコ　　　　＿モコモ　　　　＿モコモコ）

2　おでん　　　　（＿モコ　　　　＿モコモ　　　　＿モコモコ）

3　弁当　　　　　（＿モコ　　　　＿モコモ　　　　＿モコモコ）

4　あんまん　　　（＿モコ　　　　＿モコモ　　　　＿モコモコ）

5　メロンパン　　（＿モコモ　　　＿モコモコ　　　＿モコモコモ）

6　電子レンジ　　（＿モコモコ　　＿モコモコモ　　＿モコモコモコ）

5）

練習　ホット ＜ ×モコ　○モコモ　　チケット ＜ ×モコモ　○モコモコ

1　切手　　　　　（＿モコ　　　　＿モコモ　　　　＿モコモコ）

2　コロッケ　　　（＿モコモ　　　＿モコモコ　　　＿モコモコモ）

3　サンドイッチ　（＿モコモコ　　＿モコモコモ　　＿モコモコモコ）

4　ペットボトル　（＿モコモコ　　＿モコモコモ　　＿モコモコモコ）

6）

練習　カレーパン〈×モコモ　×モコモコ　〇モコモコモ〉

1　お物菜
（そうざい）　　　　　（＿モコモ　　　＿モコモコ　　　＿モコモコモコ）

2　化粧品
（けしょうひん）　　　（＿モコモ　　　＿モコモコ　　　＿モコモコモコ
＿モコモコモコ）

3　缶コーヒー
（かん）　　　　　　　（＿モコモ　　　＿モコモコ　　　＿モコモコモコ
＿モコモコモコ）

4　宅配便
（たくはいびん）　　　（＿モコモコ　　　＿モコモコモ　　　＿モコモコモコ
＿モコモコモコモ）

5　アイスコーヒー　　（＿モコモコ　　　＿モコモコモ　　　＿モコモコモコ
＿モコモコモコモ）

6　カップラーメン　　（＿モコモコ　　　＿モコモコモ　　　＿モコモコモコ
＿モコモコモコモ）

7　フライドチキン　　（＿モコモコ　　　＿モコモコモ　　　＿モコモコモコ
＿モコモコモコモ）

答え

練習1

1) 16Ω

1	ガム	g a m u
2	おかし	( ) o k a sh i
3	ポテト	p o t e t o
4	袋	h u k u r o
5	サラダ	s a r a d a
6	おにぎり	( ) o n i g i r i

2) 17Ω

1	コーヒー	k o ( ) o h i ( ) i
2	レシート	r e sh i ( ) i t o
3	スプーン	s u p u ( ) u n
4	ストロー	s u t o r o ( ) o
5	バーコード	b a ( ) a k o ( ) o d o
6	ロールケーキ	r o ( ) o r u k e ( ) e k i

3) 18 🎧

1	タオル	t a ◯ o ◯ r u
2	からあげ	k a ◯ r a ◯ a ◯ g e
3	オムライス	◯ o m u ◯ r a ◯ i s u
4	ウインナー	◯ u ◯ i ◯ n ◯ n a ◯ a

4) 19 🎧

1	うどん	◯ u ◯ d o ◯ n
2	おでん	◯ o ◯ d e ◯ n
3	弁当	b e ◯ n ◯ t o ◯ o
4	あんまん	◯ a ◯ m ◯ m a ◯ n
5	メロンパン	m e ◯ r o m ◯ p a ◯ n ◯
6	電子レンジ	d e ◯ n ◯ shi ◯ r e ◯ n ◯ j i

5) 🎧20

1	切手(きって)	k i / t / t e
2	コロッケ	k o / r o / k / k e
3	サンドイッチ	s a n / d o / i / ch / ch i
4	ペットボトル	p e t / t o / b o / t o / r u

6) 🎧21

1	お惣菜(そうざい)	( )o / s o / ( )o / z a / ( )i
2	化粧品(けしょうひん)	k e / sho / ( )o / h i / n
3	缶コーヒー(かん)	k a n / k o / ( )o / h i / ( )i
4	宅配便(たくはいびん)	t a / k u / h a / ( )i / b i n
5	アイスコーヒー	( )a / ( )i / s u / k o / ( )o / h i / ( )i
6	カップラーメン	k a p / p u / r a / ( )a / m e / n
7	フライドチキン	h u / r a / ( )i / d o / ch i / k i / n

1) 1. モコモ　2. モコモ　3. モコモ　4. モコモ　5. モコモ

2) 1. モコモコ　2. モコモコ　3. モコモコ　4. モコモコモコ
　　5. モコモコモコモコ

3) 1. モコモ　2. モコモコ　3. モコモコモ　4. モコモモコモ

4) 1. モコモ　2. モコモ　3. モコモコ　4. モコモコ
　　5. モコモコモ　6. モコモコモコモ

5) 1. モコモ　2. モコモコ　3. モコモコモコ　4. モコモモコモコ

6) 1. モコモコモ　2. モコモコモコ　3. モコモコモコモ
　　4. モコモコモコモ　5. モコモコモコモコ　6. モコモコモコモコモ
　　7. モコモモコモコモ

ベトナム語の外来語

Q

　ベトナムの学習者のアルファベットの省略語（NHK、PDFなど）の読み方が変だなあと思っていたら、実は、アルファベットの読み方が日本語と違うんだそうですね。日本語と同じように読んでもらいたいのですが…。ベトナムの人が何を言おうとしているのか知りたいので、ベトナム語のアルファベットの読み方を教えてください。

A

　ベトナム語のアルファベットはフランス語読みで、英語のように読む日本人の読み方とは違います。しかし、日本人もベトナム人も、読み方が違うことに気づいておらず、お互いに当然わかると思って話していると、意思疎通できなくてイライラしてしまうことがあります。ベトナム語のアルファベットの読み方は次の通りです。

　A アー　B ベー　C セー　D ゼー　Đ デー　E エー　F エッフ　G ガー
　H ハーッ　I イー　J ジェー　K カー　L ルー（またはエルー）
　M ムー（または エムー）　N ヌー（または エヌー）
　O オー　P ペー　Q クー　R エルー　S エッスィ　T テー　U ウー
　V ヴァー（または ヴェー）　W ヴェーケッ　X イクスィ
　Y イーザイー　Z ゼー

　日本語の省略語を、ベトナム語ではこんな風に読みます。

NHK 〈エヌー ハーッ カー〉

PDF 〈ペー デー エッフ〉

TPP 〈テー　ペー　ペー〉

ODA 〈オー　デー　アー〉

ATM 〈アー　テー　エムー〉

DVD 〈デー　ヴェー　デー〉

EU 〈エー　ウー〉

GDP 〈ジェー　デー　ペー〉

WWW 〈ヴェーケッ ヴェーケッ ヴェーケッ〉

（ケッとは、2つ続くという意味）

HTML 〈ハーッ　テー　エムー　エルー〉

USB 〈ウー　エス　ベー〉

ちなみに、ベトナムの外来語には英語以外の言語由来の語が多い
こともあり、日本語と略語が違うものがあります。

AIDS （エイズ）→ SIDA 〈シーダー〉

DNA （遺伝子）→ GENE 〈ゼーン〉

ベトナムの学習者に限りませんが、日本語学習者は日本語のアル
ファベットの読み方を詳しく習っていない可能性があります。機会
を見つけ、ベトナム語と日本語ではアルファベットの読み方が違う
ことと、日本語の読み方を学習者に教えてください。

Q
ベトナムにも外来語がありますか。

A

フランス語からの外来語が多いです。最近は英語からの外来語も増えてきました。日本語からの外来語も最近よく使われるようになっています。

ベトナム語では、旧宗主国であるフランス語から流入した外来語が多く、日常的にたくさん使われています。

alô〈アロー〉：もしもし（Allô）

áo sơ mi〈アオ スーミー〉：シャツ（Chemise）

bia〈ビーア〉：ビール（Biere）

cà vạt〈カー ヴァッ〉：ネクタイ（Cravate）

ga〈ガー〉：駅（Gare）

ôtô〈オートー〉：自動車（Auto）

sếp〈セッ〉：上司（Chef）

xe buýt〈セー ビュイッ〉：バス（Bus）

最近のコンピュータ用語などは英語から流入した語が多いです。また、日本で作られた和製漢語が中国語を経由してベトナム語となったという語もあります。さらに、近年は日本から直接ベトナムに流入し、広く使われるようになった語もあります。例えば、'おしん'は、有名なドラマから広まり、'住み込みのお手伝いさん'という意味で使われています。

Q

ベトナムの学習者がカタカナ語の語を言う時の発音が変で、なんのことを言っているのかさっぱりわかりません。日本人と同じよう

に読んでもらいたいのですが…。

A

　日本語のカタカナ語の読み方はベトナム以外の学習者にとっても難しいものです。この問題は2つの原因があります。第一に、カタカナ語そのものが正しい発音で読むのが難しいものであるという点です。これは、2章以下でお話ししてきた通り、リズムの問題が大きいです。カタカナ語は拍数の多い長い語、長音や促音が多く、リズムを整えて読むのが普通の語以上に難しいのです。

　もう1つの原因は、母語の外来語の音の影響です。例えば英語のMeetingという語を、日本語でもベトナム語でも外来語として取り入れているという場合があります。その際、日本語ではこれをミーティングと読みますが、それはもとの英語の音とは全く違う音になっています。一方、ベトナム語ではこれを mít tinh〈ミッティン〉と読んでいて、やはりもとの英語とも、もちろん日本語のカタカナ語とも違う音になっています。そして、ベトナムの学習者がミーティングというカタカナ語を読むときに、ベトナム語の mít tinh と同じような発音で読んでしまうということが起こります。そうすると、日本人にとっては「?」ということになってしまうわけです。

　おそらく、ベトナム人の側も、ミーティングというカタカナ語を聞いて、英語とも、ベトナム語の外来語とも違う音なので、「?」となっているはずです。

　ベトナムの学習者のカタカナ語の発音には、次のような特徴があります。1つではなくいくつもの特徴が一度に現れると、本来の日本語のカタカナ語とは全く違ったものになり、日本人にはさっぱりわからない語になってしまいます。この特徴を理解して、彼らがなんと言いたいのか推測してみてください。

- 無声子音（カ行、タ行など）の前に小さい‘ッ’を入れる。同時に、小さい‘ッ’を入れた部分を高く言う
- もともと小さい‘ッ’がある部分を高く言う

　　　　ミーティング→《ミッティン》

　　　　チケット→《チッケッ》

　　　　インターネット→《インタネッ》

　　　　オリンピック →《オーリンピッ》

- 無声子音（カ行、タ行、サ行など）を飛ばして小さい‘ッ’を入れて読む

　　　　ピクニック→《ピッニッ》

　　　　パスポート →《パッポー》

　　　　ストレス→《ストレッ》

　　　　テスト→《テット》

　　　　アクセス→《アッセス》

　　　　パスワード→《パッワー》

- 長い音を飛ばす、または長い音を小さい‘ッ’に変えて読む

　　　　テーブル→《テブル》

　　　　ゲーム→《ゲム》

　　　　ジュース→《ジュッス》

　　　　ボーナス→《ボナッス》

　　　　スポーツ→《スポッツ》

- 長い音が入っているかどうかわからない、長い音の位置がずれる

　　　　ビル→《ビール》？《ビル》？

　　　　シャワー→《シャーワ》？《シャワ》？

- もとの英語の語をベトナム語読みする、アルファベットをベトナム語読みする
- もとの英語の語の、頭子音や末子音に子音の連続がある場合に、

それを飛ばして読む

　　　　データ → 《ダーター》

　　　　シャットダウン→《シャッダーウ》

　　　　Gメール（じーめーる）→《ガーメール》

　　　　プログラム→《プロガーム》

　　　　ソフトウェア→《ソッウェー》

・ その他、サ行とシャ行の混同、パ行とバ行の混同など、子音の誤り

　　　　シャワー →《サーワ》

　　　　パスポート→《バスポット》

3章
アクセント

序　日本語とベトナム語の語の音調の違い

　日本語にもベトナム語にも、音の高さの変化によって語の意味が変わる仕組みがあります。本書ではこれを‘語の音調’と呼びます。ベトナム語の語の音調のしくみは、日本語と、ほとんどすべての点において違うといってもいいすぎではありません。相違点を一覧にしてみてみましょう。

表 3.1　ベトナム語と日本語の語の音調の違い

	ベトナム語	日本語
語の形態	1語1音節	1語多拍
リズム単位	1音節は CVC の閉音節。末子音も含めて1リズム単位。	1拍は CV の開音節。子音1つ（撥音）も1拍になる。長母音は2拍に分けられる。
語の音調が付与される対象	1音節に1声調が付与される。	複数の拍が1つの語としてまとまり、1語に対して1つのアクセントのパターンが付与される。
語の音調の性質	1音節から成る1語に対して声調が1つ付与される。声調は、1音節中の音の高さや、その変化の形によって表される。声調には、高さの変化だけでなく喉の調節も含まれる。	拍と拍の間の相対的な高さの違い（高または低）によってアクセントのパターンがつくられる。
語音調の意味弁別機能	声調の意味弁別機能は高い。	アクセントの意味弁別機能は低い。
語音調の変化	声調は発話中で変化しない。弱化しない。イントネーションによっても基本的に変化しない。	語の活用形によってアクセントが変わる。複合語になるとアクセントが変わる。アクセントは発話中で弱化する。イントネーションによってアクセント型が変形する。

　このような違いが原因で、ベトナム語話者が、日本語の語の音調であるアクセントを身につけるのは、とても難しいのです。難しい点を順に挙げてい

きましょう。

1. 拍と拍の間の相対的な音の高さの違いがつかめない

　第一に、日本語のアクセントのパターンは、拍と拍の間で、どちらかが高く、どちらかが低いという、相対的な音の高さの違いが元になってできています。ベトナム語話者には、この感じがうまくつかめません。ベトナム語の声調は、音節中の絶対的な音の高さ、音の高さの変化の形、喉を緊張させる音などによって表現されるものです。ですので、ベトナム語話者は、音節の中で音の高さがどう変わるかに注意をして聞いていますが、音節と音節の間でどちらが高くどちらが低いかということには注意を向けていないのです。それで、ベトナムの学習者が日本語の拍の中の音の高さの変化に注意をして聞くと、1つの拍の中では音の高さがあまり変わらないため、日本語の発音はとても平板に聞こえるようです。ただし、ベトナムの学習者が日本語を平板に発音しようとすると、ベトナム語式の平らな発音というのは日本語よりももっと高く、もっと平らで、文の最後までずっと高く声を出し続ける発音になってしまいます。それで、日本語のようにだんだんゆるやかに声が低くなっていく発音とは違ったものになってしまうのです。

2. 複数の拍のかたまりに1つのアクセントパターンが乗る感覚がつかめない

　第二に、1つの語の中にいくつも拍があり、そこに1つのアクセントパターンが乗る、という感じが、そもそもわかりにくいのです。ベトナム語は1語＝1音節＝1声調という言語です。それで、どうしても日本語の1拍1拍を区切ってとらえてしまいやすいです。それによって、語の中の1拍1拍がバラバラの単位で発音され、1つ1つの拍が高くなったり低くなったり、し、1拍ごとにブツブツと途切れるような発音になりがちです。まずは、1つの語の中にいくつも拍があり、そこに1つのアクセントが乗っかるという感じを身につけてもらうことが、アクセント習得の前提条件になります。

3．アクセント型が変化する感覚がつかめない

　第三に、日本語では、動詞や形容詞が活用するときや、接辞がついた時、また、語に修飾語がついたり複合語になったりして複数の語が1つにまとまるときに、1語1語のアクセントが変化します。また、複数の語や接辞が1つにまとまるとき、アクセントも1つにまとまります。1つの語の形が変わって拍数が増えていっても、それに応じてアクセント型が複数付与されることはありません。

　これは日本語では当たり前のことなのですが、ベトナム語話者にはとても理解しにくいのです。ベトナム語の声調は、句や文の中で他の声調に変化したりすることが絶対になく、1つの語の声調はいつも同じなのです。そのため、活用形や複合語でも、もとの1つ1つの語のアクセントを残してしまったり、文の中で弱く言った方がいい部分でもアクセントをはっきり発音してしまったりしがちです。その結果、音の高さの変化が多すぎる、日本語らしくない発音になってしまいます。

4．1音節に聞こえる語を2拍に分割してアクセントの高低をつけるのが難しい

　第四に、ベトナム語話者には、日本語の長音、撥音、母音連続など含む2拍が1音節にまとまって聞こえるため、これを2つの拍に区切って聞くことが苦手です。これについては2章で述べました。その結果、この2拍の間にアクセントの高低の差があるときに、その通りに言うことができません。例えば、"おばあさん"の"ばあ"は日本語では2拍で、"ば"の後にアクセントの下がり目があります。しかし、ベトナムの学習者は"ばあ"が1つの音節に聞こえるため、"ば"と"あ"を2つのリズム単位に区切って聞くことができません。それで、"ば"を高く"あ"を低く言うことができず、"ばあ"を高く言い"さん"を低くする発音になってしまいます。これが言えるようになるためには、まず、"ば"と"あ"を2つの拍に区切って聞くことができるようになる事が前提であり、"あ"を低く読んで下さいと

指導するだけではできるようになりません。

5. 母語の影響で、促音や無声破裂音がある語を上昇調で発音してしまう

　第五は、促音や無声破裂音の p、t、k などがある部分を高く言ってしまうことです。これについては 2.3 で既に述べました。日本語の促音は、ベトナム語の無声閉鎖音末子音を有する音節と音の流れが似ており、ベトナムの学習者はこれをつい CVC の 1 音節として区切ってしまいます。例えば、日本語の "さっぱり" の "さっ" の部分は、ベトナム語の sap という音節に形が似ているのです。そして、ベトナム語では、sap のような無声閉鎖音末子音を有する音節はふつう上昇調になるというルールがあるため、促音があるところを高く読みたくなってしまいます。既に説明したように、これは音の区切り方（segmentation）の問題であるため、「促音を入れないで下さい」という指導ではなかなかできるようになりません。日本語をベトナム語のルールではなく日本語のルールで区切ることを身につけてもらう必要があります。

6. 声をだんだん低くしていくことが難しい

　第六は、上記の 3 で述べたことと関連しますが、文の最初は高く盛り上がり、それからゆるやかに声が低くなっていくという、日本語の特徴的な音の高さの変化のパターンを実現することが難しいという点です。ベトナム語では声を高く上げたり高いまま維持することが多いため、ベトナムの学習者はこれは得意なのですが、逆に、声を低くすること、特に、長い文の中で、声をゆるゆると低くしていくということがなく、うまくできません。ベトナム語では、句や発話の最後でも、上がる声調や平らな声調があれば高く言わなければいけないため、発話の最後まで声を緊張させて、いつでも声を高く上げられるように構えるのです。ですから、声を急に高く上昇させることは得意で、日本語の発音でもついそうしてしまいますが、それでは日本語らしくない感じになってしまいます。

このように、ベトナム語話者による日本語のアクセント上の困難点には、ベトナム語の分節音や音節構造、声調の問題の影響が深く関わっています。日本語の語のアクセントは句の音調の一部として教えられることも多いのですが、いわゆる‘への字型’のイントネーションがベトナムの学習者にはなかなか身につかなかったという経験はありませんか。これは、ベトナム語の学習者の韻律には、もっと小さい単位、つまり音節にまつわる事柄が常に関わっているからです。この点は2章で述べたリズムの問題も同様です。

　そこで本書では、ベトナムの学習者には、句や文のイントネーションよりもまずはリズムとアクセントの基本を指導することを提案したいと思います。日本語の拍単位の区切りに慣れてもらい、ベトナム語の声調と日本語のアクセントの違いを早い段階で理解してもらうことが、その後の日本語音声の習得をスムーズにするのではないかと思います。

　以下では、まず3.0で、ベトナム語話者向けのアクセントの基本の指導案を示します。日本語のアクセントは高い音と低い音の2つだけから成り、そしてアクセントはいつも‘下がるだけ’であることに重点を置いた指導案です。アクセントの指導を行う際には、高さの違いを自分で聞いて感じることができるかどうかが問題になります。日本語母語話者もそうですが、ベトナム語母語話者にも、自分の発音する音の高さを意識できない人が数多くいます。そこで、パソコンや録音ツールを使わなくても、アクセントについて教室で教えたり、学生同士がお互いの発音について話し合ったりすることができるよう、アクセント型を‘トタ式’で表現する方法を考えました。自分のアクセントを意識したり、学習者のアクセントを指摘したりしやすくなりますので、ぜひお試しください。

　学習者のみなさんが‘トタ式’アクセントの表し方を理解できたら、発音チェックテスト③をお試しください。学習者にとって間違えやすいポイントが明らかになります。そして3.1以降では、よく現れる誤りの例を分類し、具体的な例を挙げて解説し、練習方法を紹介していきます。

3.0 アクセントの基本

こんな風に説明しよう！

　ベトナム語には声調 Thanh điệu がありますね。音が高くなったり、低く
なったりします。ベトナム語では、声調が正しくないと、意味がわかりませ
んよね。それに、きれいじゃないです。

　じゃあ、日本語はどうでしょうか。声調はありますか？　ベトナム語のよ
うな声調はないですね。じゃあ、日本語の発音では、音はどこで高くなって
も、低くなっても、大丈夫ですか？　ちょっと違いますね。日本語は、どん
な時高く、どんな時低く読んだらきれいですか。

　日本語には声調はありませんが、アクセントというものがあります。聞い
たことがありますか。日本語を読む時、アクセントに気をつけると、わか
りやすいし、日本語らしくなります。日本語のアクセントの練習を始めま
しょう。

０．　音の高さって何？

　みなさんは、高い声、低い声って、どんな声かわかりますか？　例えば、
「あ」を高い声で言ってみてください。低い声で言ってみてください。

　はい。それは、高い声ですか？　大きい声、ではありませんか？　強い声、
ではありませんか？　高い、と、強い、大きい、は、どう違いますか？

　じゃあ、高い声と低い声について復習してみましょう。

みなさん、この歌知っていますか？

Bèo dạt mây trôi

図 3.1 "Bèo dạt mây trôi"（浮草は流れ、雲は流れる）の楽譜

とても有名な歌ですね。歌ってみてください。

　このとき、最初の bèo dạt のところは、同じ高さですね。低いですね。それから、mây は急に高くなりますね。bèo と mây は、高さが違います。

　この歌を、小さい声、弱い声で歌うこともできますね。歌ってみてください。このとき、声は小さい声、弱い声ですが、bèo は低くて、mây は高いですね。声が小さいとか、弱いというのと、声が高い、低い、というのは関係ありません。

1.　日本語のアクセント学習のための準備運動

　ベトナム語には、6つの声調がありますね。ma má mà mả mã mạ の6つです。声調を言う時、声の高さが変わりますね。má はどうですか。最初は低くて、それから高くなります。ma はどうですか。最初から高くて、それからずっと平らで、高いです。じゃあ mà は？　最初から低くて、それからずっと低いですね。

　じゃあ、日本語のアクセントは、どんな形だと思いますか。実は、すごく単純です。ベトナム語のように難しくありません。日本人の話し方に近づけるように、これから練習していきましょう。

　最初に、日本語のアクセントを言えるようになるための準備運動をします。

① 【タタタタ…】

　まず、高い音をずっと続けて言ってみましょう。高い音は、【タ】でいいます。【タタタタタタタ…】。【タ】を、Bèo dẹt mây trôi の mây のように、高く言っていますか？　それから【タ】のとき、音の高さはずっと同じですよ。ベトナム語の平らな声調 thanh ngang のように、平らに言ってください。途中で高くなりません。できますか。

② 【トトトト…】

　じゃあ、次に、低い音をずっと続けて言ってみましょう。低い音は、【ト】でいいます。【ト】は、Hà nội mùa thu の Hà と同じように、いつも低く言うんですよ。【トトトトトトトト…】。できますよね。

③下がる練習　【タタタタトトトト】

　それでは、高い音のあと、低い音を言いますよ。【タタタタトトトト】です。【タ】は高い、【ト】は低い音で言えますか？　練習してみましょう。【タタタタトトトト】、【タタタタトトトト】…。

④ 【トタタタ…】

　じゃあ、【トタ】はできますか？　最初は低くて、次に高いです。【トタ】【トタタ】【トタタタ】【トタタタタ】【トタタタタタ】。ずっと高いまま続いていきます。

⑤ 【タトトト…】

　反対に、【タト】はできますか。最初は高くて、次に低いです。【タト】【タトト】【タトトト】【タトトトト】。ずっと低いまま続いていきます。

⑥ 【トタトトト…】

　【トタ】と【タト】ができましたね。じゃあ、【トタト】はできますか？　【トタト】【トタトト】【トタトトトト…】。

⑦ 【トタタタト…】

　最後に、【トタト】【トタタト】【トタタタト】はできますか？
では、準備運動が全部できたかどうか、もう一度読んでみてください。

① 【タタタタ　タタタタ　タタタタ　タタタタ】

② 【トトトト　トトトト　トトトト　トトトト】

③ 【タタタタトトトト　タタタタトトトト　タタトト　タタトト　タタトト　タタトト】

④ 【トタ　トタタ　トタタタ　トタタタタ…】

⑤ 【タト　タトト　タトトト　タトトトト…】

⑥ 【トタト　トタトト　トタトトト　トタトトトト…】

⑦ 【トタト　トタタト　トタタタト　トタタタタト…】

2. アクセントの基本4形

　準備運動は終わりました。これで、みなさんは日本語のアクセントを全部正しく言う準備ができましたよ。じゃあ、日本語のアクセントの基本的な形を紹介します。まず、【トタタタ】。次に、【タトトト】。それから、【トタタト】。最後に、【トタトト】。この4つです。

　詳しく説明しますね。【トタタタ】は、ずっと高くて平らな形です。ベトナム語の平らな声調 thanh ngang と似ています。ずっと平らで、途中で高くなったり、低くなったりしません。でも、最初だけ低いです。【トタタタタ…】と、もっと長くしていくこともできますよ。

　次は、【タトトト】です。【タトトト】は、最初だけ高くて、すぐ低くなって、そのまま平らに続いていきます。途中で高くなることはありません。もっと長くしていくこともできます。【タト】【タトト】【タトトト】【タトトトト】【タトトトトト】。

　3つめは、【トタタト】です。【トタタト】は、最後だけ低くなります。途中は、ずっと平らですよ。これも、長くしていくことができます。【トタタト】【トタタタト】【トタタタタト】【トタタタタタト】。

4つめは、【トタトト】です。これは、途中で低くなる形です。語の最後ではなくて、途中で低くなります。これは、色々な形があります。たとえば、【トタト】【トタトト】【トタトトト】ほかに、【トタタトト】【トタタトトト】などです。

3.　アクセントの記号

　ベトナム語の声調を覚えるのは簡単です。字に記号がありますからね。なので、日本語のアクセントの4つの形にも、覚えやすいように、記号を書きましょう。すごく簡単です。【タト】という音があるとき、【タ】の後に＼を書きます。これだけです。

　まず、【トタタタ】、ずっと高くて平らな形。これは、【タト】はありますか？ないですね。だから、記号なしです。でも、忘れないでくださいね。最初は【ト】ですよ。

○○○○○【トタタタ】

　次に、【タトトト】、最初だけ高くて、すぐ低くなる形。これは、【タト】がありますね。【タ】の後に＼を書きます。

○＼○○○【タトトト】

　それから、【トタタト】、最後だけ低くなる形。最後が【タト】ですから、【タ】の後に線を描きます。最初は【ト】ですから、忘れないでくださいね。

○○○＼○【トタタト】

最後に、【トタトト】、途中で低くなる形。途中に【タト】がありますから、【タ】の後に線を描きます。最初は【ト】ですよ。

○○＼○○【トタトト】

4．アクセントの基本4形の練習

じゃあ、実際の語で読む練習をしてみましょう。

【トタタタ】は、ずっと高くて平らな形です。これは【タト】がないですから、記号なしです。読んでみましょう。

【トタタタ】おみやげ　ともだち　ぶたにく　いりぐち　それから
ちかてつ　はたらく　わすれる

次は【タトトト】、すぐ低くなる形です。これは、最初が【タト】ですから、1つめの字の後に線を描きますね。読んでみましょう。

【タトトト】テ＼キスト　と＼にかく　ド＼キドキ　そ＼ろそろ
あ＼いさつ　ま＼いにち　ハ＼ンサム

【トタタト】は、最後だけ【タト】です。読んでみましょう。

【トタタト】カタカ＼ナ　ひらが＼な　おとと＼い　それで＼は
かねも＼ち　よろこ＼ぶ　あつま＼る

【トタトト】、途中が【タト】の形です。

【トタトト】たて＼もの　しつ＼れい　としょ＼かん　みず＼うみ

にぎ＼やか　　ここ＼のつ　　みな＼さん　　もち＼ろん

　簡単なものもあると思いますが、読みにくいところがありますね。

　まず、隣の人と一緒に“おみやげ”という語を練習してみましょう。“おみやげ”のアクセントは【トタタタ】です。では、まず左の人が、【トタタタ】と言います。右の人が、“おみやげ”と言います。左の人は、“おみやげ”は【トタタタ】と同じかどうか、右の人の発音を聞いて、教えてあげてください。OK の時は OK! と言ってあげてください。間違えたものには、チェックをしておきましょう。

　次は、１人でやってみましょう。【トタタタ】と言ってから、“おみやげ”と言います。【トタタタ】と“おみやげ”が同じかどうか、自分の発音を自分でよく聞いてみてください。できたら、次に進みましょう。自分の発音で、【トタタタ】とおみやげが同じかどうか、わからない人は、手を挙げてください。先生に手伝ってもらいましょう。

発音チェックテスト③　アクセント

　"ももたろう" の物語を聞いてください 22Ω 。それから、読んでみてください。

　　むかしむかし、あるところに、しんせつな おじいさんとおばあさんが住んでいました。まいにち、おじいさんは山へ芝刈りに、おばあさんは川へ せんたくにでかけます。ある日、おばあさんが川でせんたくをしていると、どんぶらこ、どんぶらこと、大きな桃が流れてきました。

　　おばあさんは大きな桃をひろいあげて、家に 持ち帰りました。そして、桃を切ってみると、なんと、元気な男の赤ちゃんが飛び出してきました。

　　「これはきっと、神さまがくださったに違いない」
　子どものいなかったおじいさんとおばあさんは、大喜びで、桃太郎と名付けました。

次の言葉を読んでください。あなたのアクセントは、①と②のどちらですか。タは高い音、トは低い音です。

1) むかしむかし 　　①【トタタタタタ】　　②【トタトトタト】
2) しんせつな 　　　①【タトトトト】　　　②【トトタトト】
3) おじいさん 　　　①【トタトトト】　　　②【タタタトト】
4) おばあさん 　　　①【トタトトト】　　　②【タタタトト】
5) すんでいました 　①【タトトトトトト】　②【トタトトトトト】
6) まいにち 　　　　①【タトトト】　　　　②【タタトタ】
7) おじいさんは 　　①【トタトトトト】　　②【トタトトトタ】
8) かわへ 　　　　　①【トタト】　　　　　②【トトタ】
9) せんたくに 　　　①【トタタトト】（タタタトト）②【トトタトト】
10) ながれてきました ①【トタトトトトトト】②【トトトタトトトト】
11) おおきな 　　　　①【タトトト】　　　　②【トタトト】
12) いえに 　　　　　①【トタト】　　　　　②【タタト】
13) もちかえりました ①【トタタタタタトト】②【トタトタタタトト】
14) ももを 　　　　　①【トタタ】　　　　　②【タタト】
15) あかちゃんが 　　①【タトトトト】　　　②【トタトトト】
16) とびだしてきました ①【トタタタタタタトト】②【トトトトタトトトト】
17) きっと 　　　　　①【トタタ】　　　　　②【タタト】
18) かみさまが 　　　①【タトトトト】　　　②【トタトトト】
19) いなかった 　　　①【トタトトト】　　　②【トトタトト】
20) ももたろう 　　　①【トタトトト】　　　②【タタタタタ】

正しいのは①です。②だったのは、どの問題ですか。チェックしてみましょう。最後に、どの間違いが多かったか、数えてみましょう。あなたのアクセントの苦手な点がわかります。

	3.1 ハロン湾型	3.2 助詞上げ	3.3 頭平ら	3.4 とんがり	3.5 小さい'っ'上がり	3.6 'つ'前上がり	3.7 長平ら	3.8 【タトト…】型
1)	▨							
2)						▨		
3)							▨	
4)							▨	
5)				▨				
6)	▨							
7)		▨						
8)		▨						
9)						▨		
10)				▨				
11)								
12)								
13)	▨							
14)								
15)								▨
16)				▨				
17)					▨			
18)								▨
19)					▨			
20)			▨					
計	/3	/2	/3	/3	/2	/2	/2	/3

3.1　ハロン湾型　〜1つの語の中で何度も上がったり下がったり〜

🔍 **例　23🔊** ┈┈┈┈┈┈┈┈┈┈┈┈┈┈┈┈┈┈┈┈┈┈┈┈┈┈┈┈┈

- まいにち　　　　【タタトタ】

- それから　　　　【タタトタ】

- 周知商標登録　　【タタタタタトト　トトタト】

- 企業が商品や役務の品質を高めて価格を安くする
　　　　　　　　【タトトタ　タタタタト　タタトタ　トトタトト
　　　　　　　　　トトトタ　トタトト　トタト　タト】
　　　　　　　　（長い文でタトタトしすぎている例）

❓ **相談** ┈┈┈┈┈┈┈┈┈┈┈┈┈┈┈┈┈┈┈┈┈┈┈┈┈┈┈┈┈┈┈┈┈

　　ベトナム人の学生の発音は、高さが上がったり下がったり、とても激しいんです。凸凹しているというか…。1つ1つの拍がバラバラに聞こえて、言葉が途中で途切れるような感じで、まとまって聞こえないんです。日本語の発音は山のような形って聞いたことがあるのですが、そういう感じじゃなくて、日本人の発音では上がらないようなところで上がってしまうように聞こえます。高い音も時々高すぎる気がします。ベトナム語は声調がたくさんあるって聞いたことがありますが、だからでしょうか？　高さが上がったり下がったりするからなのか、スピーチとか発表を聞いていると、学生は一生懸命話しているのですが、言葉の区切れがどこからどこまでなのかよく分からなくて…。少しでも日本語らしい発音を身につけて

ほしいので、日本語のアクセントのルールを学生に教えたいのです
が、1つ1つ覚えてもらうのは教える方も勉強する方も気が遠くな
りそうだし、何から始めたらいいのかわかりません。

! 解説

　ベトナムの学習者の発音は、確かに、日本語母語話者であれば高くならな
いようなところが高くなったり、また下がったりして、高さの変化が激しい
発音になることが多いです。ベトナムの学習者だけでなく、中国など声調の
ある言語の母語話者の発音は、こうなることが多いです。なぜでしょうか。
声調が関係しているのは間違いありませんが、もう少し詳しく説明すると、
次のような仕組みがあります。

　3章序でも説明しましたが、ベトナム語の語形態は、1音節が1語であり、
1音節には1つの声調がつきます。1音節＝1語＝1声調、です。そして、
ベトナム語の1語＝1音節に1つずつ乗っている声調は、1音節中でピッチ
が上がったり下がったりするパターンによって語の意味を区別するというも
のです。そのため、ベトナム語の音声では1音節ごとに激しいピッチの変
化が起こるわけです。

　これに加えて、ベトナム語の声調は、前後の語や文法構造によって声調が
変わることがない、という特徴があります。例えば、語の修飾関係によって
ある声調Aが他の声調Bに変わるとか、語が特別な意味で使われたときの
声調が弱くなるとか、文の最後では声調が弱くなるとか、そういうことが
一切ありません。語がどこでどんな意味で使われても、ある語の声調が他の
声調に変わることは絶対にありません。従って、発話の中で音節が1つ増
えたら、その音節に1つ声調がつき、それが連なっていきます。複数の音
節がまとまって1つの音調のかたまりになることも、基本的にありません。

ある意味、とても機械的で単純な発音ルールなのです。

　これに対して日本語は、1語が1拍の場合も、たくさんの拍から成る場合もあります。日本語の場合、ベトナム語と違い、拍に対してアクセントがつくのではなく、語に対してアクセントがつきます。従って、1つのアクセント型が乗るのは、1拍だったり多数の拍だったりします。そして、日本語は膠着語ですので、語形変化によって拍数が増えたり形が変わったりしますが、その語が1語である限り、アクセント型は1つきりです。1つの語の形が変わって拍数が増えていっても、それに応じてアクセント型がいくつもつくことはありません。また、形が変わると、アクセント型が変わってしまうこともあります。これが日本語とベトナム語が大きく違うところです。

　例を見てみましょう。

日本語		ベトナム語
わかる	【トタト】	hiểu
わかります	【トタタタト】	hiểu
わからない	【トタタトト】	không hiểu
わかれば	【トタトト】	nếu hiểu thì …
わからせる	【トタタタト】	cho ta hiểu
こうこう（高校）	【トタタタ】(タタタタ)	trường cấp ba
なごやこうこう	【トタタタトトト】	trường cấp ba Nagoya
なごやこうこうせい	【トタタタタタトトト】	học sinh trường cấp ba
なごやこうこうまえ	【トタタタタタタタト】	đối diện Trường cấp 3 Nagoya

　この例の通り、日本語では、語形変化によって否定、時、条件を表す接辞や助詞などが語にくっついていっても、1つの語（句）のまとまりを作り、1つのアクセント型にまとまっていきます。また、複数の語が修飾関係によってまとまって複合語となる時にも、ふつう、もともとの語のアクセント

型がなくなって、1つのアクセント型にまとまっていきます。

　ベトナムの学習者にわかりにくいのは、この点です。ベトナムの学習者にとっては、"わかる"と"ない"、"わかる"と"らせる"を別の語としてとらえ、それぞれアクセントがある、ととらえるほうが、おそらく自然なはずです。ベトナムの学習者にとって、1つの声調を持つ1つの語をどんどん連ねていくことは易しいのですが、語形変化によってアクセント型を変えたり、語の拍が増えていくときに1つのアクセント型にまとめたり、ということが実感としてわかりにくいのです。語に活用語尾や修飾語がくっついていくとき、くっついてきたものに対しても新たな音調を与えて読もうとしてしまうわけです。これが、ピッチの上昇や下降が頻繁に起こる凸凹した発音の原因となります。このような発音を、'ハロン湾型'と名付けたいと思います。

図3.2　ハロン湾の景色

　ハロン湾は、ベトナム北部にある観光地で、石灰岩の巨岩が海から隆起した'陸の桂林'とも呼ばれる景勝地で、世界遺産に認定されています。ベトナム人が誇りとしているハロン湾の雄大な姿のように、1つ1つの語を区切り、それぞれ際立たせ、高さの変化をつけて読むのがベトナムの学生にとって自然な読み方なのであろうと思います。

　そこで、アクセントの学習のはじめの一歩として、まずは、ベトナム語と

日本語の語の形態が異なること、声調とアクセントの仕組みが異なることを説明しましょう。日本語では1語に拍がたくさんあること、1語がどんどん長くなっていくことがあること、長くなっても1語であること、アクセントは1語に1つだけつくことを理解してもらう必要があります。その上で、日本語のアクセントを紹介し、拍数が増えていっても何度も上下することはないということを体感し、練習してもらおうと思います。これによって、今後のアクセントの学習項目が飲み込みやすくなると思います。

こんな風に説明しよう！ ·············

1. ベトナム語の語は1音節、日本語の語は長い語も短い語もある

ベトナム語の語は、1つの語はふつう1つの音ですね。日本語はどうですか。

> mắt め　chân あし　đầu あたま　tóc かみのけ

ベトナム語では全部、1音節です。日本語では、1音、2音、3音、4音…いろいろありますね。日本語で、1音の言葉はとても少ないです。め、て、け、…。ベトナム語と違いますね。日本語の語は、短い語、長い語、いろいろあります。

2. ベトナム語の語は1音節1声調、日本語の語は長くても短くても1つのアクセント

次に、ベトナム語の声調は、1つの語、1つのリズムに、1つの声調です。ベトナム語では、1つの音節の中で、音が高くなったり低くなったりします。そして、それによって意味が違いますね。

例えば、mắt（目）は 鋭い声調 thanh sắc ですから、最初は低くて、だんだん高くなります。chân（足）は 平らな声調 thanh ngang ですから、ずっ

と高いです。đầu（頭）は 下がる声調 thanh huyền ですから、だんだん低く
なります。1つの音節の中で、音の高さが変わります。

　じゃあ、日本語ではどうでしょうか。め、あし、あたま、かみのけを読ん
でみてください。これ、全部、1つの語です。リズムはどうですか。1つ、
2つ、3つ、4つ。リズムは、少ないもの、多いもの、いろいろありますね。
ベトナム語と違います。では、日本語の語の音の高さの変化はどうですか。
1つのリズムの中で、音の高さが変わりますか？

図3.3　ベトナム語の語と日本語の語の音調の違い

　日本語とベトナム語、音の高さの変化は少し違いますね。日本語では、1
つの語は1つのリズムではなく、1つ、2つ、3つ、4つ、たくさんあります。
日本語のアクセントは、1つのリズムに1つではなく、1つの語に1つです。
日本語のアクセントは、1つの語に1つですが、1つの音に1つではありま
せん。たくさんの音に1つです。

3．ベトナム語の声調は変わらない、つながらない、日本語のアクセン
トは変わる、つながる

　ベトナム語では、語の形は絶対に変わりません。例えば、ăn〈アン〉（食
べる）は、どんな時でも ăn です。ăna とか、ăni などと変わることはないで
すね。

ベトナム語では、ăn の意味を変えたい時、ăn の前や後に、他の言葉を置けばいいです。ベトナム語では 1 つの語に 1 つの声調ですから、語が増えたら声調も増えますね。không ăn〈ホン　アン〉（食べない）は、語 2 つ、声調 2 つです。không と ăn は、つながりません。

　でも、日本語では、食べる、食べます、食べた、食べない、食べたら、食べるだろう… と、形が変わってしまいます。じゃあ、その時、アクセントはどうなりますか？

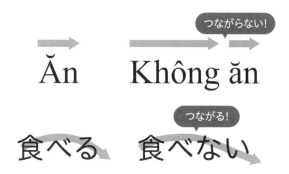

図 3.4　ベトナム語では語の音調が変化しないが、日本語では動詞が変化するとアクセントが変化し、1 つにつながる

　"食べない" は、"食べる" の形が変わったものです。"食べる" も "食べない" も 1 つの語句としてまとまります。アクセントも、1 つです。"食べ" と "ない" の 2 つではなくて、1 つにつながります。だから、"食べ" と "ない" を分けて読んではいけないんです。音の高さも、"食べ" と "ない" は切れないで、つながります。食べる、食べない、食べたら、食べよう、食べましょう、食べるかもしれない。全部、1 つの語（句）で、1 つにつながりますから、1 つのアクセントです。

　今のは動詞の例でした。名詞の場合はどうでしょうか。例えば ‘がっこう’ という言葉です。

| | 01 Từ | 語 |
| | 01 Ngữ điệu | 語の音調 |

図3.5　ベトナム語では複合語でも語の音調が変化しないが、日本語では複合語のアクセントが変化し、1つにつながる

　ベトナム語では、trường 〈チュオン〉（学校）は1つの語です。これに、cấp một 〈カッ　モッ〉（1級）、Nagoya など、他の語が続いていきます。でも、この語が1つにつながることはないですね。語が増えると、もちろん、声調も、どんどん増えていきます。

　日本語はどうでしょうか。"がっこう"は1つの語です。"しょうがっこう"も1つの語です。"しょう"と"がっこう"は、1つにつながります。"なごやしょうがっこう"も、"なごや"と"しょうがっこう"がつながって、1つになります。そのとき、アクセントも、"なごや"と"しょう"と"がっこう"が、別々のアクセントではなくて、1つのアクセントにつながります。

　じゃあ、助詞がついた時はどうでしょうか？　例えば"がっこうへ""がっこうから"です。ベトナム語では đến trường 〈デン　チュオン〉（学校へ）

や từ trường〈トゥー　チュオン〉（学校から）には 2 つの声調があって、1 つにつながりませんね。でも、日本語では、"がっこうに"や"がっこうから"は、つながって 1 つのアクセントになってしまいます。

	01 Từ	語
	01 Ngữ điệu	語の音調
	02 Từ	語
	01 Ngữ điệu	語の音調
	02 Từ	語
	01 Ngữ điệu	語の音調

図 3.6　日本語では名詞と助詞のアクセントが 1 つにつながる

4．日本語のアクセントでは【トタトタ】【タトタト】はダメ

　日本語のアクセントの形は、【トタタタ】【タトトト】【トタタト】【トタト ト】の 4 種類でしたね。じゃあ、次の言葉のアクセントはどれでしょう？

・食べる　　　　　【トタト】

　食べない　　　（□【トタトト】　□【タトトト】　□【トタトタ】
　　　　　　　　　□【タタタト】）

　食べたら　　　（□【トタトト】　□【タトトト】　□【トタトタ】
　　　　　　　　　□【タタタト】）

・学校　　　　　　【トタタタ】

　小学校　　　　（□【タトタトトト】　□【トタタトタタ】
　　　　　　　　　□【タタタトトト】）

　名古屋小学校　（□【タトトタタトトト】　□【トタタタタタトトト】）

"食べない"は、【トタトト】です。【トタトタ】とか、【タトタト】はダメです。日本語で、そういうアクセントはないです。【トタトタ】、【タトタト】は、1つの語の中で、上がったり下がったりします。ハロン湾のような形ですね。こういう発音を'ハロン湾型'と呼びましょう。日本語のアクセントでは、ハロン湾の形はダメです。

　"名古屋小学校"も、【タトトタトタトトト】は、'ハロン湾型'です。1つの語ですから、何回もタトタトするのはダメです。【トタタタタタトトト】は、いいです。

　もし、誰かの発音が、【タトタト】、【トタトタ】しているのに気が付いたときは、「あっ、今の、'ハロン湾型'だね」と教えてあげてください。

3.1 練習

練習1

複合語

複合語アクセントの練習をしましょう。

まず、Aの言葉とアクセント型を読んでください。言葉のアクセント型が正しいどうか、言ってから確認してください。

次に、Bの言葉とアクセント型を読んでください。Bは、Aの言葉を使った複合語です。もし、一緒に練習している友達が【タトタト】【トタトタ】という発音になったら、'ハロン湾型' と伝えてください。

1）駅^{えき}

  A　えき【タト】
 ひがし【トタタ】　にし【トタ】　きた【トタ】　みなみ【トタタ】
  B　'えき'の複合語：'えき'は、複合語ではいつも【トト】です。
 ひがし【トタタ】　　　えき【タト】　　　ひがしえき【トタタトト】
 にし【トタ】　　　　　えき【タト】　　　にしえき【トタトト】
 きた【トタ】　　　　　えき【タト】　　　きたえき【トタトト】
 みなみ【トタタ】　　　えき【タト】　　　みなみえき【トタタトト】

2）月^{がつ}

  A　がつ【タト】
 いち【トタ】　に【タ】　さん【タタ】　し【タ】　ご【タ】
 ろく【トタ】　しち【トタ】　はち【トタ】　く【タ】　じゅう【タト】
 じゅういち【トタタタ】（タタタタ）　じゅうに【トタタ】（トタタ）

B 'がつ' の複合語：'がつ' は、【トト】と【タタ】の2つの場合があります。

いち【トタ】　　　　がつ【タト】　いちがつ【トタトト】

に【タ】　　　　　　がつ【タト】　にがつ【タトト】

さん【タタ】　　　　がつ【タト】　さんがつ【タトトト】

し【タ】　　　　　　がつ【タト】　しがつ【タトト】

ご【タ】　　　　　　がつ【タト】　ごがつ【タトト】

ろく【トタ】　　　　がつ【タト】　ろくがつ【トタタタ】

しち【トタ】　　　　がつ【タト】　しちがつ【トタタタ】

はち【トタ】　　　　がつ【タト】　はちがつ【トタタタ】

く【タ】　　　　　　がつ【タト】　くがつ【タトト】

じゅう【タト】　　　がつ【タト】　じゅうがつ【トタタタ】
　　　　　　　　　　　　　　　　　　　　（タタタタ）

じゅういち【トタタタ】　がつ【タト】　じゅういちがつ【トタタタタトト】
　　　（タタタタ）　　　　　　　　　　　　　（タタタタタトト）

じゅうに【トタタ】　　がつ【タト】　じゅうにがつ【トタタタトト】
　　　（タタタ）　　　　　　　　　　　　　　（タタタトト）

3）っぽい

A
ぽい【タト】

赤【タト】　青【タト】　黄色【トタタ】

女【トタタ】（タタタ）　男【トタタ】

日本人【トタタタト】　ベトナム人【トタタタトト】

B 'っぽい' は、いつも【タタト】です。

赤【タト】　　　　　ぽい【タト】　　　赤っぽい【トタタタト】

青【タト】　　　　　ぽい【タト】　　　青っぽい【トタタタト】

黄色【トタタ】	ぽい【タト】	黄色っぽい【トタタタタト】
女【トタタ】 （タタタ）	ぽい【タト】	女っぽい【トタタタタト】 （タタタタタト）
男【トタタ】	ぽい【タト】	男っぽい【トタタタタト】
日本人 【トタタタト】	ぽい【タト】	日本人っぽい 【トタタタタタタト】
ベトナム人 【トタタタトト】	ぽい【タト】	ベトナム人っぽい 【トタタタタタタタト】

4）焼き

A

やき【トタ】

たい【タト】　たまご【トタト】　おこのみ【トタタタ】

とり【トタ】　にく【トタ】　さかな【トタタ】

B　‘やき’の複合語：‘○○やき’の時、‘やき’はいつも【タタ】です。
　　‘やき○○’の時、‘やき’はいつも【トタ】です。

たい【トタ】	やき【トタ】	たいやき【トタタタ】
たまご【トタト】	やき【トタ】	たまごやき【トタタタタ】
おこのみ【トタタタ】	やき【トタ】	おこのみやき 【トタタタタタ】
やき【トタ】	とり【トタ】	やきとり【トタタタ】
やき【トタ】	にく【トタ】	やきにく【トタタタ】
やき【トタ】	さかな【トタタ】	やきざかな【トタタトト】

練習 2

活用形

次に、練習 1 と同じように動詞や形容詞の活用形のアクセントの練習をしましょう。

1）ない

A

ない【タト】

行く【トタ】　見る【タト】　わかる【トタト】　帰る【タトト】

B　動詞の ‘ない’ 形：‘ない’ は【タタ】と【トト】の 2 つの場合があります。

行く【トタ】	ない【タト】	行かない【トタタタ】
見る【タト】	ない【タト】	見ない【タトト】
わかる【トタト】	ない【タト】	わからない【トタタトト】
帰る【タトト】	ない【タト】	帰らない【タタタトト】

2）がる

A

がる【タト】

いや【トタ】　ほしい【トタト】　見たい【トタト】

B　イ・ナ形容詞＋ ‘がる’：‘がる’ はいつでも【タト】です。

いや【トタ】	がる【タト】	いやがる【トタタト】
ほしい【トタト】	がる【タト】	ほしがる【トタタト】
見たい【トタト】	がる【タト】	見たがる【トタタト】

3）にくい

A

にくい【トタト】

よむ【タト】　書く【タト】　聞く【トタ】　わかる【トタト】

B　動詞＋‘にくい’：‘にくい’はいつも【タタト】です。

よむ【タト】　　　　にくい【トタト】　　よみにくい【トタタタト】

書く【タト】　　　　にくい【トタト】　　書きにくい【トタタタト】

聞く【トタ】　　　　にくい【トタト】　　聞きにくい【トタタタト】

わかる【トタト】　　にくい【トタト】　　わかりにくい【トタタタト】

3.2 助詞上げ　〜助詞だけ高く上げて読む〜

🔍 **例** 24🎧 ··

• 日本語に翻訳しました（助詞 ' に ' だけを高く際立たせるように読んでいる）

❓**相談** ··

> 　　ベトナムの日本語学習者には、文の中で、助詞の部分だけを際立たせるように高く言う癖がある人が多いようです。助詞を強く読むティーチャートークの結果なのではないかと、反省もしているのですが…。ただ助詞のところを高く読むだけではなく、《…はぁ〜》《…でぇ〜》と長く伸ばし、助詞の部分を最初は低く、だんだん高くして伸ばして言う学習者も多く、耳に障ります。これは、ベトナム語の声調のように読んでいるのではないでしょうか。そのほか、ベトナムの学生は特に、名詞と助詞の間で声を止めて、区切って言うことが多いようで、そのせいで話を聞いていて文の意味もわかりにくくなっているように思います。ただ、日本語の助詞のアクセントって、どんなルールがあるんでしょうか。助詞を高く読むことも低く読むこともあるように思いますが、学生にどう説明したらいいのかよくわかりません。

! 解説

　確かに、ベトナムの学習者は日本語の助詞にベトナム語の声調を当てて読もうとすることが多いようです。おそらく、ベトナム語の鋭い声調 thanh sắc を当てているのでしょう。もしかすると、最初に日本語を習ったときにそのように教えてもらったのかもしれません。ベトナム語では、語の声調は変化しないので、語の声調を一度覚えてしまうと、前後の語が何であってもずっとそれで読もうとしてしまいます。

　では、日本語では、名詞に助詞が続くとき、アクセントはどうなるでしょうか。格助詞や接続助詞のアクセントは、単純化して言えば、次の3通りです。

　　名詞の最後の音が【タ】＋助詞が【タ】【タタ】【タト】

　　名詞の最後の音が【タ】＋助詞が【ト】【トト】

　　名詞の最後の音が【ト】＋助詞が【ト】【トト】

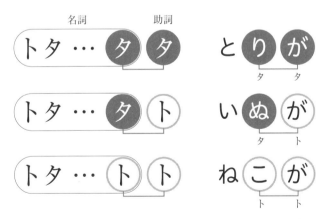

図 3.7　日本語では、名詞と助詞のアクセントが 1 つにつながる

今ひとつつかみどころのないルールなのですが、少なくとも、名詞の最後が【ト】のとき、助詞が【タ】になること、つまり【トタ】になることはないのです。もし【トタ】と読んだら、特にその助詞を強調しているように聞こえてしまいます。

　教え方としては、まず、日本語の助詞をベトナム語の鋭い声調 thanh sắc で読むのを'助詞上げ'と呼ぶことを伝え、これは正しくないということを知らせましょう。次に、日本語の助詞のアクセントはいつも同じではなく、前の名詞によって決まる、ということを知ってもらいましょう。それから、名詞の最後の音を聞き、その音に合わせてタまたはトで読んで、名詞と助詞のアクセントを一続きにするという練習をしてもらいましょう。特に、名詞の最後の音が【ト】である場合に、助詞を【タ】で読んで【トタ】と発音する学習者を見つけたら、'助詞上げ'と指摘しましょう。そう発音すると、名詞と助詞が一続きではなくなってしまうということを説明し、'助詞上げ'しないように練習しましょう。

こんな風に説明しよう

1. 日本語には助詞がある

　アクセントの準備運動をしましたね。次はもっとアクセントについて勉強して、日本人のように読めるように練習していきましょう。じゃあ、この文、どうやって読んだらいいですか。読んでみてください。

朝<ruby>は母<rt>はは</rt></ruby>といっしょに<ruby>家<rt>いえ</rt></ruby>でパンを<ruby>食<rt>た</rt></ruby>べました。
<ruby>今年<rt>ことし</rt></ruby>の<ruby>夏<rt>なつ</rt></ruby>は<ruby>恋人<rt>こいびと</rt></ruby>と<ruby>海<rt>うみ</rt></ruby>へ<ruby>行<rt>い</rt></ruby>きたいです。
<ruby>私<rt>わたし</rt></ruby>の<ruby>友達<rt>ともだち</rt></ruby>は<ruby>手<rt>て</rt></ruby>と<ruby>足<rt>あし</rt></ruby>が<ruby>長<rt>なが</rt></ruby>いです。
<ruby>家<rt>いえ</rt></ruby>から<ruby>会社<rt>かいしゃ</rt></ruby>の<ruby>近<rt>ちか</rt></ruby>くの<ruby>駅<rt>えき</rt></ruby>まで<ruby>地下鉄<rt>ちかてつ</rt></ruby>で<ruby>行<rt>い</rt></ruby>きます。

日本語の文には、は、と、に、で、を、など、助詞 trợ từ がありますね。名詞 danh từ の後に、助詞があります。この助詞はどんなアクセントで読んだら正しいでしょうか。みなさん、どう思いますか？

「母とぉー↗ いっしょにぃー↗ …」ですか？ これは、ベトナム語の鋭い声調 thanh sắc のような読み方ですね。正しいですか？ 違いますね。日本語のアクセントは、高い音【タ】と低い音【ト】だけです。《とぉ〜↗》とか、《にぃ〜↗》と、だんだん上げて読む読み方はないです。こういう発音を、これから '助詞上げ' と呼びましょう。'助詞上げ' は、外国人っぽい発音です。

2. 助詞はどんなアクセントで読んだらいいか 〜助詞で【トタ】はダメ！〜

じゃあ、日本語の助詞はどんなアクセントで読んだらいいでしょうか。例を見てみましょう。

家族の言葉のアクセントを覚えましょう。この言葉の アクセントはどうでしょうか。【タ】と【ト】で言ってみてください。

> ちち　はは　あに　つま
> あね　いもうと　おとうと　おっと

ちち は【タト】です。はは【タト】、あに【タト】、あね【トタ】、いもうと【トタタタ】、おとうと【トタタタ】、つま【タト】、おっと【トタ】です。

じゃあ、この家族の言葉の後に、助詞 "と" がある時のアクセントはどうでしょうか？ たとえば、"母といっしょに" です。"と" は、【タ】の音ですか、【ト】の音ですか？

"と" がある時のアクセントはこうです。

ちち　と
タ＼ト　ト

いもうと　と
トタタタ＼ト

はは　と
タ＼ト　ト

おとうと　と
トタタタ＼ト

あに　と
タ＼ト　ト

つま　と
タ＼ト　ト

あね　と
ト　タ　タ

おっと　と
ト　タ　タ　タ

図3.8　名詞＋助詞のアクセントは【タトタト】【トタトタ】はダメ

　助詞 "と" のアクセントはどうですか？ 【タ】ですか、【ト】ですか。両方ありますね。そうです。助詞のアクセントは、いつも同じではないんです。前の名詞によって違うんです。助詞のアクセントは、いつも同じ高さで読んではいけないんですよ。

　じゃあ、助詞の発音は、ルールは何もないんでしょうか。どう思いますか。とても簡単なルールが1つあります。名詞の最後の音をよく見てください。最後の音が【ト】の時、助詞も【ト】です。これ、ぜひ覚えてください。名詞と助詞を続けて発音する時、【トタ】はダメです。練習してみましょうか。

　"ちち" は【タト】です。最後の音は【ト】ですね。じゃあ助詞の "は" があるときはどうですか？ 【ト】です。【タトト】です。これをもし、【タトタ】のアクセントで "ちちは" と読んだら、'助詞上げ' です。正しくないです。

　助詞には、から、まで、など、2拍のものもありますね。例えば "ちち" と "から" を続けて読むときはどうですか？ そのときも、"から" は【ト

ト】です。《父から》【タトトタ】は、'助詞上げ' です。これはおかしいです。《父から》【タトタト】は、'ハロン湾型' ですね。これもおかしいです。"父から"【タトトト】が正しいです。練習してみましょう。

ちち＿
タ＼ト　ト

はは＿
タ＼ト　ト

（は　が　に　へ　を　で
　と　も　の　や）

あに＿
タ＼ト　ト

（から　まで　より　とか
　など　だけ）

つま＿
タ＼ト　ト

図3.9　名詞の終わりが【ト】のとき、助詞のアクセントは【ト】になる練習

じゃあ、名詞の終わりが【タ】のときはどうでしょうか。

"あね""おっと"の最後の音は【タ】です。この言葉のときは、助詞は？ 例えば、"あねは""おっとが"はどうですか？　助詞は【タ】ですね。

"いもうと""おとうと"の最後の音は【タ】ですね。じゃあ、"いもうとの""おとうとに"はどうですか？　助詞は【ト】ですね。

この2つのパターンをちょっと練習してみましょう。

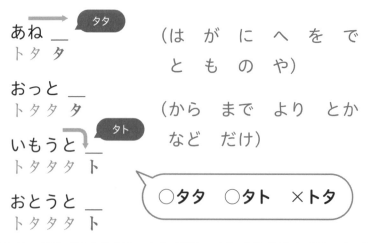

図3.10 名詞の終わりが【タ】のとき、助詞のアクセントは【タ】か【ト】になる練習

　"あね"は、"あねは【トタタ】あねが【トタタ】あねに【トタタ】…"ですね。このとき、名詞の終わりは【タ】、助詞も【タ】です、2つの【タ】は、同じ高さですよ。

　"いもうと"は、"いもうとは【トタタタト】いもうとが【トタタタト】いもうとに【トタタタト】…"です。名詞の最後の音が【タ】のとき、助詞は【タ】と【ト】と、2つのパターンがあるんです。これは、1つずつ覚えなければいけません。

　でも、今、すぐ全部覚えるのは大変ですね。まず、最初に一番大事なルールだけ覚えてください。名詞の最後の音がどんな発音か、日本人の発音や自分の発音をしっかり気をつけて聞いてください。もし、名詞の最後の音が【ト】のとき、助詞は【ト】です。【タ】は〝助詞上げ〟ですから、ダメです。名詞と助詞が続くとき、【トタ】は〝助詞上げ〟ですから、ダメです。これだけ守ってください。どちらか分からないときは、最後のテクニックとして、助詞を弱く小さい声で発音するようにしましょう。そうしたら、みなさんの発音はずっと日本人っぽく聞こえますよ。

3.2 練習

練習1

　次の言葉のアクセントを練習しましょう。アクセント型を言ってから、言葉を言いましょう。

例）タト、朝、タト、母…。

【タ】手
【タト】　朝　母　パン　海　駅
【トタタ（タ）】今年　友達　地下鉄
【タタタ】会社
【トタ】家　足　　　※助詞は【ト】

練習2

　上の言葉に助詞をつけて言ってみましょう。クラスメイトの発音が"助詞上げ"になったら、教えてあげてください。

　助詞　はがにへとでとものやからまでよりとかなどだけ

例）タト、朝、タトト、朝は…。タトトト、朝から…。

【トタタ】ことし【トタタタ】ことしが…。【トタタタタ】ことしから…。
【トタ】家【トタト】家で…。【トタトト】家から…。

次の文を、正しいアクセント型で読んでみましょう。クラスメイトの発音が ‘助詞上げ’ になったら、教えてあげてください。

---

a 朝は 母と いっしょに 家で パンを 食べました。
【タトト タトト トタタタ トタト タトト トタタトト】

b 今年の 夏は 恋人と 海へ 行きたいです。
【トタタタ トタト タタタタタ タトト トタタトトト】

c 私の 友達は 手と 足が 長いです。
【トタタタ トタタタタ タト トタト トタトトト】

d 家から 会社の 近くの 駅まで 地下鉄で 行きます。
【トタトト タタタタ タトトト タトトト トタタタタ トタタト】

ベトナム人と漢字

Q

ベトナム語には漢字の言葉があると聞きました。ベトナムでは、今も漢字が使われているんでしょうか？

A

ベトナムでは、以前、漢字が使われていましたが、現在は使われていません。ただ、漢語の語彙は今もベトナム語にたくさん残っています。

ベトナムは紀元前から10世紀ごろまでの約1000年間、中国に支配されていました。その間、中国からの借用語彙が大量に流入しました。そのため、ベトナム語の語彙には、現在も、漢語由来の語 từ Hán Việt（漢越語）とベトナム語由来の語があります。約7割が漢語由来の語彙であるとも言われています。この状況は、日本語の語彙に漢語と和語があるのと同じ状況といえます。

ただし、ベトナム語の表記はアルファベット化され、1945年のフランスからの独立時に、これがベトナム語の正式な表記として認定されました。この表記法のことをクオック・グー quốc ngữ（漢字では‘国語’）といいます。そのため、現在の普通のベトナム人は漢字が全く読めません。

現在のベトナム語は、全てアルファベットで書かれています。その中に、漢越語とベトナム語由来の語が混在しています。この状況は、日本語が全て平仮名で書かれている状況、または、韓国で漢字

が使用されなくなりすべてハングルで書かれている状況を想像して
いただくとわかりやすいでしょう。ベトナム語の漢越語は日本語の
音読みの語にあたり、それ以外の語は日本語の訓読みの語か、もと
もと漢字表記がない語にあたります。ベトナム語では、音読みの語
と訓読みの語、ひらがな表記の語が、全部ひらがなで書かれている
ようなものというわけです。

　日本語の状況を例にとって説明してみましょう。例えば、英語の
sea にあたる言葉は、日本語では "うみ" という言葉で、これは漢
字が伝わる以前から日本人が使っている語です。この語には、漢字
が輸入された後、"海" という字があてられ、"うみ" はこの漢字の
訓読みになりました。一方、"海" という漢字の読みとして "カイ"
という音が中国から伝わって来て、これがこの漢字の音読みになり
ました。この語は "カイ" という 1 語だけで使われることはなく、
"海産" "海軍" 等の熟語の一部として使われています。

　ベトナム語の状況はこれと全く同じです。英語の sea にあたる言
葉は、ベトナム語では biển〈ビエン〉といいますが、これはベト
ナム人が古くから使っている言葉で、日本語の "うみ" にあたりま
す。一方、"海" という中国語の読みとして、ベトナムには hải〈ハ
イ〉という音が伝わり、漢越語となりました。これは日本語の "カ
イ" にあたります。日本語と同様、この語は 1 語では使われず、
hải sản〈ハイ　サン〉（海産）、hải quân〈ハイ　クアン〉（海軍）等の、
漢語熟語の一部として使われているのです。'漢字は使わないけれ
ども漢語由来の語はある' という状況、この説明でおわかりいただ
けましたでしょうか。

　このように、現在のベトナム語の文の中では、漢越語もベトナム
語由来の語もすべてアルファベットで書かれています。今のベト
ナム人は漢字の読み書きが全くできなくなってしまったわけです

が、どの語が漢越語か、どの語がベトナム語由来の語か、という区別は、ベトナム人の語感の中に今もある程度残っています。日本語の‘重箱読み’‘湯桶読み’のように、1つの語の中に漢越語とベトナム語由来語が混じることは、ベトナム語ではほとんどありません。また、漢語が持つ意味もベトナム人は理解しています。ベトナム人の名前は、現在も漢越語がほとんどです。例えば Tuấn〈トゥアン〉（漢越語で“秀”）、Đức〈ドゥック〉（徳）、Thanh〈タイン〉（青）、Hà〈ハー〉（河）、などです。どの名前も、その意味が分かった上でつけられています。

　ここまで読んでお気付きかもしれませんが、ベトナム語の漢越語と日本語の漢字の音読みは、もともと同じ中国語の漢字の音がそれぞれの国に伝わったものなので、音が似ています。ベトナム人に多い名前をいくつか取り上げ、その漢字の音読みとベトナム語の漢越語の読みを比較してみましょう。関連が感じられるでしょうか。

　　日　ニチ　Nhật〈ニャット〉

　　太　タイ　Thái〈タイ〉

　　山　サン　Sơn〈ソン〉

　　越　エツ　Việt〈ヴィエット〉

　　義　ギ　Nghĩa〈ギア〉

　　蘭　ラン　Lan〈ラン〉

　　雪　セツ　Tuyết〈トゥエット〉

　　梅　バイ　Mai〈マイ〉

　　水　スイ　Thủy〈トゥイ〉

　　秋　シュウ　Thu〈トゥー〉

　ベトナム人が日本語を学習するとき、このようなベトナム語の漢越語と日本語の漢字の対応を覚えると、習得がしやすくなります。ベトナムには、この対応を積極的に教えている日本語学校もあり、

対応表や辞書も市販されていて、インターネットでも調べられます。中国と韓国の学習者だけでなく、ベトナムの学習者も、漢字学習において大きなアドバンテージを持っているのです。

　日本人のベトナム語学習者にとっても、漢越語と日本語の漢語の対応はとても有用です。日本語の漢語と同様、ベトナム語の抽象語彙のほとんどは漢越語です。そのため、ベトナムの新聞は、漢越語がわかればかなり読みやすくなります。日本人にとってベトナム語は意外と親しみやすい言語なのです。

3.3 頭平ら

🔍 **例** 25🎧 ···

- おじいさんは山へ芝刈りに
  【タタタトトト　タタト　タタタタト】

- おばあさんは川へ洗濯に
  【タタタトトト　タタト　タタタタトト】

- 手続きがあるから調べてみたら
  【タタタタタタトト　タタタタトト】

❓ **相談** ··

　　ベトナムの学習者の発音は、いつも高くて平らで、平板な感じに
聞こえます。特に、話し始めの部分がずっと高い調子で、平らに続
くような感じがするんです。いつも声を張り上げて話しているよう
な印象も受けるし、機械の音声のように平らに続くという感じもし
て、不自然に感じます。

　　そういえば、日本語のアクセントって、1拍目が低であれば2拍
目は高、というように、1拍目と2拍目の高さが違うというように、
養成講座の音声学で習ったのですが、ベトナムの学習者の発音って
そうなっていないですよね。でも、どうしてそうなるのかわかりま
せん。本人たちも何も感じていないようですし…。

　　話し始めの部分がこういう発音だと、いかにも外国人という感じ
がするのですが、どうしたら自然な発音になるでしょうか。

! 解説 ....

　ご存知の通り、日本語の発話の最初の音は原則として低く始まります。そ
れにもかかわらず、ベトナム人の学習者の耳には、日本語の音の高さの流れ
は、全体的に大きな起伏のない、平らなものに聞こえているようです。

　その理由は、第一には日本語の全体的な音調です。ベトナム語の声調は、1
つ1つの音節内でのピッチ変化が日本語よりも大きく、1つの発話中でも何度
も起伏するものです。それに比べれば、日本語では、句のはじめでピッチが
高くなり、それから少しずつ低くなっていくだけですから、確かに、全体的
にみれば大きな高さの変動がない、平らな感じの発音であるともいえます。

　もう1つの理由は、音に注意する際のポイントが違うという点です。

　ベトナム語では、音節の中で音の高さがどう変わるかによって、言葉の意
味が全く変わってしまいますので、ベトナムの人は音節中の音の変化を耳を
そばだてて聞きます。

　しかし、日本語では、1つの拍の中で音の高さが激しく高くなったり低く
なったりすることはないので、その点からいえば、1つ1つの拍は確かに変
化がなく、平板に聞こえるはずです。一方、日本語では、複数の拍が続いて
いく中で、最初は低く始まり、次に高くなって、ある拍からだんだん低く
なっていきますが、このような2つ以上の拍や音節にわたる音の高さの変
化の流れは、ベトナム語では顕著ではなく、意味の違いにも関わりません。
そのため、ベトナムの学習者はこのような音の変化に注意していないので
す。ベトナムの学習者が、日本語の発音を平らなものであるととらえると、
ベトナム語の平らな声調 thanh ngang をあてはめて発音します。これは、
最初から高く声を張り、最後まで高いまま続いていく音ですので、そのよ
うに発音されてしまいます。このような発音をこの本では ʻ頭平らʼ と呼
びます。

　このような理由で、日本語の発話の始まりの部分が低いということに、ベ

トナム語話者は気付かないままになっていて、意識して練習しないとできるようにならないのです。この点を積極的に取り上げ、練習をしていきましょう。

　ただし、注意点があります。そもそも拍と拍の間の高さの違いというものに、ベトナムの人たちは注意を向けていないので、「最初の拍を低く、次を高く言って」と言うだけでは、いったい何のことを言っているのかわかってもらえません。3.0で紹介したアクセントの準備運動を行い、タとトという2種類の音の高さの違いというのがどんなものかを感じ取ってもらってから、発話の最初の部分の【トタ】の発音練習に進みましょう。

　ところで、発話の最初の部分の高さの変化について、ベトナム語の上昇調の声調を当てて発音してもらうことはできるか？という質問を時々受けます。確かに、ベトナム語には、鋭い声調 thanh sắc という上昇調の声調があります。しかし、この声調は、日本語のアクセントの高さの変化と違い、1音節の中で日本語よりも急激に音を高く鋭くするものであって、日本語のように1拍目から2拍目にかけて穏やかに音を高くしていくパターンとは全く違うものです。ですので、ベトナム語の上昇調は、日本語のアクセントの参考にはあまりならないものと考えたほうがよさそうです。

こんな風に説明しよう！

　みなさん、ベトナムで、日本語を勉強したことがない人でも知っている、日本語の言葉って、どんなものがありますか。教えてください。書いてみます。

- ・ヒロシマ　ヨコハマ　スシ　シセイドウ　シャブシャブ
- ・ホンダ　テンプラ　マンガ　トウキョウ　トウシバ
- ・ナガサキ　ホッカイドウ　ミツビシ　アジノモト
- ・トヨタ　ナゴヤ　ヒタチ　キョウト　ラーメン　アニメ

では、この言葉、ベトナム語の読み方で読んでみてください。どんな風に読みますか。ベトナム語の声調ではなんの声調ですか。…全部、平らな声調 thanh ngang ですよね。

　じゃあ、この言葉、日本語ではどんな風に読むのが正しいんでしょうか。日本語のアクセントは、タとトですが、この語はどんなアクセントなんでしょうか。読んでみてください。

　では、今から正しいアクセントで読んでいきますね。

　shiseido。日本語では、"しせいどう"。アクセントは？【トタタタタ】です。記号は？　ないですね。

　shabu shabu。日本語では、"しゃぶしゃぶ"。アクセントは？【トタタタ】ですね。記号は？　これも記号なしです。

　nagasaki。日本語では、"ながさき"。アクセントは？【トタトト】です。記号は？"なが＼さき"です。

　ajinomoto 。日本語では、"あじのもと"。アクセントは？【トタタトト】ですね。記号は？"あじの＼もと"です。

　toyota 。日本語では、"トヨタ"。アクセントは？【タトト】ですね。記号は？"ト＼ヨタ"です。

　ベトナム語と日本語の発音は、ちょっと違いますね。どこが違いますか？例えば、ベトナム語の shi sei do と日本語の"しせいどう"、sha bu sha bu と"しゃぶしゃぶ"の発音はどう違いますか。ベトナム語では、全部高くて平らで、【タタタタ】ですね。でも、日本語では、"しせいどう"の"し"はトですね。【トタタタタ】です。"しゃぶしゃぶ"の"しゃ"は【ト】で、トタタタですね。日本人は、"しゃぶしゃぶ"【タタタタ】とは言いません。そう言ったら、日本人の発音らしくなくて、あっ、外国人だな〜、という感じがしますよ。こういう発音を、'頭平ら'という名前で呼びましょう。

　ただ、日本語とベトナム語の発音がだいたい同じものもあります。例えば、"ホンダ【タタタ】、テンプラ【タタタタ】、マンガ【タタタ】、ト

ウキョウ【タタタタ】、トウシバ【タタタタ】"。これは、最初の音がタです。こういう言葉は、'頭平ら'でもオッケーです。

　日本語の言葉の最初の音のアクセントは、【トタ】、【タト】、と【タタ】の3通りあるんです。いつも【タタ】ではないんですよ。

　じゃあ、どんなとき、最初の音はタタになりますか。'頭平ら'でもオッケーですか。これは、ルールがあります。2つ目の音が"ん"とか、長い音とか、アイという音のとき、【タタ】になります。

　"ホンダ"は2つめの音が"ん"です。このとき、"ホンダ"【トタタ】は、言いにくいです。ですから、"ホンダ"【タタタ】でいいです。"テンプラ""マンガ"も、2つ目の音が"ん"ですから、【トタタ】ではなくて、【タタタ】でいいです。

　"トウキョウ"は、2つめの音が長い音です。このとき、"トウキョウ"【トタタタ】は言いにくいですから、【タタタタ】でいいです。"トウシバ"も同じです。

　そのほかに、例えば、"かいしゃ"は、最初の"かい"という音が /ai/ という音ですね。"アイロン"は /ai/ の音、"こいびと"は /oi/ の音があります。最初に /ai/ や /oi/ という音があるとき、"かいしゃ"【トタタ】は言いにくいですから、【タタタ】でいいです。

　全部'頭平ら'で言うと、外国人っぽい発音になってしまいます。日本語の言葉を聞くとき、最初の音に気をつけてみてくださいね。最初の音が【トタ】【タト】【タタ】のどれか、聞き取る練習をしてみましょう。

3.3　練習

練習1

アクセントの練習の時、準備運動をしました。もう一度練習してみましょう。【ト】は低い音、【タ】は高い音です。一緒に言いましょう。

④【トタ　トタタ　トタタタ　トタタタタ…】
⑥【トタ　トタト　トタトト　トタトトト…】
⑤【タト　タトト　タトトト　タトトトト…】

練習2

言葉のはじめのトタをいう練習をしてみましょう。【トタ】と言って、それから次の言葉を言ってみましょう。もし、クラスメイトの発音が'頭平ら'になったら、教えてあげてください。

例　「【トタ】おちゃ、【トタタ】やさい、【トタト】たまご、…」

1）【トタ】おちゃ　みず　はな　にく　のり　まめ
2）【トタタ】やさい　さかな　いちご　さしみ　もやし　ちくわ
　　　　　おこめ
3）【トタト】たまご　おかし　あぶら

練習3

スーパーにあるものの名前を聞いてください。どの形ですか、選んでください。それから、読んでみましょう。もし、クラスメイトの発音が'頭平ら'になったら、教えてあげてください。

例）おちゃ　　（○）【トタ】　（　）【タト】　（　）【タタ】

1）ねぎ　　　（　）【トタ】　（　）【タト】　（　）【タタ】

2）みず　　　（　）【トタ】　（　）【タト】　（　）【タタ】

3）なす　　　（　）【トタ】　（　）【タト】　（　）【タタ】

4）はな　　　（　）【トタ】　（　）【タト】　（　）【タタ】

5）まめ　　　（　）【トタ】　（　）【タト】　（　）【タタ】

6）たまご　　（　）【トタタ】　（　）【タトト】　（　）【トタト】
　　　　　　　（　）【タタタ】

7）いちご　　（　）【トタタ】　（　）【タトト】　（　）【トタト】
　　　　　　　（　）【タタタ】

8）きのこ　　（　）【トタタ】　（　）【タトト】　（　）【トタト】
　　　　　　　（　）【タタタ】

9）しょうゆ　（　）【トタタ】　（　）【タトト】　（　）【トタト】
　　　　　　　（　）【タタタ】

10）くだもの　（　）【トタタタ】　（　）【タトトト】
　　　　　　　（　）【トタタト】　（　）【トタトト】
　　　　　　　（　）【タタタタ】

11）じゃがいも（　）【トタタタ】　（　）【タトトト】
　　　　　　　（　）【トタタト】　（　）【トタトト】
　　　　　　　（　）【タタタタ】

12）ピーマン　（　）【トタタタ】　（　）【タトトト】
　　　　　　　（　）【トタタト】　（　）【トタトト】
　　　　　　　（　）【タタタタ】

13）にんにく　（　）【トタタタ】　（　）【タトトト】
　　　　　　　（　）【トタタト】　（　）【トタトト】
　　　　　　　（　）【タタタタ】

14）たまねぎ　（　）【トタタタ】　（　）【タトトト】
　　　　　　　（　）【トタタト】　（　）【トタトト】
　　　　　　　（　）【タタタタ】

15）にんじん　（　）【トタタタ】　（　）【タトトト】
　　　　　　　（　）【トタタト】　（　）【トタトト】
　　　　　　　（　）【タタタタ】

発展

　友達に、スーパーにあるものの名前を言ってもらいましょう。そして、初めの音が【トタ】【タト】【タタ】のどれか、言ってみましょう。

答え

練習 3

1)【タト】　　2)【トタ】　　3)【タト】　　4)【トタ】

5)【トタ】　　6)【トタト】　　7)【トタタ】　　8)【タトト】

9)【トタタ】(【タタタ】)　　10)【トタトト】　　11)【トタタタ】

12)【タトトト】　　13)【トタタタ】(【タタタタ】)

14)【トタタト】　　15)【トタタタ】(【タタタタ】)

3.4 とんがり 〜一部だけピョコッと高く上げて読む〜

🔍 **例** 26🎧 ···

- 子供のいなかった
  【トトトト　トタトトト】

- 桃を食べようと、桃を切ってみると
  【トトト　トトタタト　トトト　トトタタトト】

- えー、食べられないの
  【タ　トタトタカトト】

- 全然違う感じしたんだ
  【タタタタ　トタタ　タタタ　タカトト】

❓ **相談** ···

　ベトナム人の学生に、話がとても聞きにくく感じる人がいます。
3.1 ハロン湾型では、音の高さの高低が激しく、【トタトタ】となる
人が多いという話でしたが、私が聞きにくいと感じている学習者の
発音はそういうタイプとも少し違います。発音の一部分だけがピョ
コッ、ピョコッ、と高くなる感じの話し方なんです。ピョコッと高
くなる部分以外は平らで、抑揚がない感じです。その、ピョコッと
高くなるところが、尖った感じというか、鋭い感じで、日本人の発
音にはないような、いかにも不自然な感じなんです。中級レベルを
超えて、少し長く話せるようになってきた学生で、こういう人が多

いような気がします。それまではあまり気にならなかったのですが、少し長いスピーチなどをしてもらうと、すごく聞きにくいということに今になって気がついて。こういう話し方が癖になっているみたいで、今になって発音が気になると指摘するのも、学生が気を悪くしそうで、気が引けます。全体的なことなので、どう指摘したらいいかわからないのですが、どう指導したらいいか教えてください。

! 解説

　ご相談の例は、【トトタト】、【トトトタト】、【トトトタトト…】というように、フレーズの途中の一部だけをタと高くし、その他の部分をトと平らに抑えて話すパターンの話し方ですね。ベトナムの学生にはよくあるパターンです。日本語は、フレーズの最初の部分が【トトト…】と低く続くことは基本的にありませんし、全体的に低いフレーズの中で一部分だけが目立って高くなることはないので、日本語として不自然に聞こえます。

　確かに、このパターンは、少し長い発話ができるようになった学生によく見られます。むしろ、日本語の音の流れを意識しはじめ、日本語らしく話そうとし始めた学習者が、このようなパターンに陥ってしまうことがあるようです。

　このような学習者は、日本語の音の流れのどこかに、音が低くなる部分があることに気づいているのではないかと思います。実際の日本語では、下がり目の寸前までは、【トタタタ…】と、高く平らな音が続いているのですが、ベトナムの学習者はそこに注目していません。そうではなくて、【…タト…】と下がる部分に注目し、その前の部分で急激に上げ、【トタト】という形を実現しようとしているのだと思います。下げる発音をしようとすると、ピョコッと急激に上げて下げる形をイメージするのでしょう。ベトナム語の声調

には、音を鋭く上昇させる形がありますから、ベトナムの学習者は‘上げる’のは大得意です。そして、上げた後はまた下げて、次の上げに備えるのです。

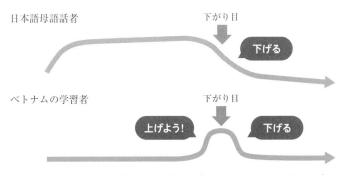

図 3.11　ベトナムの学習者は、‘下げる’ためにピョコッと‘上げる’

　これに似た例として、下がり目まではタで高く、下がり目のところでタよりさらに高くして（【タ】より高い音を【カ】と書くことにします）、それから下がるパターンにもときどき出会います。【トタタカトト】という発音になります。これも‘下げる’ために‘もっと上げ’ようとしているのでしょう。

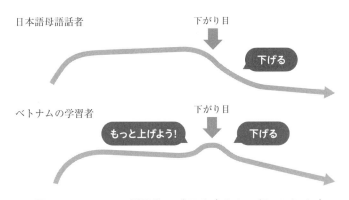

図 3.12　ベトナムの学習者は、‘下げる’ために‘もっと上げる’

このように、'下げる' ために '上げる' パターンを、'とんがり帽子' の'とんがり型' と名付けようと思います。

図 3.13　とんがり型

　この 'とんがり型' アクセントを、日本語のパターンに近づけていく指導は、次のように進めましょう。まず、【トトタト、トトトタト、トトトトタト…】という、フレーズの初めから【トト…】が続き、途中で【タ】となるアクセント型は、日本語にはないことを知ってもらいましょう。【トトタト】のように、最初が低く、後半の一部だけがピョコッと高くなるパターンで話しているかもしれないことに、学習者自身に気づいてもらい、この型の 'とんがり型' という名前を覚えてもらって、これは日本語らしいパターンではないことを印象づけましょう。日本語らしいパターンは、【トタトト】、【トタタト】という形です。

　次に、とんがり型になってしまう原因は、フレーズ頭が【トトト…】と続いてしまうところにありますので、フレーズの最初はいつも【トタ】、または【タト】であることを説明しましょう。最初を【トタ】と高く始めなければ、その後で【タト】と下がれません。そして、スピーチのように長い文を続けて話す場面で、句頭を【トタ】にする練習をしていきましょう。これ

は、3.3 頭平らの練習と似たものになりますが、'頭平ら' は最初を【タタ
…】と始めてしまうパターンであるのに対し、'とんがり' は最初を【トト
…】と始めてしまうのが原因という違いがあります。

　3.1 ハロン湾型、3.2 助詞上げ、3.5 小さい "っ" 上がり、3.6 "つ" 前
上がりで順に説明していきますが、ベトナムの学生がとんがり型で読んでし
まいやすいポイントは、動詞の活用形、複合語、助詞、小さい "っ"、"つ"、
"ます" などです。特に、これらの場所での発音に注意してもらうようにし
ましょう。

こんな風に説明しよう！

　日本語のアクセントは、低い音【ト】、高い音【タ】の 2 つしかないんで
したね。そして、アクセントの基本の形は、【トタタタ、タトトト、トタタ
ト、トタタタ】の 4 つでした。

　じゃあ、みなさんは次の言葉を仕事でよく使いますか。日本人のように読
んでみてください。どんなふうに発音したらいいでしょうか？ 近くの人と
一緒に読んでみてください。

> "おまたせいたしました"

　じゃあ、この言葉を、次のアクセントで読んでみますね。このうち、どれ
が日本人らしいでしょうか。

> 　Ａ おまたせいたしました【トタトタトタトタトタ】
> 　Ｂ おまたせいたしました【トトトトトトトトタトト】
> 　Ｃ おまたせいたしました【トタタタタタタタタトト】

さあ、日本人のように読んでいるのはどれですか？

　Aは、【トタタタ】がとてもたくさんありますね。日本語では【トタタ
タ】はダメなんですね。こういう発音は‘ハロン湾型’です。

　Bは、最初の部分がずーっと【トトトト…】ですね。これはいいですか？
思い出してください。日本語のアクセントの４つの形に、【トト…】という
形はありますか？　ないですね。こういう形は、日本語のアクセントにはあ
りません。これ、途中の“ま”のところだけ【タ】で、高いですから、と
んがり帽子のような形です。こういう発音も、日本語らしくないです。こ
の形、‘とんがり型’と呼びます。とんがり帽子って知っていますか？　ハ
リー・ポッターがかぶっているような帽子ですよ。

　日本語らしいのは、Cです。ここで“ました”は【タトト】ですね。ここ
から、低い音になります。その前はどんな発音ですか？　最初の音“お”
だけ【ト】です。それからずーっと【タ】です。【トトトトト】ではなく
て、【トタタタタ】です。それで、最後は【タトト】です。これは、日本
語らしいです。

　このように、途中の１つだけ【タ】という形、‘とんがり型’は、日本語
らしくないんです。みなさんの発音、とんがり型になっていませんか？　そ
うならないように、練習してみましょう。

3.4 練習

料理の作り方を説明してみましょう。次の文を読んでみてください。

厚揚げのトマト炒め　đậu phụ sốt cà chua

　これから、ベトナム料理の作り方を説明します。こどもでもつくれます。はじめに、厚揚げとトマトとねぎを切ってください。それから、厚揚げを焼いて、トマトとねぎも入れて、いためてください。味が薄かったら、しょうゆとさとうををいれてもいいです。これで、できあがりです。

練習1

最初に、文の一部を練習しましょう。もし、クラスメイトの発音が'とんがり'になっていたら、教えてあげましょう。

1）これから　　　　　　　【トタタタ】

2）こどもで＼も　　　　　【トタタタト】

3）せつめいします　　　　【トタタタタタタ】

4）はじめに　　　　　　　【トタタタ】

5）きっ＼てください　　　【タタトトトトト】

6）それから　　　　　　　【トタタタ】

7）やいて　　　　　　　　【トタタ】

8）いた＼めてください　　【トタトトトトトト】

9）あじが　　　　　　　　【トタタ】

10）うす＼かったら　　　　【トタトトト】

11）いれて＼もいいです　【トタタトトトトト】

12）これで　　　　　　　【トタタ】

練習2

次に、1つ1つの文を練習してみましょう。'とんがり型'にならないように、気をつけてください。文のはじめの【トタタ】に気をつけてください。

1）これから　ベトナムりょ＼うりの　つくりかたを　せつめいしま＼す
　　【トタタタ　トタタタタトトト　トタタタタタ　トタタタタタト】

2）こどもで＼も　つくれます
　　【トタタタト　トタタタタ】

3）はじめに　あつあげと　ト＼マトと　ね＼ぎを　きっ＼てください
　　【トタタタ　トタタタタ　タトトト　タトト　タタトトトトト】

4）それから　あつあげをやいて　ト＼マトと　ね＼ぎもいれて　いた
＼めてください
　　【トタタタ　トタタタタタタタ　タトトト　タトトトトト　トタト
トトトトト】

5）あじが　うす＼かったら　しょうゆと　さと＼うを　いれて＼もい
いです
　　【トタタ　トタトトトト　タタタタ　トタトト　トタタトトトトト】

6）これで　できあがりです
　　【トタタ　トタタタタタタ】

練習3

全部読んでみましょう。'とんがり型'がないかどうか、気をつけてください。もし'とんがり型'になったら、もう一度言ってみましょう。

3.5 小さい‘っ’上がり 〜小さい‘っ’で上がる〜

··

- くださったに違いない
  【トトタタトタ　トトトトト】

- 子どものいなかった
  【トトトトト　トトタタト】

- 知らなかったんです
  【トトトタタトトトトト】

? 相談 ····································

　‘2.3 促音を入れて揃える’のところでも相談したのですが、ベトナムの学生の発音を聞いていると、促音の"っ"があるところで、決まってアクセントが高くなるんです。それだけじゃなくて、促音の部分の発音が、そこだけキュッと飛び出すように高くなる感じで、どうも日本語らしくない感じなんです。全体的に緊張した感じというか、苦しそうな感じの発音なんですけど、一部だけキュッと高くなる感じが、余計に耳に障る感じに聞こえるような気がします。アクセント型の練習をしても、全然直りません。学生が、「最初に習った先生がこういう風に発音していたから」って言ってたんですけど、そういうものなのでしょうか。日本人の先生もいるし、今は周りの日本人の発音を毎日聞いているんですから、それだけが理由でもないように思うんですが…。

! **解説** ···········

　ベトナムの日本語学習者は、促音 "っ" がある部分を高く発音してしまう傾向があって、このような発音の学習者はとても多いです。その際、"っ" 以外の部分は、低く抑えて読むことが多いです。 促音の部分だけ飛び出すように高く読むので、確かに聞いていて気になりやすい癖です。小さい "っ" のところで高くなるということで、このパターンを '小さい "っ" 上がり' と呼びたいと思います。

　これは、'2.3 促音を入れて揃える' で述べたように、日本語の音の流れを、ベトナム語の典型的な音節である、'頭子音＋母音＋末子音'（CVC と略して書きます）という形に区切って聞こうとすることが原因です。

　たとえば "きっと" という語では、日本語母語話者は、これを "ki" "t" "to" という、CV、C、CV の 3 つの拍と区切って聞きます。しかし、ベトナム人は、これを "kit" "to" というように、CVC、CV の 2 音節に区切ります。促音の子音 t を、"ki" の拍に末子音として '食い込ませ' てしまい、"kit" という CVC の音節として区切るのです。

　そうすると、ベトナム人は、この kit という音節を、上昇調で発音します。これは、ベトナム語の声調のしくみと関係しています。ベトナム語には 6 つの声調がありますが、p、t、c などの無声閉鎖音（むせいへいさおん）の末子音がある音節は、特に指示がなければ、必ず鋭い声調 thanh sắc で発音されるのです。それで、外国語の中にも coc とか mat といった音の流れがあれば、ベトナムの学習者はこれを自然と鋭い声調で高くして読んでしまうのです。

　この '小さい "っ" 上がり' はなかなかガンコな習慣で、たとえば "きっと"【トタタ】や "やっぱり"【トタタト】というような語の発音を聞かせてリピートをしてもらっても、だいたい "きっと"【タタト】"やっぱり"【タタトト】となってしまい、なかなか変わらないと思います。上級レベルの学習者でも '小さい "っ" 上がり' が残ってしまう人が多いです。学習者は、

このような発音を無意識にしてしまっていて、自分の発音がベトナム語の鋭い声調になってしまっていることに気づいていないと思います。

　この発音を日本語らしく変えるためには、ちょっと遠回りのようですが、この発音のしくみを説明したほうがいいと思います。気づきを促す方法としては、文を見て、自分が‘小さい"っ"上がり’しそうなところを探してもらったり、ペアで読んでもらい、‘小さい"っ"上がり’を見つけたらお互いに指摘しあってもらうのもいいと思います。

こんな風に説明しよう！

　日本語にはカタカナの語がたくさんありますね。みなさん、カタカナ語は好きですか？　カタカナ語は外国人にとってわかりにくいかもしれませんね。でも、カタカナ語がわかると、日本のニュースとか、最新のビジネスについても話すことができますよ。

　これから、最近の新しいカタカナ語を紹介します。多分、みなさんは、この言葉を知らないと思います。どんな読み方が正しいと思いますか？　日本語らしい読み方はどんな読み方でしょうか？　隣の人と一緒に、読み方を相談してみてください。

> トピック　アセット　ギミック　クリニック
> コミットメント　アイキャッチ　アグレッシブ　シェイプアップ
> スタイリッシュ　ストイック　タイアップ　トランジット
> ドリップ　ピックアップ

　じゃあ、正しいと思う読み方で読んで、隣の人に聞いてもらってください。隣の人は、友達の発音を聞いて、音が高くなったところ、【タ】になるところがあったら、手をあげて教えてあげてください。

"トピック"を【トタトト】【タタタト】と読んだ人、いませんか？"ピックアップ"は、【タタトタタト】と読んだのではないでしょうか？

じゃあ、今から正しい発音を聞いてみましょう。まず、"トピック"です。はい、読んでみてください。じゃあ、正しい発音を聞きます。同じですか、違いますか。どう違いますか？　次の言葉はどうでしょうか。"クリニック""アイキャッチ"…。

そうですね、みなさんは、小さい"っ"があるところを高く読んでしまうことが多いですね。気がつきましたか？　これに、'小さい"っ"上がり'という名前をつけましょう。どうして'小さい"っ"上がり'してしまうんでしょうか？

まず、このカタカナの言葉のリズムを確認しましょう。

"トピック"の例を見てみましょう。これは、ベトナム語のアルファベットで書くと、どう書きますか？　誰か、黒板に書いてもらえますか。top picですね。ベトナム語では、リズム2つになりますね。

この言葉の声調 thanh điệu はどうですか？

図3.14　"トピック"をベトナム語のリズムで読んだ場合をリズムたまごで表した図
　　　　―"トピック"はベトナム語ではリズム2つで、鋭い声調で読まれる

to píc または tóp píc ですね。どうして、pic の声調は鋭い声調 thanh sắc になるんですか？　これは、ベトナム語のルールですね。

じゃあ、日本語のルールはどうでしょうか。日本語にもこういうルールがあるでしょうか？　…ありませんよね。

では、"トピック"の日本語のリズムはどうですか。日本語の1つのリズ

ムには、子音 phụ âm と母音 âm chính が1つずつしか入りません。"トピック"を、日本語のリズムに合わせてアルファベットで書いてみてください。

　あら？ top pic と書いている人がいますね。top pic というリズムは、ベトナム語のリズムですね。ベトナム語のリズムで読むと、声調をつけて読んでしまいますから、自然に'小さい"っ"上がり'してしまいます。

　日本語のリズムは、ベトナム語とちょっと違いますよね。日本語には、末子音 phụ âm cuối がありませんから、top、pic、という音はできません。それで、"to pi k ku"、リズム4つになります。声調はありません。

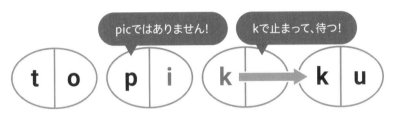

図 3.15　"トピック"を日本語のリズムで読んだ場合をリズムたまごで表した図
—"トピック"は日本語ではリズム4つ、小さい'っ'も1つのリズム

　じゃあ、日本語のリズムで読めるように練習しましょう。でも、このkのところが小さい"っ"の音ですね。この小さい"っ"は、どうやって発音すればいいでしょうか？

　ここでは、kの音のところで止まって、待ちます。どのくらい待てばいいですか？"ト"や"ピ"と同じ長さだけ、待てばいいですよ。1つのリズムはそれぞれだいたい同じ長さですから、小さい"っ"の長さも、他の音と同じ長さにします。4つのリズムを、だいたい同じ長さで読んでみましょう。"トピック"のリズムはわかりましたね。

　じゃあ、次はアクセントについて話しましょう。"トピック"のアクセントは、【タトトト】です。最初の音、"ト"が高くて、次の"ピ"は低いです。これは、ベトナム語の tóp píc の発音と違いますね。tóp píc では、1つの音、例えば tóp の中で、音の高さが変わります。日本語では、1つの音、

例えば‘ピ’という音の中で音の高さが変わることはないです。でも、前の音は高い、次の音は前の音より低い。これはいいです。

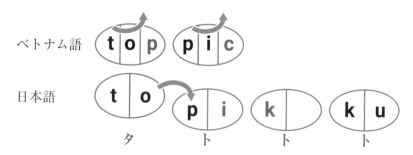

ベトナム語　日本語

図3.16　ベトナム語では、1つの音の中で高さが変わる。日本語では、前の音と後ろの音の間で音の高さが変わる

　“トピック”では、“ト”は【タ】で、高いです。“ピ”は【ト】で、低いです。“ピック”は、【トトト】で、ずっと低いです。

　まず、“トピ”だけ練習してみましょう。【タト】、トピ、【タト】、トピ、トピ、トピ。

　じゃあ、次は小さい“っ”をつけてみましょう。【タトト】、“トピッ”、【タトト】、【タトト】、トピッ、トピッ、トピッ。

　では、全部言います。トピックは、【タトトト】です。【タトトト】、トピック、【タトトト】、トピック、トピック、トピック。できますね。

　みなさんはベトナム語のルールに慣れていますから、“っ”があるとき、鋭い声調 thanh sắc で読んでしまって、‘小さい“っ”上がり’してしまいますね。小さい“っ”があるとき、‘小さい“っ”上がり’しないように、発音に気をつけてください。まず、アクセントをよく聞いてみましょう。【タ】と【ト】で言ってみましょう。それから、リズムに気をつけて読んでみるといいです。

　じゃあ、これと同じような語、ほかにも練習してみましょう。

　アセット、ギミック、クリニック…。

3.5 練習

1）～10）は、日本語の会話でよく使うフレーズです。日本語らしい発音で言うと、会話が楽しくなります。発音を練習しましょう。

練習1

フレーズの中の‘っ’に○をつけてください。‘っ’のあるところは、‘小さい"っ"上がり’しやすいので、注意してください。

練習2

①～④の順番で練習しましょう。
①自分で読みます。
②下線部の言葉の自分の発音を【タ】と【ト】で書きます。
③モデルの発音を聞きます。
④下線部の言葉のモデルの発音を【タ】と【ト】で書きます。

1）すごく勉強したのに、不合格だった。がっかりだよ。　　28Ω

　　がっかりだよ　　②自分の発音＿＿＿＿＿＿＿＿＿＿＿＿＿＿＿＿＿＿

　　　　　　　　　　④モデルの発音＿＿＿＿＿＿＿＿＿＿＿＿＿＿＿＿

2）間にあった！　5時の電車に乗れた。ああ、よかった。　　29Ω

　　まにあった　　②自分の発音＿＿＿＿＿＿＿＿＿＿＿＿＿＿＿＿＿

　　　　　　　　　④モデルの発音＿＿＿＿＿＿＿＿＿＿＿＿＿＿＿＿

　　よかった　　　②自分の発音＿＿＿＿＿＿＿＿＿＿＿＿＿＿＿＿＿

　　　　　　　　　④モデルの発音＿＿＿＿＿＿＿＿＿＿＿＿＿＿＿＿

3）A：1－0で負けちゃった。B：おしかったね。　　30Ω

　　まけちゃった　　②自分の発音＿＿＿＿＿＿＿＿＿＿＿＿＿＿＿＿

	④モデルの発音_____
おしかった	②自分の発音_____
	④モデルの発音_____

4) <u>こまったなあ</u>。さいふがない。<u>まいったなあ</u>。　　　　　31∩

こまったなあ	②自分の発音_____
	④モデルの発音_____
まいったなあ	②自分の発音_____
	④モデルの発音_____

5) あの、<u>ひょっとしたら</u>、やまださんですか。<u>やっぱり</u>!　　32∩

ひょっとしたら	②自分の発音_____
	④モデルの発音_____
やっぱり	②自分の発音_____
	④モデルの発音_____

6) <u>どっちでもいい</u>です。　　　　　　　　　　　　　　　　33∩

どっちでもいい	②自分の発音_____
	④モデルの発音_____

7) <u>いらっしゃいませ</u>。<u>ごゆっくりどうぞ</u>。　　　　　　　34∩

いらっしゃいませ	②自分の発音_____
	④モデルの発音_____
ごゆっくりどうぞ	②自分の発音_____
	④モデルの発音_____

8) A：たくさんあまって、<u>もったいない</u>ので。<u>よかったら</u>どうぞ。　35∩

B：じゃあ、<u>せっかくだから</u>、いただきます。

もったいない	②自分の発音_____

	④モデルの発音＿＿＿＿＿＿＿＿＿＿＿＿＿＿＿
よかったら	②自分の発音＿＿＿＿＿＿＿＿＿＿＿＿＿＿＿
	④モデルの発音＿＿＿＿＿＿＿＿＿＿＿＿＿＿＿
せっかくだから	②自分の発音＿＿＿＿＿＿＿＿＿＿＿＿＿＿＿
	④モデルの発音＿＿＿＿＿＿＿＿＿＿＿＿＿＿＿

9）A：<u>いってきます</u>。B：<u>いってらっしゃい</u>。　　　　36Ω

いってきます	②自分の発音＿＿＿＿＿＿＿＿＿＿＿＿＿＿＿
	④モデルの発音＿＿＿＿＿＿＿＿＿＿＿＿＿＿＿
いってらっしゃい	②自分の発音＿＿＿＿＿＿＿＿＿＿＿＿＿＿＿
	④モデルの発音＿＿＿＿＿＿＿＿＿＿＿＿＿＿＿

10）A：<u>あぶなかったね</u>。　　　　37Ω

B：<u>うっかりしてました</u>。気をつけなきゃ。

あぶなかった	②自分の発音＿＿＿＿＿＿＿＿＿＿＿＿＿＿＿
	④モデルの発音＿＿＿＿＿＿＿＿＿＿＿＿＿＿＿
うっかりしてました	②自分の発音＿＿＿＿＿＿＿＿＿＿＿＿＿＿＿
	④モデルの発音＿＿＿＿＿＿＿＿＿＿＿＿＿＿＿

答え

練習 2

1) がっかりだよ：トタタトトト

2) 間に合った：トタタトト

　　よかった：タトトト

3) 負けちゃった：トタタトト

　　おしかった：トタトトト

4) こまったなあ：トタトトトト

　　まいったなあ：タトトトトト

5) ひょっとしたら：トタタタタト

　　やっぱり：トタタト

6) どっちでもいいい：トタタタタタト

7) いらっしゃいませ：トタタタタタト

　　ごゆっくりどうぞ：トタタタトトトト

8) もったいない：トタタタタト

　　よかったら：タトトトト

　　せっかくだから：トタタタトトト

9) いってきます：トタタタタト

　　いってらっしゃい：トタタタタタタ

10) あぶなかった：トタタトトト

　　　うっかりしてました：トタタトトトトトト

3.6 ‘つ’前上がり ～つ、カ行、タ行、パ行などの音の前で上がる～

🔍 例 38🎧 ··

- しんせつな
  【トトタトト】

- 名付けました
  【トトトタトト】

- 解決するために
  【トトタト　トトトトタ】

❓相談 ···

　3.5 節で、小さい "っ" があるところが高くなるという説明を読みましたが、小さい "っ" がなくても高くなってしまうところがあります。例えば、《しんせつな》【トトタトト】、《あいさつ》【トトタト】のように、本当は最初の音が高い語なのに、"っ" の前だけ高く発音するんです。小さい "っ" ではなくて、大きい "つ" の前です。ああ、そういえば、"だいがく"【トトタト】のように、ベトナムの学習者が決まって同じアクセントで読む語がありますね…。これは小さい "っ" でも "つ" でもないです。どういうルールなんでしょうか。

　ただ高く読むだけではなくて、"だいがく" を《だいがっく》【トトタトト】、"かぞく" を《かぞっく》【トタトト】、"ともだち" を

《ともだっち》【トトタタト】、"けいさつ"を《けいさっつ》【トト
タトト】というように、小さい "っ" がないところに小さい "っ"
を入れて、その前の音を高く発音する人が多いんです。これを聞く
と、ああ、ベトナムの学習者だなぁ、とわかるようになってしまっ
たかも…。

　小さい "っ" を入れるといえば、"チョコレート"を《チョコ
レット》【トトタトト】、"パスポート"を《パスポット》としてし
まうんです。長い音を小さい "っ" に変えて、その前の音を高く発
音するんです。文末の "ます" や "ました" を、《まっ》【タタ】と
か《まった》【タタト】というように、何か共通点があるような気
もしますが、どう指導したらいいか、教えてください。

! **解説**

　3.5 節では、促音 "っ" がある部分で音が高くなる現象についてお話しし
ました。それだけではなく、ご相談のように、促音がないところでも同じよ
うな現象が起こることがあります。例に挙げたように、"つ" の前の音や、
その他の音の前が高くなったり、長い音が促音に代わり、その部分が高く
なったりします。この現象を、ここでは‘つ’前上がりと呼びます。

　音が高くなるのは "つ" や "く" などのウ段の無声破裂音の前が最も多
いようです。ただし、《ともだっち》【トトタタト】のように、ウ段以外の
無声破裂音でも起こることがあり、《まっ》【タタ】、《まった》【タタト】の
ように、サ行の音を促音に置き換え、その部分を高く言うという場合も多
いです。

　この現象は、2.3‘促音を入れて揃える’と、3.5‘小さい "っ" 上がり’
が同時に起こっているものといえるでしょう。‘促音を入れて揃える’は、

《かぞっく》《まった》《スピッド》など、促音がないところに促音が入る例です。これは、ベトナムの学習者が、日本語の開音節の音の流れを、ベトナム語と同様の閉音節として聞こうとした結果、無声破裂音を前の拍の末子音の位置に‘食い込’ませ、その結果、無声破裂音が促音のように聞こえるという現象です。‘小さい“っ”上がり’は、ベトナムの学習者が、促音がある部分を、無声閉鎖音を持つ末子音と考えて閉音節にし、これにベトナム語の鋭い声調 thanh sắc をつけて読んでしまう、という現象です。つまり、ベトナムの学習者は、“かぞく”と聞いて、‘促音を入れて揃える’の原則に従って ka zok ku という 3 つのベトナム語式の音節に区切り、さらに、‘小さい“っ”上がり’して zok の部分に鋭い声調をつけて読む、というわけです。

　ただし、本項目で取り上げる現象は、《あいさつ》【トトタト】のように、“さ”が【タ】で読まれるだけの場合と、《あいさっつ》【トトタタト】と促音を入れて読まれるように聞こえる場合と、両方あるように見えます。この 2 つは、おそらく、ベトナムの学習者から見ると違いはなく、“つ”の閉鎖が長ければ日本人にとって促音のように聞こえ、そうでなければ促音がないように聞こえるというだけの違いだと思います。どちらの場合も、日本語の音の流れをベトナム語の閉音節に当てはめて聞き、そこにベトナム語の声調をつけて読もうとする、という点では同じだと思われます。

　つまり、ベトナムの学習者が日本語の開音節を閉音節と区切って聞いていることが根底にあるため、日本語のアクセント型の指導をするだけではなかなか変わらないでしょう。ここでは、2 章の‘リズムたまご’に戻って説明をしてみます。

こんな風に説明しよう！

　日本語のアクセントについて、これまでいっしょに少し勉強しましたね。日本語のアクセントの４つの形は、【トタタタ】、【タトトト】、【トタトト】、【トタタト】、の４つですね。

　じゃあ、これから文を書きます。みなさんは、この文、いつもどんなふうに読みますか。読んでみてください。

　　わたしの<u>かぞく</u>はよにんです。
　　まいにち<u>だいがく</u>へいきます。
　　<u>ひとつ</u>、<u>ふたつ</u>、<u>みっつ</u>

　下線部の言葉を、みなさんはどんなアクセントで読んでいますか。自分の発音って、自分でも聞くことができますね。まず、自分で言って、少し静かにして、自分の言った言葉のアクセントを心の中で聞いてみましょう。どこが【タ】ですか、どこが【ト】ですか。それから、書いてみましょう。できたら、隣の人に、自分のアクセントを聞いてもらってください。それから、隣の人にも、自分の発音を聞いて、【タ】と【ト】で書いてもらってください。

　"かぞく"のアクセントはどれですか？　【トタタ】の人。【タトト】の人。【トタト】の人。【トタト】の人が多いでしょうか？　答えは、"か＼ぞく"【タトト】です。

　じゃあ、"だいがく"のアクセントは？　【トタタタ】【タトトト】【トタトト】【トタタト】？　それとも、どれでもない人？　【トトタト】の人、いませんか？　答えは、"だいがく"【トタタタ】または【タタタタ】です。

　"いきます"はどうですか。《いきまっ》【トトタタ】と読んでいる人、いませんか？　これ、実は違います。"ます"はいつも【タト】です。"いきま

す”は【トタタト】です。

　“ひとつ”は？【トタト】の人いますか？　これは正しいです。“ひと＼つ”【トタト】です。じゃあ、“ふたつ”は？　同じ【トタト】の人？　これは違います。“ふたつ”【トタタ】です。“みっつ”は【タタト】？　いいえ“みっつ”【トタタ】です。

　“かぞ＼く、だいが＼く、たべます”と読むと、ベトナムの学生のみなさんにとって、読みやすいですね。でも、正しくないです。“ひと＼つ、ふた＼つ、みっ＼つ」は、正しくないんですが、みなさんにとって読みやすいですね。どうしてでしょうか？

　たぶん、みなさんは、“かぞく”と聞いた時、図 3.17 の上の段のように聞こえるのではないでしょうか？

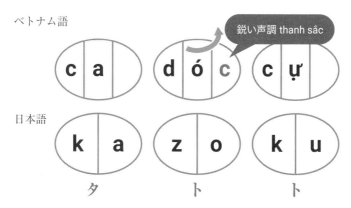

図 3.17　“かぞく”をベトナム語と日本語のリズムで読んだ場合をリズムたまごで表した図

　ベトナムのみなさんの耳には、“かぞく”は、ca doc cư と聞こえるのではないでしょうか。そうすると、doc には、鋭い声調 thanh sắc がなければなりませんから、ca dóc cư と発音したくなるのではないでしょうか。でも、日本語には声調はないですから、日本語に声調をつけて読んだら、変ですよね。

　それに、ベトナム語の音節 âm tiết は、3 つの部屋がありますから、dóc

ということができます。でも、日本語の音には、2つしか部屋がありません
から、docのcは入ることができないんです。だから、日本語ではdocとい
う音はダメなんです。

　日本人にとって、"かぞく"は、図3.17の下の段のように聞こえます。
"かぞく"はka zo kuです。zoは、zokではないです。だからdócにはな
らないですね。アクセントは【タトト】になります。

　同じように、"だいがく"はđai gác cựではなくてda i ga kuです。【トタ
タタ】です。"いきます"はi ki mátではなくて、i ki ma suです。【トタタ
ト】です。このとき、suのuの音は、とても弱くなることが多いです。で
すから、i ki ma sとなります。でも、matではありません。（このことについ
ては、2.3 'こんな風に説明しよう'の2を参照してください。）

　"ふたつ"は、hu tát chựではありません。hu ta tsuです。【トタタ】です。
"つ"はchựではありません。ベトナム語に"つ"という音はありませんか
ら、ベトナム語の綴りで書くことはできないですね。

　こんなふうに、日本語を話すとき、ベトナム語のリズムに合わせると、ベ
トナム人っぽい発音になってしまいます。リズムに気をつけてください。ま
た、ベトナム語の声調をつけて読んではいけません。日本語のアクセントを
練習して、日本語のリズムとアクセントで発音しましょう。

3.6 練習

3.5節に続いて、日本語の会話でよく使うフレーズの発音を練習しましょう。日本語らしい発音で言うと、会話が楽しくなります。発音を練習しましょう。

練習1

1）～8）の下線部の言葉の中で、'つ前上がり'しそうな場所に○をつけてください。"つ""く""ち""す"があるところは、'つ前上がり'しやすいです。

練習2

①～④の順番で練習しましょう。

①自分で読みます。

②下線部の言葉の自分の発音を【タ】と【ト】で書きます。

③モデルの発音を聞きます。

④下線部の言葉のモデルの発音を【タ】と【ト】で書きます。

1）A：あの店、おいしかった？　B：うーん、いまいちだった。 39Ω

いまいち　　　　　②自分の発音＿＿＿＿＿＿＿＿＿＿＿＿＿＿＿＿＿

　　　　　　　　　④モデルの発音＿＿＿＿＿＿＿＿＿＿＿＿＿＿＿＿＿

2）A：この商品、どうやって並べればいいですか？ 40Ω

　　B：てきとうでいいですよ。

てきとう　　　　　②自分の発音＿＿＿＿＿＿＿＿＿＿＿＿＿＿＿＿＿

　　　　　　　　　④モデルの発音＿＿＿＿＿＿＿＿＿＿＿＿＿＿＿＿＿

3）A：明日、休んでもいいかなあ。B：べつにいいんじゃない。 41Ω

べつに　　　　　　②自分の発音＿＿＿＿＿＿＿＿＿＿＿＿＿＿＿＿＿

　　　　　　　　　④モデルの発音＿＿＿＿＿＿＿＿＿＿＿＿＿＿＿＿＿

4）A：お寿司、好き？　B：<u>もちろん</u>。　　　42Ω

　　もちろん　　　　　②自分の発音＿＿＿＿＿＿＿＿＿＿＿＿＿＿＿

　　　　　　　　　　　④モデルの発音＿＿＿＿＿＿＿＿＿＿＿＿＿＿

5）A：明日、大事な試験があるんだ。　　　43Ω

　　B：そっか。<u>うまくいく</u>といいね。

　　うまくいく　　　　②自分の発音＿＿＿＿＿＿＿＿＿＿＿＿＿＿＿

　　　　　　　　　　　④モデルの発音＿＿＿＿＿＿＿＿＿＿＿＿＿＿

6）A：あっ、地震だ！どうしよう！　B：大丈夫。<u>おちついて</u>。　44Ω

　　おちついて　　　　②自分の発音＿＿＿＿＿＿＿＿＿＿＿＿＿＿＿

　　　　　　　　　　　④モデルの発音＿＿＿＿＿＿＿＿＿＿＿＿＿＿

7）A：お先に<u>しつれいします</u>。　B：<u>おつかれさま</u>でした。　45Ω

　　しつれいします　　②自分の発音＿＿＿＿＿＿＿＿＿＿＿＿＿＿＿

　　　　　　　　　　　④モデルの発音＿＿＿＿＿＿＿＿＿＿＿＿＿＿

　　おつかれさま　　　②自分の発音＿＿＿＿＿＿＿＿＿＿＿＿＿＿＿

　　　　　　　　　　　④モデルの発音＿＿＿＿＿＿＿＿＿＿＿＿＿＿

8）A：<u>ごめいわくを</u>おかけしました。B：気にしないでください。46Ω

　　ごめいわくを　　　②自分の発音＿＿＿＿＿＿＿＿＿＿＿＿＿＿＿

　　　　　　　　　　　④モデルの発音＿＿＿＿＿＿＿＿＿＿＿＿＿＿

答え　練習2　④

1）いまいち　トタトト　　2）てきとう　トタタタ

3）べつに　トタタ　　4）もちろん　トタトト

5）うまくいく　タトトトト　　6）おちついて　トタタタタ

7）しつれいします　トタトトトトト　　おつかれさま　トタタタタタ

8）ごめいわくを　トタトトトト

3.7　長平ら　〜長い音や‘ん’などのあるところが平らで下がれない〜

🔍 **例** 47🎧 ┄┄┄┄┄┄┄┄┄┄┄┄┄┄┄┄┄┄┄┄┄┄┄┄┄┄

- おじいさんと、おばあさんが
  【タタタトトト　タタタトトト】

- 桃を食べようと、桃を切ってみると
  【トトト　トトタタト　トトト　トトタタトト】

❓ **相談** ┄┄┄┄┄┄┄┄┄┄┄┄┄┄┄┄┄┄┄┄┄┄┄┄┄┄┄┄┄┄┄

　ベトナムの学生にアクセントを教えようとしていますが、どうしても正しく言えない語があります。例えば、“おばさん”と“おば＼あさん”、“おじさん”と“おじ＼いさん”です。何度練習してもできるようになりません。最初は、長音の問題なのかなと思っていたのですが、よく聞いてみると違うみたいで。学習者は《おばーさん》と長い音で言っているのに、“ば＼あ”を【タト】と言うことができなくて、どうしても【タタ】になってしまうんです。それで、がんばって言ってもやっぱり“おばさん”にしか聞こえません。“おば＼あさん”は【トタトトト】で、中高型だと思いますが、他の中高型の語でも言えるものもあるので、アクセント型の問題ではないようですし…。ベトナム語は音の高さが上がったり下がったりする声調があるということなので、“ば＼あ”と下がる発音ができないというのは不思議です。どういう仕組みなのでしょうか。ま

た、どうしたら"おばあさん"のような語でも正しいアクセントで読めるようになるでしょうか。

！解説

　これは、長音の部分にアクセントの下がり目があって【タト】となる場合に、【タト】で読めず、【タタ】と平らになってしまうというケースです。ベトナムの学習者は、長い音のほか、"ん"の音、ai や oi などの母音連続があるところも、同じように【タト】でうまく読めません。例えば、"げんき"は、"げ"と"ん"の間に下がり目があり、【タトト】となりますが、ベトナムの学習者はこれをうまく読めず、【タタタ】になってしまいます。

　また、"した＼いんですが"では、"たい"が【タト】となるのですが、これが発音しにくく、下がり目が1つ後ろにずれて《したい＼んですが》【タタタトトトト】となりやすいです。これらの現象を'**長平ら**'と呼ぶことにしましょう。実際は、下がる場所が1つ後ろにずれているだけなのですが、日本人にとって意味がわかりにくくなってしまいます。日本人は、語の意味を理解するときに、アクセントを重要な手がかりとして聞いていることがわかります。

　ベトナムの学習者が'長平ら'で読んでしまうのは、長い音、"ん"、母音の連続を含む2拍を、ベトナム語のリズムに従って1音節ととらえてしまうためです。図3.18を見てください。

ベトナム語「おばあさん」

日本語「おばあさん」

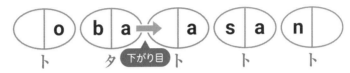

図3.18　ベトナムの学習者は"おばあさん"の"ばあ"を1音節ととらえる

　2.2 '縮めて揃える' で述べたように、ベトナム語では、ある1つの音節の母音が長く伸ばされても、それで2つの音節に分かれるということがありません。そのため、ベトナムの学習者は、"おばさん" も "おばあさん" も、どちらも o ba san と3音節に区切って聞いていると思われます。"ばあ" を【タト】と読むには、"ば" と "あ" をリズム2つに分けることが必要で、ベトナムの学習者はそれができていないので、"ばあ" を【タト】と読むことができないのです。その代わりに、ba という1音節を平らな声調 thanh ngang で読むのが彼らにとって簡単なので、'長平ら' になってしまうというわけです。つまり、'長平ら' が起こる背景には、2.1 '伸ばして揃える'、2.2 '縮めて揃える' で述べたリズムの問題が背景にあります。

　ベトナム語には声調があるから、"ばあ" を下降調で読むことは難しくないはずでは？と思われるかもしれませんね。でも、日本語のアクセントの下がり目【タト】の発音と、ベトナム語の下降調の声調の発音は、実は全然似ていないのです。ベトナム語の下降調は3つあるのですが、そのうち下がる声調 thanh huyền は、実際には低く平らに発音されるものであり、またもう1つの下降調の声調である尋ねる声調 thanh hỏi と重い声調 thanh nặng

は、北部方言では喉（のど）の音が含まれている音に、中部・南部方言では上昇調になります。つまり、ベトナム語の下降調の声調は、日本語のアクセントの下がり目の発音の参考にはならないのです。

'長平ら' を克服し、長音や母音の連続でも【タト】と読めるようになるためには、まず、2章で繰り返しお話ししてきたように、ベトナム語と日本語のリズムの区切り方の違いを確認したほうがよいです。まず、長い音、"ん"、母音の連続がリズム2つに分かれるということを復習してもらい、2拍に分けて読めるように練習しましょう。それから、この部分に【タ】と【ト】の高さの違いをつけて読めるように練習するとよいでしょう。

こんな風に説明しよう！

みなさんが日本語を話すとき、日本人に何度言ってもなかなかわかってもらえない言葉って、ありませんか。日本人がよく使っている言葉なのに、自分が言うとなぜかなかなか通じないという言葉です。

> A おばさん　B おばあさん

たとえば、A おばさんと B おばあさんです。この2つの言葉、どういう意味ですか？　日本では、これを間違えるととても失礼ですね。じゃあ、発音はどうですか？　うまくできますか。A を言ってみてください。次に、B を言ってみてください。この2つの言葉の発音は、どこが違いますか。A は "ば"、B は "ばあ" ですね。B は長い音です。その他には？　アクセントが違います。【タ】と【ト】で言ってみましょう。"おばさん" のアクセントは？【トタタタ】です。じゃあ "おばあさん" のアクセントはわかりますか？【トタトトト】です。このこと、気づいていましたか？　正しいアクセントで言うと、日本人に通じやすくなります。長い音がうまく言えなくて

も、アクセントが正しければ、通じやすくなりますよ。

　日本語の発音というと、"つ"と"ちゅ"のように、子音 phụ âm や母音 nguyên âm に注意する人が多いかもしれません。でも、実は、発音には、リズムやアクセントなど、大切なことが他にもたくさんあります。日本語を勉強するとき、アクセントについて詳しく勉強するチャンスが、これまであまりなかったかもしれませんね。発音が日本人に通じない、と思ったとき、アクセントやリズムも確認してみてください。みなさんは、【タ】と【ト】のアクセントの勉強方法をもう知っていますから、アクセントを日本人に聞いたり、メモしたりして、自分で勉強することができますよ。

　じゃあ、"おばさん"と"おばあさん"の発音を、まずリズムから確認してみましょう。A おばさん は、ローマ字で書くと o ba sa n ですね。リズムは、4つです。B おばあさんは、o ba a sa n、リズムは、5つです。

　次はアクセントです。A おばさん のアクセントはどうですか。【タ】と【ト】で言ってみましょう。【トタタタ】ですね。B おばあさん のアクセントは？【トタトトト】です。【トタタタ】と、【トタトトト】、違いますね。

　もし B のアクセント型を間違えて読んだら、B おばあさんに聞こえません。例えば、《おばあさん》【トタタタタ】とか、《おばあさん》【トタタトト】だったら、日本人は A と間違えます。B を言うとき、"ばあ"を【タト】と読むことが、とても大切なんです。

　逆に、A を言うとき、"ば"の音がそんなに長くなくても、《おばさん》【トタトト】と読んだら、B "おばあさん"に聞こえることもあるんです。アクセントって、意味を伝えるために、とても大切なんですよ。

　でも、みなさん、"おばあさん"【トタトトト】って、何か言いにくいですよね。"ばあ"の長い音の部分を【タト】と読むことは、多分ベトナムの学生にとって言いにくいですね。"ばあ"【タタ】になってしまいます。こんな発音を‘長平ら’と呼びます。

　他にも、こういう言葉を読んでみましょう。

ひど＼い【トタト】　い＼えいえ【タトトト】
だいじょ＼うぶ【タタタトト】　わる＼いんだけど【トタトトトト】
おききした＼いんですが【トタタタタトトトトト】

　【タト】の部分を読んでみましょう。"ど＼い""い＼え""じょ＼う""る
＼い""た＼い"です。言いにくいでしょうか。【タタ】になってしまいます
ね。'長平ら'です。どうして、こういう音を、【タト】で読むのは難しく
て、'長平ら'になってしまうのでしょうか？
　もしかすると、みなさんが"おばさん"や"おばあさん"と聞いたとき、
図3.18の上の図のように聞いていませんか？　"おばさん"も"おばあさ
ん"も、リズム3つですか？　そうならば"ば"は、1音節 1 âm tiết ですね。
1音節の ba を【タト】と読むことは難しいですよね。
　ほかに、"ひどい"も、これと同じです。

ベトナム語「ひどい」

日本語「ひどい」

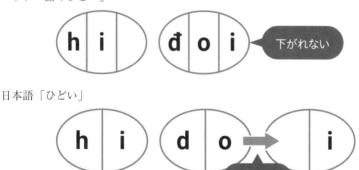

図3.19　ベトナムの学習者は"ひどい"の"どい"を1音節ととらえる

"ひどい"を、hi đoi の2つの音節に分けたら、"ひどい"【トタト】と読むのは難しいと思います。【タタ】になってしまいますね。でも、日本語では、"ひどい"はリズムは3つです。3つのリズムに分けて読んだら、【トタト】と読めるはずですよ。

　では、他の言葉も、まず、リズムを確認してみましょう。それから、アクセントを【タ】と【ト】で言って、練習してみましょう。リズムとアクセントが正しくなったら、日本人にもすぐ通じるようになりますよ。

3.7 練習

練習 1

"〜円"、"〜十円"のアクセント

金額を言う時に、日本人に聞き返されたことはありませんか。それは、アクセントが間違っていたからかもしれません。発音の練習をしましょう。

まず、"1 〜 10"のアクセントを練習しましょう。【タ】【トタ】【タト】の 3 種類のアクセントがあります。特に"よん""きゅう""じゅう"のアクセントに気をつけてください。【タタ】と読むと、'長平ら'になってしまいます。どれもリズム 2 つで、アクセントは【タト】です。

次に、"〜円"のアクセントを練習しましょう。1 〜 10 円のアクセントは、1 つ 1 つ違います。正しいアクセントで言うと、日本人はすぐにわかります。

それから、"〜十円"のアクセントを練習しましょう。1 〜 9 円のアクセントと違います。特に、"じゅう"【タト】のアクセントに気をつけてください。"じゅう"【タタ】は'長平ら'ですから、ダメです。

表3.1 "〜円"のアクセント

	①いち〜じゅう 48Ω	①いちえん〜じゅうえん 49Ω		①じゅうえん〜きゅうじゅうえん 50Ω		
			えん		じゅう	えん
いち	トタ	トタ	タタ		タタ	タタ
に	タ	ト	タタ	ト	タト	トト
さん	タタ	タタ	タタ	タタ	タト	トト
よん	タト	タ（よ）	トト	タタ	タト	トト
ご	タ	タ	トト	ト	タト	トト
ろく	トタ	トタ	タタ	トタ	タト	トト
なな	タト	トタ	タタ	トタ	タト	トト
はち	トタ	トタ	タタ	トタ	タト	トト
きゅう	タト	タト	トト	タタ	タト	トト
じゅう	タト	タタ	タタ			

練習2

　ベトナムについて日本人に説明するとき、ベトナム語の地名や物の名前が日本人に通じなかったことはありませんか。ベトナム語を日本人に言うときは、ベトナム語の声調で読むと通じません。日本語のアクセントで言わなければいけません。ベトナム語を日本語のアクセントで言う練習をしましょう。

　ベトナム語を日本語のアクセントで言うとき、"長平ら"に気をつけてください。__の部分は、長い音や母音の連続などを【タト】で言わなければいけない部分です。【タタ】と読まないように気をつけましょう。

　例）フォー　×【タタ】×【トト】○【タト】

・地名

ハノイ Hà Nội【タ<u>トト</u>】　　　ハイフォン Hải Phòng【タ<u>トトト</u>】

<u>フエ</u> Huế【タト】　　　ダナン Đà Nẵng【タ<u>トト</u>】

ホ<u>イアン</u> Hội An【タ<u>トトト</u>】　　　ニャ<u>チャン</u> Nha Trang【タ<u>トト</u>】

ブ<u>ンタウ</u> Vũng Tàu【タ<u>トトト</u>】　　　ベンチェー Bến Tre【タ<u>トトト</u>】

カ<u>ントー</u> Cần Thơ【タ<u>トトト</u>】　　　ハ<u>ロン</u>湾 Vịnh Hạ Long【ト<u>タ</u>トトト】

ホーチ<u>ミン</u>市 TP.Hồ Chí Minh【タタタタ<u>トト</u>】

・有名な料理

<u>フォー</u> phở【タト】　　　バ<u>インセオ</u> bánh xèo【ト<u>タ</u>トトト】

チェー chè【タト】　　　バ<u>インミー</u> bánh mì【ト<u>タ</u>トトト】

ブ<u>ンチャー</u> bún chả【タ<u>トトト</u>】　シ<u>ントー</u> xinh tố【タ<u>トトト</u>】

・有名な果物

マ<u>ンゴー</u> xoài【タ<u>トトト</u>】　　　パ<u>パイヤ</u> đu đủ【ト<u>タ</u>トト】

<u>ライチ</u> vải【タ<u>トト</u>】

パッションフ<u>ルー</u>ツ chanh dây【トタタタタ<u>トト</u>】

3.8 【タトト…】型 ～【タトト…】の型が言えない～

🔍 例 51Ω

・ 男の赤ちゃんが
　《おとこのあかーちゃんが》【タタタタ　トタタトトト】

・ 大きな桃が
　《おきなももが》【トタタ　タタト】

(以下、モデルの発音を聞いた後でリピートしている例)

・ おばあさんは大きな桃を拾い上げて
　《（おばあさんは）おおきなももを（ひろいあげて）》【トトタトトトト】》

・ 桃を切ってみると
　《（ももを）きってみると》【トトタタトト】

・ 神様がくださったに違いない
　《かみさまが（くださったに　ちがいない）》【トタトトト】

❓ 相談

　　ベトナムの学習者は、"かみさま"【タトトト】のような、最初が
高くてすぐに下がる、いわゆる頭高型のアクセントの発音がとても
難しいようです。モデルを聞かせて何度リピートしてもらっても、
言えません。【タタトト】【タタタトト】のように、タが続いた後で
トになる型とか、【トタトト】【トトタト】のように、最初がトでそ

の後タになる型は、比較的言いやすいようなのですが。この形がベトナム語にないとか、何か難しい理由があるんでしょうか。あ、でも、《いっぱい》《やっぱり》《がっこう》など、自然に【タトトト】という形になってしまう語というのもあります。あいにくアクセント型は間違っているんですが…。とにかく、どうすれば言えるようになるか、知りたいです。

！解説

　お気付きの通り、ベトナムの学習者は、【タト】【タトト】【タトトト】という、いわゆる頭高型のアクセント型が、全般的に言いにくいようです。それにはいろいろな理由が考えられますが、基本的には、3.1～3.7節までに述べてきたベトナムの学習者の発音の特徴が原因と言えそうです。

　まず、ベトナムの学習者は、総じて、音の高さを低いところから高く上げるのが得意で、【トトタ】【トトトタ】と句の後半を上げて‘助詞上げ’したり、【トトタト】と‘ハロン湾型’の山を作ることはできます。しかし、あいにくこのようなアクセント型が日本語にありません。

　下げるパターンについては、【タタト】【タタタト】と、語の前半を高く保って、最後を下げるのも、言いやすいです。これは‘頭平ら’のパターンです。これも日本語のアクセント型と一致しません。

　そして、ベトナムの学習者が語頭で【タト】ということができても、そのあと音を上げてしまいたくなる条件が日本語にはよく現れます。小さい“っ”や大きい“つ”、その他の無声破裂音（むせいはれつおん）です。つまり‘小さい“っ”上がり’や‘つ前上がり’のパターンです。

　つまり、これまでお話ししてきた、‘ハロン湾型’‘小さい“っ”上がり’‘つ前上がり’‘頭平ら’‘長平ら’というパターンが、日本語の中に随所に現れて、【タトト…】というパターンをベトナムの学習者が正しく言おうと

するのを邪魔する、というわけです。

　そのため、【タトト…】型が言えるようになるには、まずは上記の誤りパターンについて先に学習しておくことをおすすめします。

　そして、【タトト…】型の語の発音の練習をする際は、まず、ベトナムの学習者にとって言いにくい条件が少ない語を選んで始めるといいでしょう。その後、言いにくい条件がある語を徐々に取り入れていくといいと思います。

　下の‘こんな風に説明しよう！’で、語リストを示しました。語リストは次のようにレベル分けしています。

・初級：ベトナムの学習者にとって障害になる条件がない。促音、母音の
連続、無声破裂音が、特に2拍目にない。

・中級：ベトナムの学習者にとって障害になる条件が1つある。
　例）キムチ（ベトナム語の外来語 kim chi の影響で【タタタ】になりやすい）
　　　ほん（“ん”の影響で‘長平ら’になりやすい）
　　　いくつ（‘つ前上がり’の影響で【トタト】になりやすい）
　　　ごぜん（‘伸ばして揃える’‘長平ら’の影響で《ごーぜん》【タタトト】となりやすい）

・上級：ベトナムの学習者にとって障害になる条件が2つ以上ある。
　例）タクシー（ベトナムの外来語 tắc xi の影響、および‘つ前上がり’の影響で
　　　《タッシー》【タタトト】になりやすい）
　　　ワイン（ベトナム語外来語 vang の影響、および ain という母音の連続
　　　＋“ん”が1音節に聞こえるため、‘長平ら’の影響で《ワン》【タタ】になりやすい）

　練習には、モデルのリピートだけではなく、自分の発音を【タ】と【ト】で再現してみる、‘転写練習’をぜひ取り入れましょう。

　注意してほしい点が1つあります。ベトナム語の音の流れの中で、日本語の頭高型のパターンに近いものがひとつあり、それは平らな声調 thanh ngang と重い声調 thanh nặng の組み合わせです。例えば、"かど"【タト】という語にこの声調を当てはめると ca độ となり、一聴すると【タト】のパターンと近いように聞こえるかもしれません。しかし、この重い声調 thanh nặng は、北部では声門閉鎖を伴う音で、これを日本語の発音の中で使うと、ブツブツと途切れる発音の原因になってしまいます。ですので、【タトト…】型アクセントの練習にベトナム語の声調を使うのはおすすめできません。

　ちなみに、頭高型の語にはカタカナ語が多くありますが、日本語のカタカナ語の中には、ベトナム語でも英語由来の外来語として使われている語があり、その語を発音するときには、ベトナム語の発音に影響されやすいです。日本人が英語を話すときにカタカナ発音になってしまうのと同じですね。このようなものも、最初の段階では練習から外しておいたほうがいいでしょう。探してみると、頭高型の語の中で、ベトナムの学習者にとって言いにくい条件が少ない語というのは、本当に少ないのです。彼らが頭高型の語をうまく言えない理由は、やはりここにありそうです。

こんな風に説明しよう！　と　　練習　　

　日本語のアクセントの基本4形は、【トタタタ】【タトトト】【トタタト】【トタトト】の4つでしたね。今日はこの中で【タトトト】を練習しましょう。初級レベル、中級レベル、上級レベルがありますよ。上級レベルまで言えるようになれるでしょうか？

　練習の前に、【タトトト】のアクセントを練習してみましょう。一緒に言ってください。【タト】、【タトト】、【タトトト】。難しくないですね。

　では、まず初級レベルです。次の語を読んでみましょう。練習するときは、まずアクセント型を言って、続けて、次に言葉を言います。言った後で、自分の発音が正しかったかどうか、自分の発音を思い出して、必ず自分で確認してくださいね。

・【タト】初級レベル

【タト】：あに　かし　ごご　まど　ピザ　しゅみ　ただ

【タトト】：かのじょ　バナナ　アニメ　しゃかい　どちら

【タトトト】：かみさま　もしもし　デジタル　なのはな　ははのひ

　まず、【タト】の語です。一緒に言ってください。【タト】、"あに"。

　次は自分で言ってください。【タト】、"あに"。正しいですか？　隣の人と確認してみましょう。隣の人は、もし間違っていたら、教えてあげてください。

　次は【タトト】の語です。同じように練習しましょう。【タトト】、"かのじょ"。今、【タタト】になっていましたよ。【タタト】は‘頭平ら’でしたね。"かのじょ"【タタト】、違います。"かのじょ"、【タトト】、いいです。か、【タ】、の、【ト】、じょ、【ト】。

　では【タトトト】の語です。これも同じように練習しましょう。【タトトト】、"かみさま"。【タトトト】、"もしもし"。今、【タトタト】になっていましたよ。【タトタト】は‘ハロン湾型’ですから、ダメですね。"もしもし"、【タトタト】、違います。"もしもし"、【タトトト】、いいです。【トトト】が言いにくいですか。ここだけ言ってみましょう。"もし"、【トト】、"しもし"、【トトト】、できますね。"もしもし"、【タトトト】。

　このくらいは簡単ですか？　じゃあ、次は中級レベルです。ちょっと難しいものもありますよ。

・【タト】中級レベル

【タト】：1）カフェ　ジャズ

　　　　　2）きょう　じゅう　ほん　あい　ドア　前

【タトト】：1）クラブ　キムチ

２）いくつ　かぞく　くがつ　クラス　でぐち　トマト
　　　　ミルク

３）ごぜん　ごはん　じゅぎょう　ギター　せかい

４）さんじ　カード　コート　えいが　トイレ　きょうと

【タトトト】：きょうだい　あかちゃん　まいあさ　りょうしん
　　　　　　ラーメン

　まず、【タト】の１）の語です。【タト】、カフェ。あれ？【トタ】の人が
いますよ。それはベトナム語のcà phêの発音ですね。"キムチ"は【タタ
タ】の人がいますね。それもベトナム語のkim chiの発音ですよ。

　【タト】の２）はどうですか。【タト】、"きょう"。言えますか。《きょ》
【タ】になっている人がいますね。それはダメです。"きょう"はリズム２
つですから。"きょ"、【タ】、"う"、【ト】です。

　【タトト】の２）を練習してみましょう。【タトト】、"いくつ"。【トタト】
になっている人がいます。それは'つ前上がり'ですね。"いくつ"、【トタ
ト】、違います。"いくつ"、【タトト】、いいです。"い"【タ】、"く"【ト】、
"つ"【ト】です。

　次は【タトト】の３）です。【タトト】、"ごぜん"。《ごーぜん》【タータ
ト】と言っている人がいますよ。違います。"ごぜん"はリズム３つです。
"ご"【タ】、"ぜ"【ト】、"ん"【ト】です。"ん"【ト】が言いにくいですか？
これだけ練習してみましょう。"ん"【ト】、"ん"【ト】、"ん"【ト】。

　できましたか？　ちょっと難しいですね。全部【タトト】で言えるように
練習してください。では、最後に上級レベルです。同じように練習してみま
しょう。難しいですが、これが【タトトト】で言えるようになったら、日本
語のアクセントはもう大丈夫ですよ。がんばってくださいね！

・【タト】上級レベル

【タト】：タイ

【タトト】：スープ　タクシー　ニュース　しゃいん　シャワー

　　　　　バイク　ワイン

【タトトト】：あいさつ　おんがく　かんこく　ちゅうごく　しんせつ

【タトトトト】：イヤリング　コンサート

ベトナム人の人間関係

Q

初対面のベトナムの日本語学習者に、「先生はおいくつですか」と年を聞かれました。失礼だと思ったのですが、ベトナム人にとって普通なのでしょうか。

A

はい。ベトナムでは普通です。これは、ベトナム語で相手を呼ぶ時、年齢がわからないと正確に呼べないためです。

ベトナム語の文法では、英語などの言語と同じように、主語や目的語などの人称代名詞を省略せずに言わなければなりません。毎日使う挨拶の文でさえ、相手の人称代名詞を呼ばなければいけません。

実は、その人称代名詞のほとんどは、親族名称です。例えば、他人であっても、自分の兄くらいの年齢であれば'お兄さん'、妹ぐらいの年齢であれば'妹'と呼ぶのです。つまり、身の回りの人を、自分の親族関係の中なら誰に当たるか、とあてはめて呼ぶわけです。

このような事情のため、あいさつ1つするにも、相手の人称を知る必要があり、そのためには年齢を聞いて自分との関係を確かめなければいけないのです。それで、ベトナム人は初対面の人に年をよく聞くのです。

日本語でも、見知らぬ人のことを'おばさん''お嬢さん'などと呼んだりしますので、それと同じような感覚です。ただ、少し違

うところがあります。日本語では、自分との関係にかかわらず、ある一定の年齢層の人たちを‘おばさん’‘おじいさん’といったように呼ぶのに対し、ベトナム語では、自分の年齢に対して相手の年齢がどうか、という観点から呼ぶ点です。ですので、80才の男性が82才の男性に出会ったら、相手を‘お兄さん’と呼ぶでしょう。ちょっと可愛いですね。

　もう1つ、日本語と違う点は、相手だけでなくて自分の人称、つまり一人称にも親族名称を使わないといけない点です。例えば、相手を‘お兄さん’と呼ぶ場合は、自分のことを‘弟（または妹）’と呼ばなければいけません。相手のことを‘おじさん’と呼んだら、自分のことを‘甥（または姪）’と呼びます。二人称と一人称をペアで使い分けなければいけないわけです。これを反射的に使い分けられるようになるには、少し訓練が要ります。

　実は、ベトナム語には、あまり複雑ではないのですが、敬語があります。ベトナムの社会では、年齢による上下関係をはっきりさせ、目上の人には丁寧に接しなければいけません。家族の中でも、祖父母や両親には敬語を使わなければいけませんし、バスの中では空いている席をお年寄りに必ず譲ります。だから、年齢を聞き、人称を使い分けることは、相手に対して丁寧に接することであり、相手を尊重する行為なのです。

　そしてベトナム人には、若く見られたいという感覚はあまりないようで、年齢をサバを読んで言う人もあまりみかけません。どちらかというと、相手よりも目上であるほうが、相手に丁寧に接してもらえて、むしろ得をすることが多いようです。

　ベトナム人に年を聞かれたら、よかったら、はずかしがらずに本当の年齢を言ってみてください。ベトナム人の人間関係の中に入っていくきっかけになるでしょう。

4章
イントネーション

序　日本語とベトナム語のイントネーションの違い

　話し手のイントネーションは聞き手の印象に特に大きな影響を与えます。スピーチや説明など、1人で長く話す場合や、気持ちを込めて人に言葉をかける場面では、なおさらでしょう。近年、日本に長く住んだり、日本人と一緒に働いたりして、日本人と共に長い時間を過ごすベトナム人日本語学習者が増えてきました。彼らの話を聞いていて発音が気になり、それがイントネーションのためではないかと感じる方も増えているものと思います。

　ただし、発音に関する言葉、例えばアクセントやイントネーションといった用語は、一般にも広く使われており、その際には、何を指してアクセントやイントネーションと呼んでいるのか、はっきりしません。日本語の先生をはじめとする言語の専門家の間でも、アクセントとイントネーションをどう区別するのか自信がないという方もいるでしょう。実際に、日本語のアクセントとイントネーションは、複雑に関係しあっているのです。ましてや、日本語学習者の発音は、彼らの母語の発音の特徴の上に、学習言語である日本語の発音の特徴が、中途半端に乗っかっているようなものです。彼らの日本語の発音に現れる特徴が、アクセントに起因するものなのか、イントネーションに起因するものなのかを区別するのは、専門家でも簡単にはできません。

　そこで、まずは用語を整理するために、日本語のアクセントとイントネーションの区別、そして相互作用について解説します。次に、ベトナム語のイントネーションについて説明します。その上で、ベトナムの学習者の日本語の発音の困難点の中で、イントネーションの問題と言えるのはどの点なのか

を指摘したいと思います。

1. 日本語の句のイントネーション

　日本語において、イントネーションというのは、1つの発話が始まって終わるまでの間の音の高さの変化のパターンのことです。

　1つの発話というのは、「雨。」というように1つの語しかない場合も、「明日は雨だって。」というように、語がいくつか並んでいる場合もありますが、どちらも1つの発話として1つのイントネーションで発音されます。

　日本語のイントネーションは、代表的なものとしては、句のイントネーションと句末のイントネーションに分けられます。句のイントネーションというのは、あまり聞き覚えがないものかもしれませんので、まず、句のイントネーションの働きについて説明しましょう。

　日本語の句のイントネーションは、山のような形をしているとよく言われます。1つの発話の中に語がいくつもあるとき、いくつかの語が文法のルールに従ってつながって1つの句にまとまり、その上に句のイントネーションが覆いかぶさります。

　しかし、3章でみてきたように、句の中の語には1つ1つ【タ】や【ト】のアクセントがあります。この句中の語のアクセントは、句のイントネーションによってどうなるのでしょうか。

　並んだ語に句のイントネーションが覆いかぶさった時、句中のどれか1つの語のアクセント型だけがはっきり発音され、その他の語のアクセント型の発音は弱まり、あいまいになります。これを‘アクセントの弱化’（郡1997）と言います。そうすることによって、句の最後に向かって、なだらかな山のように徐々に音が低くなっていく、日本語の山型の句のイントネーションが形作られます。例を見てみましょう。

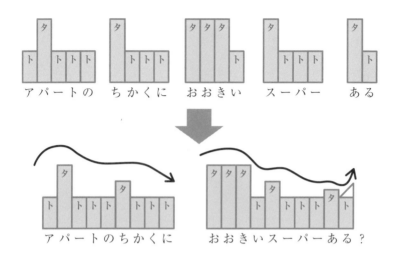

図4.1 日本語の山型の句のイントネーション—語のアクセントに、句のイントネーション
が覆いかぶさり、一部の語を除いてアクセントが弱化する

　例　アパートの近くに、大きいスーパーある？

　図の上の段は、1つ1つの語のアクセント型、下の段は、実際に発話され
る際にイントネーションが覆いかぶさった後の音の高さの変化の様子を表し
ています。

　下の段を見てください。この文は、"アパートの近くに"と"大きいスー
パーある"の2つの句に分けて発話されることが多いです。下の段に黒い
矢印で示したように、1つの句の中でも最初から最後に向かってだんだん全
体的に声が低くなっていく力が働きます。これは、人間の呼気は、長く伸ば
せば伸ばすほどだんだん弱く少なくなっていくため、高い声を出し続けるこ
とが難しくなっていくからです。これを自然下降（斎藤1997）といいます。
この力によって、句の後半の語のアクセントが低く押しつぶされます。

　1つめの句の"アパートの近くに"の句では、"アパ＼ート"【トタトト】
という語のアクセントの下がり目の【タト】だけがはっきりと発音され、そ

れに続く語 "ち＼かくに" のアクセント型【タトトト】は低く押しつぶされて、アクセント型による音の高さの変化は判然としなくなります。このとき、"ちかくに" のアクセントは '弱化されている' と言います。

　次に、"大きい" から次の句が始まりますから、"おおきい"【タタタト】の１つめの【タ】部分で再びピッチが高く盛り上がります。この盛り上がりの部分が、新たな句が始まるサインになります。そして、"おおき＼い"【タタタト】のアクセント型の下がり目【タト】でははっきり発音されますが、その後の "ス＼ーパー"【タトトト】"あ＼る"【タト】のアクセントの下がり目【タト】は、やはりはっきりしなくなります。

　つまり、日本語の句のイントネーションの働きとは、１つ１つの語のアクセントによる【タ】や【ト】の２通りの音の高さの差が、１つの句の中で強調されたり弱化したりし、全体として、なめらかな右肩下がり（または 'への字型'）の音の流れにまとめられていくことなのです。

２．日本語の文末イントネーション

　次に、文末のイントネーションについて説明しましょう。正確には句末や発話末のイントネーションと言う方が正しいですが、よく、文末イントネーションとも呼ばれているので、ここでは文末イントネーションとしておきましょう。疑問文などで文末の音の高さが高くなるものです。イントネーションといえばこちらを思い浮かべる方のほうが多いでしょう。

　図4.1では、文末の "あ＼る"【タト】の "る" の上に三角型が載っていますね。これは、文末のイントネーションを表しています。"あ＼る"【タト】というアクセント型に文末のイントネーションが覆いかぶさると、"る"【ト】の部分で音が低くなった後、もう一度音の高さが上昇し、曲折型のイントネーションになります。すなわち、日本語の文末イントネーションは、語のアクセント型による声の高さの変化の形を大きく変えることがあるのです。これによって文の論理的な意味、話し手の感情、態度などを表します。

以上をまとめると、日本語のイントネーションは、①句全体にかぶさり、一部の語のアクセントを強調し、それ以外のアクセント型を弱めてしまいます（句のイントネーション）。また、②発話末にかぶさり、語のアクセント型による声の高さの変化の形を大きく変えてしまうことがあります（文末イントネーション）。

　これを日本語学習者の視点から見ると、日本語らしいイントネーションで話すためのポイントは、音の高さの'右肩下がり'のなめらかな下降ラインを体得すること、句のイントネーションによるアクセントの強調と弱化をマスターすること、そして、文末イントネーションによるアクセントの変形パターンをマスターすることにあるでしょう。

3．ベトナム語のイントネーションとフォーカス

　それでは、ベトナム語のイントネーションはどのようなものなのでしょうか。

　既に述べてきたように、ベトナム語では声調によって語の意味を区別し、1音節に1つの声調が付与されます。複数の語が並ぶ句の中でも、1つ1つの音節の声調は変化せず、声調の区別が維持されます。日本語の句のイントネーションに相当するものとしてはストレスがあります。ストレスはふつう句末に置かれ、句末の音節は長く、強く、はっきりと発音されます。句の中でストレスが置かれた音節では、声調が最初から最後まではっきりと発音されるのに対し、ストレスが置かれない音節で声調の一部が欠けるということはあります。しかし、ストレスのない音節も、声調の区別ができなくなるほど弱くなるということはありません。

　日本語では、疑問や感情、態度などをイントネーションによって表すことができるのですが、ベトナム語ではこれらはイントネーションではなく、主に語彙によって表します。例えば、ベトナム語には、日本語の"ね""よ""か"などの文末詞に当たるものがあり、これで疑問や感情、態

度などを表します。疑問文では、文末に日本語の文末詞"か"にあたる không という語を置きます。驚きや不満などの感情は、à や mà などの文末詞で表されたり、chẳng などの驚きを表す副詞を文中に置くことで表す場合もあります。ベトナム語には、このような文末詞や副詞などが豊富にあります。このような文で驚きや不満、強調などの意を伝える際、発話全体にかけて声の高さが高くなったり、声調の声の高さの変化の幅が広くなったりすることはありますが（轟木 1992b）、語の声調が弁別できなくなるほど弱くなったり、声調の形が大きく変わったりは絶対にしません（Đỗ, Trần and Boulakia 1998、Brunelle, Hạ, and Grice 2012 ）。

　従って、ベトナム語を話す際には、発話全体のイントネーションの形というものを意識する必要があまりありません。1つ1つの音節を、声調の特徴を守りながら前から順に話していけば、ベトナム語らしく話せます。ベトナム語を話す際に、最も大切な音声の単位は音節であり、音節を構成する分節音と声調の組み合わせが発音のほとんどすべてを決めます。少なくとも発音に関しては、句全体、発話全体の発音の流れということを意識しなくても話せます。句や発話など、音節より大きな単位がベトナム語の発音に及ぼす影響は、日本語に比べてとても小さいのです。

　いろいろな国の日本語学習者の母語を比べてみると、ベトナム語ほど音節の役割が大きく、イントネーションの役割が小さい言語は少ないかもしれません。同じく声調言語である中国語は、比較的ベトナム語に近いですが、複数の音節が1つにまとまる'複音節化'が進んでおり、声調の弱化も起こるため、ベトナム語よりは複数音節にわたる音韻現象が多いようです。

4．ベトナムの日本語学習者にとって、
日本語のイントネーションは何がどう難しいのか？

　日本語とベトナム語のこのような違いから見てみると、ベトナムの日本語学習者が日本語のイントネーションの仕組みを身につけて日本語らしく話す

というのは、決して簡単なことではないようです。ベトナムの学習者にとって難しい点を挙げていきましょう。

　第一に、日本語の句をなめらかな右肩下がりのイントネーションで発音する前提として、1つの句が続いている間は途切れず声を出し続けていかなければいけません。まず、これがベトナムの学習者にとって簡単ではありません。ベトナム語は、1章序‘ベトナム語と日本語の分節音の違い’でも述べたように、1音節1語を基本とした言語であり、ベトナム語話者はどうしても、音節と音節の間に空白や声門閉鎖を挿入して、1つ1つの音節をはっきり区切って言ってしまうのです（この点について詳しくは5章序‘ベトナムの学習者の‘途切れ’や‘つっかえ’’の背景も参照してください）。そのため、ブツブツと途切れて聞こえてしまい、なめらかな右肩下がりのイントネーションをそれらしく発音できないのです。

　第二に、2音節以上の音節（または拍）にわたって生じる発音の特徴を感じ取ることが、ベトナムの日本語学習者は不慣れです。ベトナム語を話すときは、1つ1つの音節の発音については、厳格なルールがあり、声の高さ、長さ、リズムなどを厳しく整えますが、2音節以上の長い単位にわたる音韻現象というのは、ほとんど何もありません。これに対して、日本語では、1つの拍の中では（1拍の語が1語で発話される場合を除けば）音の高さの変化がほとんど目立たず、2拍以上の語や句に対して、語アクセント、イントネーションなどの音韻現象が現れます。ベトナムの学習者にとって、2拍以上の長い語や句の中で、音の高さや長さがどう変化しているかを感じ取るのが難しいのです。ベトナムの学習者は、1拍1拍の中でのピッチの変化、子音や母音の種類、喉頭<rt>こうとう</rt>の緊張などに注意が向いていて、長い句全体のピッチの変化の流れは、記憶に残らないようなのです。これは、日本人がベトナム語の声調を聞いてもさっぱり覚えられないのと同じことでしょう。

　ですから、ベトナムの学習者にとって、日本語のアクセントやイントネーションを聞き取ったり記憶したりすることは、他の言語の母語話者と比べて

難しいだろうと思います。日本語のイントネーションの基盤には語のアクセントがありますが、日本語のアクセントのパターンは、複数の拍に音の高さの変化が乗っているものですので、ベトナムの学習者はこれに注意を向けることを新たに学ばなければなりません。そもそも、アクセントパターンは、音の高さがどの拍から下がり始めるかによって区別されますが、もし拍によって音を区切ることができなければ、アクセントの区別も記憶もできないはずです。何度リピートしても覚えられないのは、このためかもしれません。しかも、日本語の語のアクセントは、句の中ではっきり現れたり、弱まったりします。普段の発話の中では、弱化によってアクセント型がはっきり聞こえないことが多いのに、かといってアクセントを無視して文を発音すれば不自然な発音になってしまうという、厄介なものです。ベトナム語では、文中の語の声調の音声特徴を文末まで非常にはっきりと維持しますので、弱化された語アクセントを聞き取ることも慣れていないはずですし、アクセントの特徴をあえて弱めて発音することもうまくできません。

　さらに、日本語では、語のアクセント型が修飾関係などによって変化したり、文末イントネーションの影響で変形したりします。ベトナムの学習者にとってこれはとても理解しにくいことでしょう。ベトナム語では声調は絶対に変化しないのですから。一度覚えたアクセント型を覚えて守り続けることは得意なのですが、その一部分の発音を変えてしまうのは、とても気持ちが悪いのではないでしょうか。しかも、複合語などによるアクセントの変化のルールは複雑で、簡単に覚えられるようなものではありません。

　もっといえば、母音を長く伸ばして読むことも難しいのです。日本語の文末イントネーションによってアクセントが変形すると書きましたが、変形するのは語の最後の1拍の部分だけで、その拍を長く伸ばしてピッチを変動させたりします。しかし、ベトナム語では1つのリズムの長さはいつも同じに保っておかなければならないため、1つの拍を長く伸ばしてピッチを上げ下げするということにも慣れていないのです。

5．ベトナムの学習者のイントネーションと指導法

　このような理由により、ベトナムの学習者のイントネーションはいろいろな特徴が現れますが、アクセントの困難点と共通する部分が少なくありません。例えば、句中で何度も【トタトタ】と音を高くして言ってしまう‘ハロン湾型’、句頭を【タタ】と高く平らに言ってしまう‘頭平ら型’、小さい“っ”が高くなる‘小さい“っ”上がり’、句末を長く高く言う‘助詞上げ’等は、いくつかの語が並ぶ句の中でも起こり、句のイントネーションのなめらかな右肩下がりの形を実現しにくくします。これらの特徴については3章の練習でカバーできますので、4章では語のアクセントの練習ではカバーしきれない点を次の3つにまとめ、練習方法を提案したいと思います。第一に‘棒読み’、第二に‘途切れ途切れ’、第三に‘文末’です。

　4章では、まず、句全体の高さの変化に注意を向けてもらえるよう促し、句の中で1つだけある下がり目に注意すればいいことをポイントとして示します。そして、アクセント型を完全に覚えていなくても、全体的に日本語らしい発音に近づけていけるよう練習していきます。句末のイントネーションに関しては、正しく発音するには語のアクセントを覚えている必要があります。まずは、トタ式アクセント指導法を応用して、アクセント型によって異なる文末イントネーションの発音練習をし、周囲の人たちが言っているイントネーションが聞き取れるようになることを目指したいと思います。4章の練習をする前に、3章のアクセント練習を終えているのが望ましいですが、できない場合は、3.0‘アクセントの基本’を説明してから始めていただけるといいでしょう。

　なお、以下では、上昇イントネーションを簡易的に↑、↗という記号で表します。1つの拍の中で上昇する場合は↑、1つの拍を長く引くように伸ばして上昇する場合には↗という記号を使います。

発音チェックテスト④　イントネーション

1.　途切れ、棒読み、句末伸ばし

学習者のみなさんへ

次の文を読んで、日本人や日本語の先生に聞いてもらってください。そして、下の 4.1、4.2、4.3 の特徴がいくつあるか、チェックしてもらってください。

> （パーティーの司会）
> みなさんこんにちは。本日はお忙しい中お集まりいただきありがとうございます。今からパーティーを始めます。本日司会をつとめさせていただきます○○（自分の名前）です。どうぞよろしくお願いいたします。

先生方、日本人のみなさんへ

学習者が上の文を読んだものを聞き、次の観点からチェックしてください。もし、4.1 ～ 4.3 の特徴があると思ったら、表にチェックを入れてください。最後に、どの特徴が何回くらい現れたか数え、学習者に示してください。

4.1 途切れ途切れ：名詞や動詞などの語の途中や、助詞の前などで声が止まり、不自然に途切れた感じがする。

4.2 棒読み：抑揚がなく、平らに聞こえて、不自然な感じがする。

4.3 句末伸ばし：1 ）～ 14 ）の句の最後の部分が不自然に高くなったり、伸びたり、強く読まれていて、不自然な感じがする。

	4.1 途切れ途切れ	4.2 棒読み	4.3 句末伸ばし
1）みなさん			
2）こんにちは			
3）ほんじつは			
4）おいそがしいなか			
5）おあつまりいただき			
6）ありがとうございます			
7）いまから			
8）パーティーをはじめます			
9）ほんじつ			
10）しかいを			
11）つとめさせていただきます			
12）（自分の名前）です			
13）どうぞ			
14）よろしくおねがいいたします			
計	／14	／14	／14

2．句末上昇イントネーション

学習者のみなさんへ

　次の会話を、できるだけ日本人の会話らしい発音で読んでみてください。それから、日本人や日本語の先生に、次のページの欄をチェックしてもらってください。

```
（待ち合わせをしている 2 人の会話）

A：どこ？          B：ここ。

A：待った？        B：うん、ちょっと待った。

A：ごめんね。      B：ううん。

A：じゃ、行く？    B：うん、行く。
```

先生方、日本人のみなさんへ

　学習者が前の会話を読むのを聞き、＿の部分の語の発音を、下の観点から
チェックしてみてください。最後に、どの特徴が何回くらい現れたか数
え、学習者に示してください。

　①：語のアクセント型が正しい。下の表に示したアクセント型で言えて
　　いる。

　②：句末上昇イントネーションが正しい。語の最後の音のアクセントが
　　【ト】であれば、【ト↗】と低い音から高くするイントネーションで
　　読んでいる。語の最後の音が【タ】であれば、【タ↗】と高い音を
　　さらに高くするイントネーションで読んでいる。

語	語のアクセント型	句末上昇イント ネーション	①	②
A：どこ？	【タト】	【ト↗】		
A：待った？	【タトト】	【ト↗】		
B：ううん。	【タトト】	【ト↗】		
A：じゃ、行く？	【トタ】	【タ↗】		
		計	／4	／4

4.1 　途切れ途切れ式イントネーション

🔍 例 52🔊 ┈┈

- 本日はお忙しい中お集まりいただきありがとうございます
  《 ほんじつ、は、お、いそがしい、中、お、あつまりいただき、ありが
  とうございます 》

- みなさんこんにちは　本日はお忙しい中お集まりいただきありがとうご
  ざいます　いまからパーティーを始めます
  《 みなさんこんにちはほんじつは、おい、おいそがしいなか、あつまり、
  いただ、き、ありがとうございます、いまから、パーティーをはじ、めます 》

❓ 相談 ┈┈┈

> 　　ベトナムの学習者のスピーチなどを聞いていると、途切れ途切れ
> になることが多いです。助詞の前や、語の途中で途切れる、という
> か、止まってしまうことも多いです。そのせいだと思うのですが、
> 話を聞いていても、何を言っているのか、途中でわからなくなるこ
> とがあるんです。文法などはよくできる優秀な学生でも、これがな
> かなか直らなくて、気の毒です。周りの他の国の学習者からも、ベ
> トナムの学習者は発音が悪くて何を言っているかわからない、と思
> われてしまっているみたいで。他の国の学生よりこういうことが多
> いと思うんです。これ、どう指導したらいいのかわかりません。

!**解説** ··

　話をしている途中でしばらくの間声を止めることを、'ポーズを置く'と言うことがあります。日本語らしいイントネーションで話すためには、ポーズはとても大切です。イントネーションの土台となる句は、ポーズによって区切られるからです。適切な場所でポーズを置き、句を区切って、そこに右肩下がりの滑らかなイントネーションを乗せなければいけません。

　まず、日本語らしいイントネーションの形で話すために、ちょうどいい数のポーズを置く必要があります。ポーズが多過ぎれば、イントネーションがなめらかにつながりません。

　また、話のわかりやすさという点では、ポーズの場所がとても重要です。ポーズは、句や発話のまとまりを示します。話の途中にポーズがあると、句や、話のまとまりがそこで終わるものだと感じます。話を聞いている人は、聞きながら、話の流れや文の構造を予想しながら聞いています。そのため、聞き手が予想する文の構造とは違うところにポーズが置かれると、聞き手は「あれ？　この文、どういう構造だったっけ？」と、文の構造を頭の中で再構成することになります。ポーズの場所がおかしい話を聞いていると、わかりにくく感じるのは、そのためです。

　ご相談のように、ベトナムの学習者の発音では、ポーズのように聞こえる空白が多く、また、その場所も正しくないことが多いです。これをこの本では'**途切れ途切れ式イントネーション**'と呼びます。これはなぜでしょうか。

　まず、ベトナムの学習者はポーズを置いているつもりはないのに、声が途切れてしまうことが多いようです。その原因としては、1つには、話の途中で声門閉鎖がよく起こることが挙げられます。これは5章序'ベトナムの学習者の'途切れ'や'つっかえ''の背景で詳しく解説します。この他、音節末の無声閉鎖音も長い空白の原因になると思われます。例えば、"コピー"は日本語では"こ""ぴ""ー"の3拍ですが、ベトナム人は

"cop" "pi" の2音節と聞いているのです。その際、"ピ"の頭子音pが、コの拍の終わりの部分に食い込みます（この '食い込み' については、2.3 '促音を入れて揃える' で詳しく述べました）。おそらくこの '食い込み' 現象がよく起こるせいで、ベトナム人の日本語の無声閉鎖音(<ruby>無声閉鎖音<rt>むせいへいさおん</rt></ruby>)の空白は、日本人のものよりも長く、目立って聞こえるのではないかと思います。従って、ベトナムの学生はポーズを置いているつもりがないのに、日本人にはポーズのように聞こえることが多いのではないかと思います。

　その他、すでに述べてきたように、ベトナムの学習者は、ベトナム語のルールに習い、1音節単位で発音を組み立てる傾向にあります。1つ1つの音節をはっきり言うことを重視する一方、複数の拍を1つにまとめて言う感覚があまりありません。それで、つながった言葉をまとめてその終わりにポーズを置く、という感覚がわかりにくいのかもしれません。

　ベトナムの学習者は特に、助詞の前にポーズを置いてしまい、文の構造がわかりにくくなることが多いですが、ベトナム語は日本語のような後置詞ではなく前置詞のため、内容語の後に助詞をつけてまとめる日本語の感覚が、ピンとこないのかもしれません。または、助詞をはっきり言おうとして、むしろ少し空白を置いて強く長く読もうとするのかもしれません。

　さらにいえば、ベトナム語の文法では、修飾句や複文という構造がそもそも日本語ほどよく使われません。ベトナム語にも修飾句や複文はありますが、使われるのは主に漢語を多く含む硬い書き言葉の中です。話し言葉では、複文や長い修飾句をできるだけ避け、動詞と目的語、修飾語と名詞、といったできるだけ小さいまとまりにまとめて並べます。それで、文の中の長い句や修飾関係をわかりやすく伝えるために、ポーズやイントネーションで表現する、ということに慣れていないのかもしれません。

　ともかく、いろいろな理由があり、ベトナムの学習者が途切れの問題を克服するのはなかなか困難が多そうです。ただ、これまでベトナムの学習者の話を聞いてきた限りでは、ベトナムの学生は自分の発音の途切れに気づくこ

とはできます。自分の発音に不自然な途切れが多いことに気づいている学生は多いでしょう。しかし、このことをあまり人に指摘されたことがないし、途切れというものをどんな用語で呼んだらいいのかわからないため、これについて先生やクラスメイトと話し合ったこともないと思われます。

そこで、まずは、'途切れ'という現象に名前をつけ、注目してみることから始めるのはどうでしょうか。自分やクラスメイトの発音の途切れに気づけるようになれば、次のステップに進める学習者が増えてくるのではないかと思います。

こんな風に説明しよう！

みなさん、あなたの好きな人が、あなたにこう言いました。
"あなたのかおなんかいもみたい"
どんな意味でしょうか？ 隣の人に聞いてみてください。

2つの意味がありますね？ 1つめの意味は、"あなたのかお　なんかいもみたい"、相手も、あなたのことが好きですから、あなたの顔を、一日に何回も見たい、という意味ですね。この意味をAとしましょう。

もう1つの意味は？ "あなたのかお　なんか　いもみたい"、相手は、あなたの顔を見て、あなたの顔は、いもに似ています、と言いました。相手はあなたのことが好きですか？ 多分好きじゃないですね。この意味をBとしましょう。

AとBの意味をまちがえたら、大変ですね？ じゃあ、間違えないように読みましょう。誰か、AかBか、どちらかの読み方で読んでください。私は、みなさんの発音を聞いて、Aか、Bか、わからないか、どれか答えます。

じゃあ、あなたは相手のことが大好きですから、Aの意味を伝えたいです。一番簡単な方法はどんな方法ですか。"かお"の後で休むことです。休む部分のことを、'ポーズ'と言います。

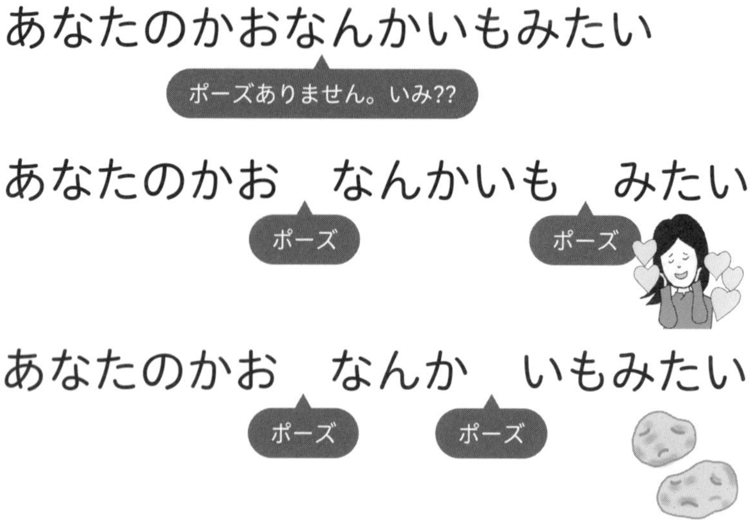

あなたのかおなんかいもみたい

ポーズありません。いみ??

あなたのかお　　なんかいも　　みたい

ポーズ　　　　　　　　ポーズ

あなたのかお　　なんか　　いもみたい

ポーズ　　　　ポーズ

図4.2　ポーズの場所を間違えて、'途切れ'たら大変かも！

　あなたは、「私はあなたが好きですから、あなたの顔を見たい！」と伝えたいのですが、相手には、「あなたの顔はいもですね！」と聞こえたら、とても困りますよね。ですから、ポーズの場所は、とても大切です。ポーズの場所を間違えると、意味がわかりにくくなります。じゃあ、日本語のポーズは、どんなところに置いたらいいでしょうか。

　あなたはAの意味を伝えたいです。その時、何に気をつけたらいいですか。"いも"の前で止まってはいけないんですね。どうしてですか？"なんかいも"は1つの言葉ですから、途中で止まったら違う意味になってしまいます。止まってはいけないところで止まることを、'途切れる'と言います。途切れが多すぎる話し方を、'途切れ途切れ'と呼びましょう。'途切れ途切れ'の発音は、とても聞きにくいです。日本語で話す時、1つの言葉の途中で止まってはいけません。'途切れ途切れ'になってしまいますよ。

4.1 練習

　次の文は、たくさんの人の前で話すときの原稿です。'途切れ途切れ'に
ならないように、きれいに読めるように練習してみましょう。

　A（パーティーの司会）
みなさんこんにちは。本日はお忙しい中お集まりいただきありがとうご
ざいます。今からパーティーを始めます。本日司会をつとめさせていた
だきます○○です。どうぞよろしくお願いいたします。

　B（プレゼンテーションの最初の部分）
それでは発表を始めます。私は経済学部2年の○○です。今日は「少
子化時代の顧客ニーズ」というタイトルで発表させていただきます。お
手元の資料をご覧ください。

　C（スーパーのアナウンス）
いらっしゃいませ。いらっしゃいませ。本日もご来店まことにありがと
うございます。ただいまタイムセールを実施中です。この機会をぜひお
見逃しなく。みなさまどうぞごゆっくりお買い物をお楽しみください。

　D（デパートの迷子の案内）
お客様に迷子のお知らせをいたします。赤いTシャツに青いズボンを
お召しになった三歳くらいのお子様がお連れ様をお待ちです。お心当た
りの方はお近くの係員までお知らせくださいませ。

次の文を読むとき、どこにポーズを置いたらいいでしょうか。

短いポーズを置く場所に | を、長いポーズを置く場所に ‖ を書いてみてください。

A

みなさんこんにちは。ほんじつはおいそがしいなかおあつまりいただきありがとうございます。いまからパーティーをはじめます。ほんじつしかいをつとめさせていただきます○○です。どうぞよろしくおねがいいたします。

B

それでははっぴょうをはじめます。わたしはけいざいがくぶ2ねんの○○です。きょうは「しょうしかじだいのこきゃくニーズ」というタイトルではっぴょうさせていただきます。おてもとのしりょうをごらんください。

C

いらっしゃいませ。いらっしゃいませ。ほんじつもごらいてんまことにありがとうございます。ただいまタイムセールをじっしちゅうです。このきかいをぜひおみのがしなく。みなさまどうぞごゆっくりおかいものをおたのしみください。

D

おきゃくさまにまいごのおしらせをいたします。あかいティーシャツに
あおいズボンをおめしになったさんさいくらいのおこさまがおつれさま
をおまちです。おこころあたりのかたはおちかくのかかりいんまでおし
らせくださいませ。

下の句を、できるだけ声が止まらないように読んでみましょう。

ヒント：喉_{のど}を手で触りながら、「ラララララ～」と歌ってみてください。喉_{のど}がずっと震_{ふる}え
ていますね。その時、声が止まっていません。では、また喉_{のど}を手で触りながら、下の句を
読んでください。喉_{のど}の震_{ふる}えが止まる時、声も止まっています。できるだけ、喉_{のど}の震_{ふる}えが止
まる時間が短くなるように読んでみましょう。このことについては、5.1でもっと詳しく
説明しています。

A

1 ）　みなさん　　　　　　　　　2 ）　こんにちは

3 ）　ほんじつは　　　　　　　　4 ）　おいそがしいなか

5 ）　おあつまりいただき　　　　6 ）　ありがとうございます

7 ）　いまから　　　　　　　　　8 ）　パーティーをはじめます

9 ）　ほんじつ　　　　　　　　 10 ）しかいを

11 ）つとめさせていただきます　12 ）（自分の名前）です

13 ）どうぞ　　　　　　　　　 14 ）よろしくおねがいいたします

B

1 ）　それでは　　　　　　　　　2 ）　はっぴょうをはじめます

3 ）　わたしは　　　　　　　　　4 ）　けいざいがくぶ

5） 2ねんの　　　　　　　　　　6） （自分の名前）です

7） きょうは　　　　　　　　　　8） しょうしかじだいの

9） こきゃくニーズという　　　　10）タイトルで

11）はっぴょうさせていただきます　12）おてもとのしりょうを

13）ごらんください

C

1） いらっしゃいませ　　　　　　2） ほんじつも

3） ごらいてん　　　　　　　　　4） まことに

5） ありがとうございます　　　　6） ただいま

7） タイムセールを　　　　　　　8） じっしちゅうです

9） このきかいを　　　　　　　　10）ぜひ

11）おみのがしなく　　　　　　　12）みなさま

13）どうぞごゆっくり　　　　　　14）おかいものを

15）おたのしみください

D

1） おきゃくさまに　　　　　　　2） まいごのおしらせをいたします

3） あかいティーシャツに　　　　4） あおいズボンを

5） おめしになった　　　　　　　6） さんさいくらいの

7） おこさまが　　　　　　　　　8） おつれさまをおまちです

9） おこころあたりのかたは　　　10）おちかくの

11）かかりいんまで　　　　　　　12）おしらせくださいませ

答え

練習1

A

みなさん | こんにちは。|| ほんじつは | おいそがしいなか | おあつ
まりいただき | ありがとうございます。|| いまから | パーティーを
はじめます。|| ほんじつ | しかいをつとめさせていただきます | ○
○です。|| どうぞ | よろしくおねがいいたします。||

B

それでは | はっぴょうをはじめます。|| わたしは | けいざいがくぶ
2ねんの | ○○です。|| きょうは「しょうしかじだいのこきゃく
ニーズ」| というタイトルで | はっぴょうさせていただきます。||
おてもとのしりょうを | ごらんください。||

C

いらっしゃいませ。|| いらっしゃいませ。|| ほんじつも | ごらいて
ん | まことにありがとうございます。|| ただいま | タイムセールを
じっしちゅうです。|| このきかいを | ぜひおみのがしなく。|| みな
さま | どうぞごゆっくりおかいものをおたのしみください。||

D

おきゃくさまに | まいごのおしらせをいたします。|| あかいティー
シャツに | あおいズボンを | おめしになった | さんさいくらいの
おこさまが | おつれさまをおまちです。|| おこころあたりのかた
は | おちかくのかかりいんまで | おしらせくださいませ。||

4.2 棒読み式イントネーション

···

- もしもし
 《もしもしー》【タタタタ】

- ありがとうございます
 《ありがとう　ございます》【タタタタ　タタタタ】

- 友達と東京の大きな空港に行って…
 《ともだちと　とうきょうの　おおきな　くうこうに　いって》
 【タタタタト　タタタタ　タタタタ　タタタタト　タタタ】

❓ 相談 ···

> 　ベトナムの学習者の話し方は、平板で抑揚がない感じがして、不自然に聞こえます。日本語の発音でも、平板に続く部分は確かにあるのですが、ベトナムの学生の平板な発音は、日本人とはどこか違う感じがするんです。言葉の始まりから最後まで、ちょっと高い声で平らに続く感じで、最初から最後まで声を張り詰めているようです。または、ずっと平らで、途中で急に下がることもありますが、その下がり方もなんだか急激というか、尖った感じで、耳につく感じなんです。なんだか違和感があって、聞いていて疲れる発音なんですよね。

！解説 ....

　ベトナムの学習者の発音は、確かに平らすぎる発音になってしまうことが多いですね。これを〝**棒読み式イントネーション**〟と名付けましょう。

　ベトナム語には6つの声調がありますが、その中に平らな声調 thanh ngang と呼ばれる声調があります。この声調では、普段の声より少し高い声で、最初から高く最後まで高さを保ちます。文の中に平らな声調の語ばかりが続くこともありますが、その場合は句の最後まで高い声を保たなければならず、そのために強さも均一に保とうとします。力を抜くと、他の声調と聞きまちがえられてしまうからです。

　ご相談のように、ベトナムの学習者が日本語を平板に発音してしまうという場合は、この平板型の発音を基調として日本語を話そうとしているためでしょう。ベトナム語では、他の5つの声調と違い、平らな声調は記号なしで表されます。実は、ベトナム語の文の中に外国語の語が出てくる時は、声調記号なしで表記されるため、平らな声調で読まれるんです。声調記号がなければ、とりあえず何でも平らな声調で読むんですね。日本人の名前や固有名詞も、だいたい全部平らな声調で読んでしまいますので、ベトナム人が日本語を話す時も、すべて平らな声調で発音してしまっている可能性は高いです。

　しかし、日本語の文のイントネーションは平板ではなく、上がるところも下がるところもあるではないか、ベトナムの学習者はこれを聞いているはずなのに？と思われるかもしれません。しかし、ベトナムの学習者には、日本語のイントネーションによるピッチの高低はなかなか聞き取りにくいようです。3章序〝日本語とベトナム語の語の音調の違い〟、4章序〝日本語とベトナム語のイントネーションの違い〟でも述べましたが、日本語とベトナムの学習者では、音の高さに注意を向けるポイントが違うのです。日本語のアクセントや句のイントネーションは、1つの拍の中では音の高さが大きく変動しないので、日本語の発音がベトナム語の6声調の中でどれに似ている

かといえば、たぶん平らな声調に一番似ているのでしょう。

　このような‘棒読み式’イントネーションを、日本語らしい右肩下がりのイントネーションに近づけるポイントは3つあると思います。

　1つ目は、句のはじめの部分で【トタ】と高くなる感じを身につけることです。3.0‘アクセントの基本’でトとタを使ってアクセント型を表しました。そして、3.3では、語の始まりの部分が【タタ】となってしまう、‘頭平ら型’を克服する練習をしました。この練習が、棒読み式イントネーション克服のための第一段階ですので、まずは3.0と3.3の練習をやってみてください。

　2つ目は、句の中で1箇所だけ音が【タト】と下がる典型的なパターンを身につけることです。例えば【トタタタトト…】という、山型というか、台形型とでもいうようなパターンです。このパターンが言えなくて、句の中で【タタタタタ…】と高い音が続いてしまったり、【トトトトタト…】と一部分だけがピョコっと高くなる‘とんがり’パターンになってしまうと、‘棒読み’になってしまうわけです。そこで4.2の練習では、まずは日本語のアクセントのパターンを繰り返し言って覚える練習をし、次はこのパターンを聞き取れるように練習します。その上で、句の中で【タト】と音が下がる箇所を見つける練習をし、下がり目が来るまでの【タタ…】、下がり目の【タト】、が発音できるように練習していきます。その際、“ほ＼んじつは”【タトトトト】のように、下がり目の部分に撥音“ん”や母音の連続などがあると、‘長平ら’によりベトナムの学習者は【タト】を発音しにくくなります。その際は3.7‘長平ら’の解説を参考にしてください。

　3つ目は、下がり目で【タト】と言った後、【トトト…】と低い音を続けて言えるようになることです。ここで、‘小さい“っ”上がり’、‘“つ”上がり’、‘助詞上げ’などが起こると、今度は‘棒読み’ではなく、【トタトタ】【トタトトタ】という‘ハロン湾型’になってしまい、右肩下がりのイントネーションがこわれてしまいます。“ほ＼んじつは”のように、下がり目の後に“つ”がある語などはこうなりやすいので要注意です。

なお、詳しく言うと、日本語の句の右肩下がりのイントネーションでは、【トタタトトト…】と、下がり目【タト】の後で【ト】の音が続いていくとき、【ト】はずっと同じ高さではなく、実際は息の力が衰えるにつれてどんどん低くなっていきます。もし【トトト…】を同じ高さで言い続けると、それもロボットのような不自然な発音になるおそれもあります。しかし、ここではあえて、わかりやすさを重視し、イントネーションのパターンを【タ】と【ト】で単純化して示しました。これを身につけるだけでぐっと発音は自然に聞こえるようになると思いますので、最初はあまり気にしなくてもいいでしょう。もし、学習者がこのパターンをすっかり身につけ、【タ】と【ト】の高さを厳密に守りすぎてとても不自然に聞こえる発音が出てきた場合には、実際は音がだんだん下がっていくことを指摘してください。

こんな風に説明しよう！

　日本人の発音 54🔊 とベトナム人の日本語学習者の発音 55🔊 の例を聞いてください。少し違うところがありますね。どこが違うか、わかりますか。

> おはよう　こんにちは　すみません　おねがいします
> そうですか　ありがとう　さようなら
> わたしはベトナム人です。留学生です。2年生です。
> 日本語を勉強しています。

　日本人と比べて、このベトナムの人の発音は、最初から最後までずっと同じ高さで言っている感じですね。平らで、まっすぐです。例えば、電話で話し中の時の、ツーッ、ツーッという音みたいな…。

　みなさんは、日本語のアクセントを勉強しましたね。日本語のアクセントには、【タ】と【ト】の2つの音があります。さっき聞いた、ベトナムの人

の発音を【タ】と【ト】で言ってみてください。おはよう【タタタタ】、ありがとう【タタタタタ】、という感じですね。ずっと【タ】で、高い音が続きます。こういう発音のことを、'棒読みイントネーション'と呼びましょう。棒って何かわかりますか？　木の棒みたいな、まっすぐで曲がるところがない感じですね。

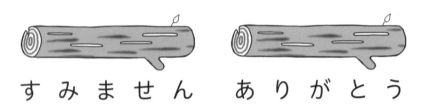

図 4.3　棒読みイントネーションのイメージ

　日本人も、棒読みになってしまうことがあります。例えば、文を声に出して読んでいるけど、内容は意識していない時とか、やる気がない時などに、棒読みになってしまいます。お坊さんがお経を読む時や、コンピュータが文を読む時もこんな読み方になります。いい印象ではないですよね。日本人の棒読みイントネーションは定延（2004）に詳しく書いてあります。

　じゃあ、それと比べると、日本人の発音はどんな感じですか。日本人の発音は、最初が低くて、だんだん高くなって、まただんだん低くなりますね。こういう感じの発音は、日本人にとって、聞いていてやさしい感じがします。こんなやさしい感じの発音ができるように、練習してみましょう。

　じゃあまず、次のパターンを言う練習をしてみましょう。日本語の句の発音は、だいたい全部、こういう形になります。

①トタタトタタタ　トタタタタ…
②トタタ　トタタタ　トタタ**タト**…

③トタタト　タタタト　トタタトト…

④トタト　トタトト　トタトトト…

⑤タトト　タトトト　タトトトト…

　このパターンには、どんなルールがありますか。気がついたことがあった
ら教えてください。そうですね。まず、①〜④は、最初が【トタ】です。⑤
だけ【タト】です。これは前に 3.3 ‘頭平ら’で勉強しました。最初が【タ
タ】になるのは、特別な時だけです。

　次の特徴は？　②〜⑤には【タト】があります。いくつありますか？　1つ
だけです。そうですね。②〜⑤にはどこかに 1 つだけ【タト】があります。

　もう 1 つ特徴があります。③〜⑤は、トト、トトト、トトトト、って、ト
が続きますね。トトタ、トトトタ、という形はありますか？　ないですね。そ
うです。【タト】の後は、【ト】が続きます。【トトタ】【トトトタ】【トタト
タ】は、ないです。これは、3.1 ‘ハロン湾型’、3.2 ‘助詞上げ’、で勉強し
ましたね。

　日本語の文は、いつもこの 3 つのルールを守って読みます。アクセント
で勉強したのと同じルールです。日本語の文は、このルールを守って、上の
①〜⑤のパターンで読めたら、‘棒読み’発音ではなくて、日本人のような
発音になりますよ。じゃあ、日本語のいろいろな句を、①〜⑤のどれかのパ
ターンで読めるように練習してみましょう。

4.2 練習

練習1

①～⑤をスラスラ読めるように練習してください。②～⑤の中に【タト】が
1回だけあります。

①トタタ トタタタ トタタタタ
②トタタ トタタタ トタタタト
③トタタ トタタト トタタトト
④トタト トタトト トタトトト
⑤タトト タトトト タトトトト

練習2

4.1の練習Aをもう一度練習してみましょう。次の句を聞いてください。
__の部分は、①～⑤のうちどのパターンですか。

1) みなさん	① ② ③ ④ ⑤	56Ω
2) こんにちは	① ② ③ ④ ⑤	57Ω
3) ほんじつは	① ② ③ ④ ⑤	58Ω
4) おいそがしいなか	① ② ③ ④ ⑤	59Ω
5) おあつまりいただき	① ② ③ ④ ⑤	60Ω
6) ありがとうございます	① ② ③ ④ ⑤	61Ω
7) いまから	① ② ③ ④ ⑤	62Ω
8) パーティーをはじめます	① ② ③ ④ ⑤	63Ω
9) ほんじつ	① ② ③ ④ ⑤	64Ω
10) しかいを	① ② ③ ④ ⑤	65Ω

11) <u>つとめさせていただきます</u>	① ② ③ ④ ⑤	66Ω
12) <u>トゥアンです</u>	① ② ③ ④ ⑤	67Ω
13) <u>どうぞ</u>	① ② ③ ④ ⑤	68Ω
14) <u>よろしくおねがいいたします</u>	① ② ③ ④ ⑤	69Ω

練習3

もう一度、1）～14）を聞いてください。句の中に、【タト】が1つあります。または、1つもないかもしれません。【タト】がある場所に＼を書いてください。もしない場合は、×を書いてください。

A

例 1) みな＼さん　　　　　　　　　　（　）【トタトト】

例 2) こんにちは　　　　　　　　　　（×）【トタタタタ】

3) ほんじつは　　　　　　　　　　（　）

4) おいそがしいなか　　　　　　　（　）

5) おあつまりいただき　　　　　　（　）

6) ありがとうございます　　　　　（　）

7) いまから　　　　　　　　　　　（　）

8) パーティーをはじめます　　　　（　）

9) ほんじつ　　　　　　　　　　　（　）

10) しかいを　　　　　　　　　　　（　）

11) つとめさせていただきます　　　（　）

12) トゥアンです　　　　　　　　　（　）

13) どうぞ　　　　　　　　　　　　（　）

14) よろしくおねがいいたします　　（　）

最後に、4.1 練習 A を全部読んでみてください。【タト】がどこにあるか、
気をつけてください。'棒読み' にならないように読みましょう。｜は短い
ポーズ、‖は長いポーズです。

みなさん｜こんにちは。‖ほんじつは｜おいそがしいなか｜おあつま
りいただき｜ありがとうございます。‖いまから｜パーティーをはじ
めます。‖ほんじつ｜しかいを｜つとめさせていただきます｜<u>トゥア
ン</u>です。‖どうぞ｜よろしくおねがいいたします。

答え

練習 2

1）④　　2）①　　3）⑤　　4）①　　5）①

6）④　　7）⑤　　8）⑤　　9）⑤　　10）①

11）②　　12）⑤　　13）⑤　　14）①

練習 3

3）ほ＼んじつは　　4）おいそがしいな＼か　　5）×

6）あり＼がとうございます　　7）い＼まから

8）パ＼ーティーをはじめます　　9）ほ＼んじつ　　10）×

11）つとめさ＼せていただきます　　12）トゥ＼アンです

13）ど＼うぞ　　14）×

4.3 句末伸ばしイントネーション

🔍 例 70🎧 ┈┈┈┈┈┈┈┈┈┈┈┈┈┈┈┈┈┈┈┈┈┈┈┈┈┈┈┈┈┈┈┈┈

- ずっと日本に留学するのが夢でした
  《ずっと↑にほんに↑　りゅうがくするのーが↑ゆめでした》

- 今の目標は日本で就職して社会人になることです
  《いまのもくひょうは↑にほんで↑しゅうしょくして↑しゃーかいじんに↑なることです》

- 企業は努力によって得た信用と利益を不信義な同業者に奪われる可能性が高いです
  《きぎょうは↑↓　どりょくによって　えたしんようと↑りえき　を↑ふしんぎなどうぎょうしゃに↑　うばわれるかのうせいがたかいです》

❓ 相談 ┈┈┈

　　ベトナムの学習者は、句の最後を高く、強く言うようなイントネーションの人が多くて、気になります。3.2 '助詞上げ' でも相談したのですが、助詞だけではなくて、話の途中の区切りの最後の部分はいつも強調されたような発音になるみたいです。また、3.2 では、助詞に上昇調の声調をつけて伸ばして読むような読み方について相談したのですが、そういうのは初級の人に多いです。でも、そういうものばかりじゃなくて、中級以降の人でも、発表なんかを聞いていると、句の最後を強く強調して言っているような感じに聞こえるんです。だからなのかどうかわからないのですが、句の最後の

強い音ばかりが耳に残って、句の中身の大事な部分が頭に残らなく

　　て、長い話を聞いていても、どこを強調して言いたいのかよくわから

　　ないことがあります。これってイントネーションの影響でしょうか。

! 解説 ....

　それはベトナム語の影響かもしれないですね。ベトナム語では、句の意味
に関係なく、句の最後の音節にストレスを置いて発音します。下の例文を見
てください。■で示したのはストレスが置かれる音節です。

　Hôm qua, trên đường đi làm về,

〈ホン　クワー　　チェン　ドゥオン　ディー　ラム　ヴェー〉（訳）昨日、仕事から
帰る途中に、

chị đi chợ mua cá,

〈チ　ディー　チョ　ムア　カー〉（訳）市場で魚を買って、

rồi lại về nhà nấu cơm.

〈ゾーイ　ライ　ヴェー　ニャー　ナウ　コーム〉（訳）帰って料理しました。

　ストレスが置かれた音節は、長く、強く、はっきり読まれます。音の高さ
は飛びぬけて高くはなりませんが、音節がよく聞こえるように、声調による
高さの変化がはっきりと発音されます。最後の音節の声調がもし上昇調であ
れば、よりくっきりと上昇します。句の最後の音でも、音が低くなったり弱
まったりする感じはありません。これは感情を込めて読まれた場合だけとい
うわけではなく、普通の叙述文でもこのように読まれます。

　一方、日本語では、特に強調などの意図のない普通の叙述文では、句の最後
を強く長く読むことはありません。もしそのように読んだ場合には、強調や
強い主張などといった特別な意図が込められているものと受け取られます。

　これには文法的な理由もあるかもしれません。ベトナム語は前置詞を使う

言語なので、句の最後に重要な内容語がおかれることが多いです。一方、日本語は後置詞ですので、意味的に重要なのは句の中程の部分であることの方が多いでしょう。そういえば、スペイン語やフランス語なども句末にストレスが置かれる言語ですが、どちらも前置詞を使う言語です。ベトナム語やスペイン語、フランス語話者の日本語の発音は、いずれも句末を強く言ってしまう傾向にあり、共通点があるかもしれません。

　このような発音になってしまうのは、句の中程で高さの盛り上がりをつくることができない、という隠れた理由もあります。日本語の句のイントネーションでは、【トタ…】と句頭で音の高さが高まり、【…タト】と下がる部分までは声を張っておいて、そこから後の【…トト…】の部分は弱く穏やかに続けるように言います。しかしベトナムの学習者の場合、句中の【トタ…タト】の盛り上がりの部分をうまく作れないので、ここでうまく声に力をかけることができず、それで余った力のやりどころがなくなって、句末を強く言ってしまうのかもしれません。このような発音を '句末伸ばしイントネーション' と呼びます。

　ですので、練習の手順としては、まず、ベトナム語のストレスについて確認し、日本語では句末を強く言うのではなく弱く言った方が日本語らしいということを説明しましょう。その上で、典型的な文例を使って、句中の【トタ…タト】の位置を確認し、そこを強く言い、その後の【…トト…】は声の力を抜いて弱く言う練習に進むといいでしょう。

こんな風に説明しよう！

　4.1の練習のBで、プレゼンテーションの原稿を紹介しました。この文の読み方をもう少し詳しく練習してみましょう。

　ところで、ベトナム語でプレゼンテーションを始めるときは、どんな言葉で始めますか？　教えてください。だいたいこんな文でしょうか。

> Tôi xin bắt đầu bài thuyết trình của tôi. Xin tự giới thiệu, tôi là
> Phương Lan, sinh viên năm thứ 2, khoa kinh tế. ....
>
> （私のプレゼンテーションを始めます。自己紹介します、私はフォン・ランで
> す、経済学部の 2 年生です。…）

この文を読んでみてください。まず、4.1 と同じように、ポーズを置くと
ころに｜、‖ を書いてください。ベトナム語ではどんな風に読むとベトナ
ム語らしいでしょうか。強くはっきり読んだほうがいいところに○をつけて
下さい。どこでしょうか。この部分ではないでしょうか。

> Tôi xin bắt đầu ｜ bài thuyết trình của tôi. ‖ Xin tự giới thiệu,
> ｜ tôi là Phương Lan, ｜ sinh viên năm thứ 2, ｜ khoa kinh tế. ....

そうですね。ベトナム語では、句の最後の音をはっきり、強く言うと、リ
ズムがいいし、きれいです。

では、日本語ではどうでしょうか？　この文では、どこをはっきり言うと
いいんでしょうか。

> B
> それでは｜はっぴょうをはじめます。‖ わたしは｜けいざいがく
> ぶ｜ 2 ねんの｜フォンランです。‖ きょうは｜「しょうしかじだ
> いの｜こきゃくニーズ」｜というタイトルで｜はっぴょうさせてい
> ただきます。‖ おてもとのしりょうを｜ごらんください。

ベトナム語と同じように、句の最後でしょうか。一度、句の最後を強く長
くして読んでみてください。こんな読み方を '句末伸ばし' と呼びましょう。

日本人のような読み方ですか？ ちょっと違いますね。日本人はそういう風に読みません。じゃあ、どこをはっきり読んだらいいでしょうか？

では、ヒントとして、【タト】があるところを書いてみます。

それで＼は　　　　　　　　　【トタタト】

はっぴょうをはじめま＼す　　【トタタタタ タタタタト】

わたしは　　　　　　　　　　【トタタタ】

けいざいがく＼ぶ　　　　　　【タタタタタタト】

2ねんの　　　　　　　　　　【トタタタ】

フオンラ＼ンです　　　　　　【タタタトトト】

きょ＼うは　　　　　　　　　【タトト】

しょうしかじ＼だいの　　　　【タタタタタトトト】

こきゃくニ＼ーズという　　　【トタタタトトトトト】

タ＼イトルで　　　　　　　　【タトトト】

はっぴょうさせていただきま＼す【トタタタ　タタタ　タタタタタト】

おてもとのし＼りょうを　　　【トタタタタ タトトト】

ごらんくださ＼い　　　　　　【トタタタタタト】

日本語では、【タ】のところを少しはっきり読むといいです。例えば、"それでは"【トタタト】なら、"れで"の部分ですね。"きょうは"なら、"きょ"の部分です。"は"ではありません。【ト】のところを強く読んだり、長く読むと、'句末伸ばし'になって、日本語らしくないんです。

もし、句の最後を強くはっきり読んで'句末伸ばし'すると、特別な意味になってしまうこともあります。例えば、"先生 | 今日は | きれいですね"という文です。もし、"今日は"の"は"を強く読んだら、どういう意味になるか、わかりますか？ それは、"先生は、今日だけきれいです。昨日も

明日もきれいではありません"という意味になります！ みなさんが言いたいのは、そういう意味ではないですよね？ だから、どこを強くはっきり言うかは、とても大事なんです。

　でも、【タタ…】が長く続く場合は、どうやって読んだらいいですか。たとえば"はっぴょうさせていただきま＼す"【トタタタ　タタタ　タタタタタト】は、【タ】がとても長く続きますね。そういうときは、最初の方のタを少し強めにいうといいです。この文なら‘ぴょう’のあたりです。そこからだんだん弱くするといいです。最後の方は、弱いほうがいいです。ちょっと難しいですが、練習してみてください。

4.3 練習

　次の文を読んでみましょう。｜は句の終わりです。＼は、【タト】になるところです。【タ】のところをはっきり言ってください。句の最後を強く長くして'句末伸ばし'しないように、気をつけてください。

１）買い物に行って、お茶と、じゃがいもと、かぼちゃと、はくさいと、いちごを買います。

　　かいものにいって｜　おちゃと｜　じゃがいもと｜　かぼちゃと｜　はくさいと｜　いちごをかいます

２）毎日、7時に起きて、水を飲んで、テレビを見て、服を着て、鍵を閉めて、出かけます。

　　ま＼いあさ｜　しち＼じにおきて｜　みずをの＼んで｜　て＼れびをみて｜　ふく＼をきて｜　かぎ＼をしめて｜　でかけます

３）うちに帰ったら、かばんをおいて、椅子に座って、お茶を入れて、やすみます。

　　うちにか＼えったら｜　かばんをおいて｜　いすにすわって｜　おちゃをいれて｜　やすみま＼す

４）彼は、ケーキや、クッキーや、アイスクリームや、タルトが好きです。

　　か＼れは｜　ケ＼ーキや｜　ク＼ッキーや｜　アイスクリ＼ームや｜　タ＼ルトが｜　すき＼です

4.1の練習のCのスーパーのアナウンスを、'句末伸ばし' しないように読む練習をしてみましょう。

C（スーパーのアナウンス）

いらっしゃいませ。いらっしゃいませ。本日もご来店まことにありがとうございます。ただいまタイムセールを実施中です。この機会をぜひお見逃しなく。みなさま、どうぞごゆっくりお買い物をお楽しみください。

4.4 句末上昇イントネーション

🔍 **例** 71🎧 ···

- どこ？
  《 どこ↑ 》（上昇）

- 待った？
  《 まった↑ 》（上昇）

- 食べることは好き？（下降上昇）
  《 たべることは　すき↓↑ 》

- ううん
  《 ん　んー 》（「ううん」（下降上昇）のイントネーションをモデルを聞いてリピー
  トしようとしている例）

❓ **相談** ···

　日本語の句末の上昇イントネーションをベトナムの学習者に教え
ても、できるようになりません。ベトナムの学習者が、普段の会話
の中で、上昇イントネーションを正しく言えているのをあまり耳に
したことがありません。

　上昇イントネーションらしきものをなんとか言おうとしている姿
をみることはあるのですが、例えば、"行く"【トタ】の上昇イン
トネーションは【トタタ↗】という形なのに、《行くぅ↓↑?》と、
下降してまた上昇するパターンになってしまっていたりして、おか
しなことになっています。

思い起こしてみると、初級で出てくる普通体の“うん”と“うう
ん”が言えませんでした。“ううん”【タ卜タ】が言えなくて、この
発音がすごくおかしく聞こえるのか、学習者も笑ってしまって、そ
のままになってしまったのを思い出しました。
　　ベトナム語は声調があるんですよね。上昇調があるって聞いたこ
とがあるんですが、それが言えれば日本語の上昇イントネーション
なんて簡単なのかと思ったんですが、そうじゃないんでしょうか。

！ 解説

　確かに、ベトナム語の声調には上昇調があり、音の高さの変化の流れだけ
をみれば似ている部分もあります。しかし、日本語の句末の上昇イントネー
ションとはいろいろな点で仕組みが違っていて、ベトナムの学習者は上昇調
をそのまま日本語に応用することができないのです。

　第一に、音の長さの点です。日本語の句末上昇イントネーションは、音の
高さを高くするだけでなく、拍を普通の拍よりも長く伸ばして、引っぱるよ
うにしながら音を高くしていきます。しかし、ベトナム語の声調はそういう
ものではありません。ベトナム語では、音節を発音するリズムはいつも一定
でなければならないため、上昇調だからといってリズムを崩して音節の長さ
を長くすることはありません。それで、ベトナムの日本語学習者は、日本語
の拍を長く伸ばして言うとリズムが崩れる感じがして、うまくできないので
はないかと思います。

　日本語では、母音が長く続く場合、音の区切りを入れないまま拍を連ねて
いけます。しかし、ベトナム語で母音がいくつも続いていくときは、リズム
を保つために、一度息を止めて音節の区切りを入れて、音節を足していかな
ければいけません。音を区切らずに母音を長く伸ばし続けるというのが、ベ

トナムの学習者にとってとても変なのです。"うん"と"ううん"を練習すると学習者が笑ってしまうのは、そのためだと思います。

　第二に、語のアクセントをいじって、高くしたり低くしたりするということに慣れていません。ベトナム語では、語の声調は変わることがないので、たとえ疑問文でも声調が変わることはないからです。それによって平叙文が疑問文に変わるということもピンと来ません。

　第三に、日本語の句末上昇イントネーションは、語のアクセントによって形が違います。"わかる"【トタト】のように、語の最後が【ト】であれば、【ト↗】のように低い声から徐々に高くなるパターンになり、"行く"【トタ】のように、語の最後が【タ】であれば、【タ↗】のように高いところからさらに高くなるパターンになります。上の学習者の発音の例は、音を高くするということはわかっていても、正しい方のパターンが選べず、逆を選んでしまっている例です。

　これらのことから、句末上昇イントネーションの説明は、次のような順序で進めましょう。まず、日本語の疑問文や誘いかけなどでは上昇イントネーションを使うことを知っているかどうか確認します。それから、上昇イントネーションではアクセント型による音の高さのパターンが変形することを説明しましょう。次に、音を区切らずに長く伸ばす練習をします。その後で、【タタ】の終わりの【タ】を伸ばしながら上昇させて【タタ↗】とするパターン、【タト】の【ト】を低い声から引くように上昇させて【タト↗】トするパターンに分けて練習しましょう。最後は、普通のイントネーションの語を聞いて、後の最後の音が【タ】か【ト】かを聞き分け、上昇イントネーションで言う練習をしてみるのはどうでしょうか。

　アクセント型を全て暗記するのには時間がかかります。まずは、周りの日本人が言っている上昇イントネーションのパターンが2通りあることに気づき、正しいパターンが耳から入ってくるようになることを目指してみてはどうかと思います。

こんな風に説明しよう！

　次の文を見てください。どんな場面ですか。どんな風に読んだらいいです
か。隣の人と2人で読んでみてください。

> A：<u>どこ</u>？
>
> B：ここ。
>
> A：<u>待った</u>？
>
> B：うん、ちょっと待った。
>
> A：ごめんね。
>
> B：<u>ううん</u>。
>
> A：じゃ、<u>行く</u>？
>
> B：うん、行く。

　とても簡単な日本語の会話ですが、日本人のように読むのはちょっと難し
いですね。線を引いた部分は、高くして読みますね。どう読むと日本語らし
いでしょうか？

　"A：待った？　B：うん、ちょっと待った。"のところを読んでみてくだ
さい。Aはどう読みますか。Bとどう違いますか。Aは質問ですから、高
くなりますね。Bは答えですから、高くなりません。"待った"という言葉
は同じですが、最後の部分を高くするか、低くするかで意味が違います。A
の言い方を'上昇イントネーション'と言います。

　ベトナム語で上昇イントネーションはありますか？　ベトナム語で'待
つ'はchờですね。chờを高くして言ったら質問の意味になりますか？　な
らないですよね。ベトナム語では、声調の形を変えたら、意味が変わってし
まいますから、ダメです。でも、日本語では"待った"【タタト↗】と言っ

ても大丈夫なんですね。

　じゃあ、上昇イントネーションの時、どうやって発音すればいいでしょうか。発音を練習しましょう。

　初級の時、"うん"と"ううん"のイントネーションを勉強しました。"ううん"、もう言えるようになりましたか？ "うん"は【タト】です。じゃあ、"ううん"は？【タトタ↗】ですね。"ん"のところを長くして言えばいいです。でも、"ん"を長く言うの、ちょっと難しいですよね。言ってみましょう。最初に、止めて言ってみます。"う、う、ん"【タ　ト　タ】。じゃあ、次は止めないで、続けて言ってみてください。"うーうーんー"【タートーター】。上昇イントネーションの時、こんな風に、止めないで少し長く伸ばして言うと、日本語らしいです。

　次は、"どこ""待った""行く"の上昇イントネーションをきれいに言えるように練習します。"どこ"の上昇イントネーションは？ "どこ↗"【タト↗】です。"待った"は？ "待った↗"【タトト↗】です。じゃあ、"行く"は？ "行く"【トタトタ】でしょうか？ いいえ、"行く↗"【トタ↗】です。どう違うんでしょうか？

　このルールは簡単です。もし、言葉の最後が【タ】なら、上昇イントネーションは【タ↗】です。言葉の最後が【ト】なら、【ト↗】です。言ってみましょう。【タ↗】、【タ↗】、【タ↗】。【ト↗】、【ト↗】、【ト↗】。

　アクセント型のパターンでも練習してみましょう。後について言ってください。

・【トタ　トタ↗】【トタタ　トタタ↗】

・【タト　タト↗】【タトト　タトト↗】

・【トタト　トタト↗】

・【トタタト　トタタト↗】

・【トタトト　トタトト↗】

次は、私が【トタ】と言ったら、みなさんは上昇イントネーションで、【トタ↗】と言ってください。できますね。

　最後に、言葉で練習してみましょう。私は、言葉を言います。みなさんは、上昇イントネーションで言ってください。では言いますよ。"あれ"、"わたし"、"なに"、"なんで"…。

4.4 練習

練習1

次のパターンを練習してみましょう。

① 表を見ながらA、B、C、Dを聞いて、後について繰り返して言ってみましょう。

② 表を見ながらDを言ってみましょう。

③ A・B・Cを隠して、Dを言ってみましょう。

④ D（60語）を暗記して言ってみましょう。

表4.1 各品詞のアクセントと上昇イントネーション

名詞　　　　　　　　　　　　　　　　　　　　　　　　72🎧

A	B	C	D
トタ	あれ	トタ↗	あれ？
トタタ	わたし	トタタ↗	わたし？
タト	な＼に	タト↗	なに？
タトト	な＼んで	タトト↗	なんで？
トタト	ろく＼じ	トタト↗	ろくじ？

動詞　辞書形　　　　　　　　　　　　　　　　　　　73🎧

A	B	C	D
トタ	行く	トタ↗	行く？
トタタ	遊ぶ	トタタ↗	遊ぶ？
タト	来る	タト↗	来る？
タトト	帰る	タトト↗	帰る？
トタト	休む	トタト↗	休む？

動詞　ていねい形　74🎧

A	B	C	D
トタ	行く	トタタタト↗	行きますか？
トタタ	遊ぶ	トタタタタト↗	遊びますか？
タト	来る	トタタト↗	来ますか？
タトト	帰る	**タ**タタタト↗	帰りますか？
トタト	休む	トタタタタト↗	休みますか？

動詞　ない形　75🎧

A	B	C	D
トタ	行く	トタタタ↗	行かない？
トタタ	遊ぶ	トタタタタ↗	遊ばない？
タト	来る	タトト↗	来ない？
タトト	帰る	**タ**タタトト↗	帰らない？
トタト	休む	トタタトト↗	休まない？

動詞　た形・て形　76🎧

A	B	C	D
トタ	行く	トタタ↗	行った？　行って？
トタタ	遊ぶ	トタタタ↗	遊んだ？　遊んで？
タト	来る	タト↗	来た？　　来て？
タトト	帰る	タトトト↗	帰った？　帰って？
トタト	休む	トタトト↗	休んだ？　休んで？

動詞　意向形　77🎧

A	B	C	D
トタ	行く	トタタ↗	行こう？
トタタ	遊ぶ	トタタタ↗	遊ぼう？
タト	来る	トタタ↗	来よう？
タトト	帰る	タタタタ↗	帰ろう？
トタト	休む	トタタタ↗	休もう？

動詞　仮定形　78Ω

A	B	C	D
トタ	行く	トタト↗	行けば？
トタタ	遊ぶ	トタタト↗	遊べば？
タト	来る	タトト↗	来れば？
タトト	帰る	タトトト↗	帰れば？
トタト	休む	トタトト↗	休めば？

い形容詞　辞書形　79Ω

トタタ	甘い	トタタ↗	甘い？
トタタタ	やさしい	トタタタ↗	やさしい？
タト	いい	タト↗	いい？
タトト	多い	タトト↗	多い？
トタタト	危ない	トタタト↗	危ない？

い形容詞　ていねい形　80Ω

トタタ	甘い	トタトトトト↗	甘いですか？
トタタタ	やさしい	トタタトトトト↗	やさしいですか？
タト	いい	タトトト↗	いいですか？
タトト	多い	タトトトト↗	多いですか？
トタタト	危ない	トタタトトトト↗	危ないですか？

い形容詞　た形　81Ω

トタタ	甘い	トタトトト↗	甘かった？
トタタタ	やさしい	トタタトトト↗	やさしかった？
タト	いい	タトトト↗	よかった？
タトト	多い	タトトトト↗	多かった？
トタタト	危ない	トタタトトト↗	危なかった？

い形容詞　ない形　　　　　　　　　　　　　　　　　　　　82🔊

A	B	C	D
トタタ	甘い	トタタタト↗	甘くない？
トタタタ	やさしい	トタタタタト↗	やさしくない？
タト	いい	タトトト↗	よくない？
タトト	多い	タトトトト↗	多くない？
トタタト	危ない	トタタトトト↗	危なくない？

い形容詞　なかった（否定過去）　　　　　　　　　　　　　　83🔊

トタタ	甘い	トタタタトトト↗	甘くなかった？
トタタタ	やさしい	トタタタタトトト↗	やさしくなかった？
タト	いい	タトトトトト↗	よくなかった？
タトト	多い	タトトトトトト↗	多くなかった？
トタタト	危ない	トタタタタトトト↗	危なくなかった？

練習2

次の語を聞いて、上昇イントネーションで言ってみましょう。

1）待って 84🔊　　　2）お客様 85🔊　　　3）いつ 86🔊

4）おいしい 87🔊　　5）わかる 88🔊　　6）どう 89🔊

7）すれば 90🔊　　　8）見ない 91🔊

ベトナム人の国民性や習慣

Q

　ベトナム人の学習者には試験のときにカンニングをする人が多く、注意をしてもなかなかやめてくれません。なぜなのでしょうか。また、どうしたらいいのでしょうか。

A

　日本人からみると、努力をせずカンニングをして良い点を取ろうとする人を受け入れられないのは当然だと思います。一方で、なぜ答えを見せてあげる人がいるのだろう、日本人なら、せっかく自分が努力をして学んで良い点が取れるのに、なぜ努力していない人にも見せてあげるのだろう、そういう人がいなければカンニングも起こらないのに、という疑問が湧いてくるのではないかと思います。

　実は、ベトナム人の価値観において、寛容はとても良いこととされます。良いことをする人が高く評価されるのはもちろんのことですが、他の人が悪いことをした時に、声高に非難する人よりも、おおらかに許してあげる人のほうが良い人とされます。逆に、ケチというのがもっとも嫌われ、卑しい性格として蔑まれます。持てる者は分け与えるべきであると考えるのです。それで、もし、答えを教えて欲しいと頼まれた学生がそれを断れば、周りの人からひどくいじめられてしまうかもしれないため、どうしても教えざるを得ないのです。ですので、答えを見せた人を罰してはいけません。ベトナムをはじめとする新興国は、本質的な学びとは程遠い内容のペー

パーテストが学生の将来を分けることがまだまだ少なくなく、実力よりも縁故や社会的な関係が重視されることも多く、真面目に取り組む人が損をしてしまうことも多い社会です。だからこそ、努力の価値が重視されず、このような行動をする人が後をたたないのです。先生方には、答えさえ書き込めばいいペーパーテストの意義を再考いただくと同時に、何のために勉強するのかを学生に考えさせる機会を与え、努力することが自分のためになる、ということを学生たちに根気強く伝えていただきたいです。

　また、ピアラーニングなど協働で課題解決する学習形態などはベトナム人に向いているようです。個別のテストだけではなく、グループ発表の課題などを与え、貢献度に応じて評価する方法も取り入れるとよいのではないでしょうか。

　見方を変えれば、相互支援を前提にしたベトナムの国民性に、日本人も学ぶべきところもあるのではないでしょうか。日本人は‘自分でできることは自分でする’ことが美徳とされ、できることを他人に頼ることを‘怠け者’と感じる風潮があります。何でも自分一人でできるようにと強いられた結果、日本人の人間関係の中では人とのつながりが希薄になってしまった面もあるかもしれません。

Q

　留学生には結婚している人が意外と多く、また、留学中に妊娠出産するという人もいます。勉強のために留学するのに、家族を養ったり子供の世話をしたりする必要があれば勉強に集中することができないのではないのでしょうか。なぜこのような行動をするのかわかりません。計画性がないのでしょうか。

A

　ベトナム人は大家族の習慣が残っている国です。祖父祖母も家族の一員であり、大きな家族の中で働ける人は全員働いて家計を支え、残った人が家事を分担するということが多く、若い女性も一家の大切な働き手です。一方で、子供を持つことは大家族にとってとても重要なことであり、女性が子供か仕事かのどちらかを選ぶという考え方ではなく、子供ができれば出産し、まだ祖父祖母が子供を見て、若い夫婦が働く方が合理的であると考えます。留学は、大家族全体の収入アップのための先行投資であり、チャンスのある時しかできないので、できるときにした方がよい。家族は多い方が楽しく豊かであり、それなら若い夫婦は体に負担のかからない若いうちに子供を作った方がよい。両方とも大事なので、子供の面倒は見られる人が見よう、というわけです。また、日本での留学生活は決して楽ではないとはいえ、日本は新興国に比べて高度な医療が受けられ保険制度も整っているため、安全に出産できますし、留学生は国民健康保険に加入する義務がありますから医療費の負担は大きくありませんので、日本で出産することを選ぶ人も多いと思います。

　母国から離れて出産したり、幼い子供から遠く離れて暮らすことは苦労も絶えないと思いますが、ある意味、大家族全体の将来を見据えた合理的な判断であるといえます。いろいろな考え方があるとご理解いただき、家族のためにがんばる若い夫婦たちを応援していただけたらなあと思います。

5章
途切れ・つっかえ・フィラー

序　ベトナムの学習者の「途切れ」や「つっかえ」の背景

　ベトナムの学習者の発音をよく耳にするようになった昨今、よく次のような相談を受けるようになりました。「日本語の発音が苦しそうです。息を止めているような感じで、聞いていて疲れます。」とか、「つっかえつっかえで、変なところで止まってしまったり、小さい“っ”が入っているように聞こえます。」「話の中での言い直しや繰り返しが多いのが気になります。」などです。確かに、他の国の日本語学習者には、このような発音になる人があまり見当たらないようです。このような特徴は、言い換えれば、滑らかに続いていかない感じ、または、非流暢性とも言えるでしょう。5章では、ベトナムの日本語学習者の苦しそうな発音、途切れやつっかえ、言い直しなどについて解説していきたいと思います。

　1章から4章まで述べてきたように、日本語とベトナム語の発音は違いが大きく、それがベトナムの日本語学習者の発音の問題につながっています。上にあげたような途切れやつっかえなどの特徴も、日本語とベトナム語の音声のしくみの違いから生じるものです。

　その違いを挙げていきましょう。まず、最も基本的な違いとして、リズム単位の違いが挙げられます。これまで繰り返し説明してきたように、日本語は開音節である拍をリズム単位とするのに対して、ベトナム語では閉音節を基本とする音節をリズム単位とします。ベトナムの学習者は、日本語を聞いたり話したりするときに、拍ではなく閉音節で句切り、さらに音節の長さを一定に均そうとしてしまうため、リズムの区切りのポイントが日本語とはずれてしまいます。ベトナムの学習者の発音が、日本人の耳には不揃いで流れ

が悪く聞こえるのは、根底にこのようなリズム単位の違いがあるためです。2.1 '伸ばして揃える'、2.2 '縮めて揃える'、2.3 '促音を入れて揃える'、で例に挙げた、"ごじゅうえん"が《ごー じゅー えん》になる例、"おとうと"が《おとと》になる例、"コピー"が《コッピー》になる例などが、その典型といえます。

　次に、上のように閉音節を単位として区切って発音する上での、発音の仕方です。ベトナム語では、1つ1つの音節を非常にはっきりと区切って発音します。ベトナム語では、1音節1語が原則であり、1つ1つの音節の間隔が均一に守られるので、音節1つ1つがはっきり区切られて聞こえたほうが語の意味もわかりやすく、リズムもいいのです。音節と音節の間でその都度声門を閉鎖させることもあります。それで、ベトナムの学習者は、日本語を発音するときにも、ベトナム語式に語の途中の拍と拍の間で声門を閉鎖させて音をくっきり区切ってしまうのです。しかし、日本語では、1語中ではもちろん、たくさんの語が連続する1つの句の中でもめったに区切りを入れず、流れるように声を出し続けます。句の途中で声門を閉鎖させることはほとんどありません（金村・今川・榊原 2017）。複数の拍から成る語、複数の語から成る句、それを全体的に覆うアクセントとイントネーションを聞こえやすくするには、息を出し続けていないといけないのです。それで、ベトナムの学習者の発音は、ただ途切れが多くて不自然だというだけでなく、句切れの位置で句が終わったかのように聞こえてもしまい、話の意味がわかりにくくなってしまいます。

　これに加えて、喉を使って出す音の影響があります。ベトナム語では、声調を区別する際に、音の高さの変化だけでなく、喉を詰まらせて出す音を使います。ベトナム語北部方言では、6つある声調のうち、尋ねる声調 thanh hỏi や重い声調 thanh nặng でこのような喉の音を使います。これは、日本語でいえば、緊張したときや答えに困った時などに、低い声で「あー…」「えー…」という声を出すことがありますが、そのときに出る音です。息を

半分止めたような状態で声を出し続け、ザラザラというかツブツブとした音を続けて出します。これは、音声学では‘きしみ音’creaky voice と呼ばれていますが、こんな音なんて意識して出しているわけじゃない、という方がほとんどでしょう。日本語話者にとっては、このような音は意味の区別には関わらず、代わりに感情や態度を表現するものです。また、この音が頻繁に出てくれば、苦しそうな感じ、息が詰まったような感じにも聞こえます。しかし、ベトナム語ではこの音を頻繁に使い、この音のあるなしで声調を区別するのです。ベトナムの人は、こういう音があると日本人には苦しそうに聞こえる、ということに気づいていないかもしれません。

　この他、《あー》《あむー》といった言いよどみの言葉が多すぎたり、言いにくい語があるときに何度も何度も最初から繰り返して言ったりする人も多いです。言いよどみの言葉を言語学では‘フィラー’と言いますが、もちろん日本語にも“あのー”や“えーと”などのフィラーがあり、フィラーがあること自体は自然です。しかし、ベトナムの学習者の場合は、フィラーの数が非常に多かったり、また、句と句の間ではなく、語の途中でフィラーを言ってしまうことがあります。さらに、日本語ならば「えー…」「あの〜…」と、1つのフィラーを長く伸ばして発音されるところを、ベトナムの学習者の場合はフィラーを《あー、あー、あー》と短く何度も繰り返すことが多いのです。ベトナムの学習者のフィラーが聞きづらく感じるのは、このためではないでしょうか。

　語の途中でフィラーが挿入されてしまうことに関しては、ベトナム語は1音節1語であるため、日本語の多拍から成る語を拍ごとに区切ってとらえてしまっているのであろうと思います。助詞の前にフィラーを置いてしまうのも、句のまとまりを壊してしまいます。フィラーの繰り返しに関しては、ベトナム語の音節リズムの影響でしょう。ベトナム語では音節をいつも同じタイミングで言い続け、常に一定のリズムを刻もうとします。1つの音節を長く伸ばして言うということはあまりなく、フィラーを長く言い続けたい

場合は、"Cái cái cái ..."〈カイ　カイ　カイ…〉と同じリズムで繰り返すことの方が多いです。ベトナムの学習者はこれと同じことを日本語でもしてしまっているということです。

　このような発音の問題は、いずれも無意識にしていることであるため、本人もそれに気づいていません。例えば、声門は、自分の意思で動かすことができる随意筋ではありますが、日本人もベトナム人も、普通、自分が声門の筋肉を動かしているなんて意識していません。喉の音についても同様です。喉に力を入れないで、と言われても、もともと意識して力を入れているわけではないのですから、自分では直せません。フィラーも無意識に出るものであり、普通の人は、自分がどんなフィラーを使っているか意識していないし、コントロールもなかなかできないでしょう。自分で意識ができないような発音の問題に対して指摘をすると、不愉快に感じられてしまうのが普通です。

　これを日本語らしい発音に近づけていくための確実な方法がある、とは、残念ながらまだ言えません。もしあるとしても、おそらく、教員から注意されてすぐに効果が出るようなものではないでしょう。学習者が自分自身で日本語とベトナム語の発音の仕方の違いに気づき、日本語らしい発音をしてみようと自律的に努力をはじめたときに、いろいろな練習方法の効果が現れるものと思います。そのために教員が今からでもできることは、ベトナム語と日本語の発音の違いに気づく機会を作ることだと思います。その際、学習者が日々無意識にしている発音について、恥ずかしさや劣等感、緊張感を与えるような指導は避けなければいけません。そこで、5章では、開音節が連続し、途中で声門を引き締めずに声を出し続ける日本語の話し方を、遊び感覚で試してもらい、もっとやってみたい、と思ってもらえるような練習の仕方を提案したいと思います。母語と違う発音をすることを、子供が遊ぶように素朴に楽しんでもらえるようにしたいと思います。

発音チェックテスト⑤　途切れ・つっかえ・フィラー

学習者のみなさんへ

　次の1）〜10）を、できるだけ日本語らしく、きれいに読んでみてください。そして、日本人の方や日本語の先生方に、①〜③の点からチェックしてもらってください。

先生方、日本人のみなさんへ

	①息止め	②フィラー	③言い直し
1 ）ごめん<u>どう</u>をおかけします。			
2 ）<u>いえいえ</u>。			
3 ）<u>よいおとしを</u>。			
4 ）と<u>りあえ</u>ず。			
5 ）<u>まあいいか</u>。			
6 ）渡(わた)りに船(ふね)			
7 ）急(いそ)がば回(まわ)れ			
8 ）五十歩百歩(ごじっぽひゃっぽ)			
9 ）山あり谷あり			
10）灯台下暗(とうだいもとくら)し			
	／10 →5.1へ	／10 →5.2へ	／10 →5.2へ

　上の1）〜10）を日本語学習者が読むのを聞き、下の①から③の観点から間違いがあるかどうかチェックしてみてください。チェックしたら、学習者に結果を見せてください。

①読んでいる間に、息を止めながら読んでいるような、苦しそうに聞こえる
　発音があるかどうか。

②《あー》や《あーむ》などといった、不自然な音が入っているか。特に、言葉の途中でこのような音が何度も入っていて、気になるかどうか。

③言葉がうまく言えないときに、言葉の途中で言うのをやめ、最初に戻って何度も繰り返すような発音があり、不自然に聞こえるかどうか。例)《いそ、いそが、いそがば…。》

5.1 息止め

🔍 **例** 92Ω ···

（以下、△は息を止めるように発音する部分）

- 間違えたり 《 まちが△えたり 》

- 店の音楽を聴いて 《 みせのおんがく△を△きいて 》

- 種類によって価格も違いますよ
  《 しゅるいによって△かかく△も△ちがいますよ 》

❓ **相談** ···

　　他の国の学生に比べて、ベトナム人の学生の発音は、どうにも苦しそうに聞こえます。話の途中で息を止めて話しているような感じがするというか、緊張して話している感じがして、聞いている方も苦しくなってしまいます。普段の会話でそう感じることもありますが、特に、テストとかスピーチをさせる時など、本人が緊張すると、ますますその傾向が強くなるような気がするんです。喉^(のど)に力を入れる癖があるんでしょうか。でも、学生はそのことに気づいていないようです。何度か、「息を止めないで」「もっとなめらかに」と注意したのですが、何のことかよくわからないみたいです。発音の練習をしてもらおうとしても嫌そうな顔をされてしまうんです。日本語の発音との違いをわかってもらい、もっと日本語らしい発音になるようアドバイスをしたいのですが、どうすればいいですか？

! **解説** ⋯⋯

　息を止めているように聞こえる、苦しそうに聞こえる、というのは、おそらく、語や句の途中や、始め、終わりに声門閉鎖をしてしまっているためと思います。ベトナムの学習者にはよく見られる傾向です。

　声門閉鎖というのは、喉（のど）の奥にある声門を閉じることです。「あー」と続けて声を出し、途中で急に止めてみてください。その時、気管から出る息を止めるために動いたのが声門の筋肉です。

　ベトナムの学習者の発音で声門閉鎖がよく起こるのは、まず、“あめ”“おかね”のように母音から始まる語の前、《まちが△えたり》のような母音が続く部分、“はい”や“えー”などのあいづちの終わり、“です”“ます”などの文末などです。これは、ベトナムの学習者が音節の区切りを入れたい場所です。また、例えば《まどの》【タトト】の“ど”のところなど、アクセントが【ト】のところで声門閉鎖が起こることも多いかもしれません。これは、ベトナム語の重い声調 thanh nặng の影響でしょう。《わすれちゃっ△た》のような無声破裂音（むせいはれつおん）やダ行の音、バ行の音の前でも声門閉鎖が聞こえることがあるかもしれません（金村・松田・磯村・林 2012）。しかし、それ以外の場所でも、しょっちゅう途切れているように聞こえるかもしれません。

　また、特徴的なのは、助詞の後や文末などの句切れのいい部分だけでなく、助詞の前や語の途中などでも途切れてしまう点だと思います。母音の助詞の前などは、途切れが目立つかもしれません。例えば、“紙を”の‘を’の前です。日本語でも声門閉鎖が現れないわけではないですが、助詞の前や後の途中などで途切れることはないです。このような場所で途切れると、そこで語やフレーズが途切れるように聞こえてしまいます。こんな声門閉鎖が多い発音を、‘息止め（いきとめ）’式と呼ぶことにしましょう。

　これは、ベトナム語の発音の習慣によるものです。ベトナム語では、音節と音節の間ではっきりと区切りを入れます。多くの場合、そこで声門閉鎖し

ます。それは、ベトナム語では、音節を一定のタイミングで出し続けようとするためです。音節と音節の間で声門を閉鎖して声を止め、1つ1つの音節をしっかり区切ることによって、音節の始まりと終わりのタイミングをはっきりと聞こえるようにします。それによってベトナム語らしいリズムが生まれるのです。それはバスケットボールを常に一定のタイミングで手でついて、ドリブルし続けるようなリズムです。

　一方、日本語の発話では、このような声門閉鎖は、普通は発話中ではほとんど起こりません。起こるとしても、発話末と発話頭のみです（金村・今川・榊原2017）。日本語の拍のリズムを表現する上では、拍と拍の間をベトナム語ほどはっきり区切らなくてもよく、声門を閉じずになめらかに声を出し続ける方が日本語らしいので、語を特にはっきりと区切りたい時や、本当に言葉が出ずにつっかえてしまった時以外は、声門閉鎖が起こりません。

　ですから、ベトナム語話者の耳には、日本語の拍というのはどこからどこまでがリズムの単位なのか、聞き取りにくいでしょう。また、声門閉鎖のある発音が、口ごもってつっかえているように聞こえるという感じも、ベトナムの学習者には理解しにくいと思われます。もしかすると、声門閉鎖ではっきり区切った‘息止め式’発音の方が、はっきりしていて丁寧な発音、と感じているかもしれません。

　問題は、声門閉鎖の有無を意識するのが普通の人にはとても難しいということです。日本人もベトナム人も、ほとんど無意識にやっています。「今、声門閉鎖したよね」とか「声門閉鎖をしないで」と言ってわかるのは、たぶん音声学の訓練を受けた方だけでしょう。‘声門’という用語は、日本人でもベトナム人でも知らない人も多いと思います。

　そのため、まずは、大げさなくらい声門閉鎖を入れた発音と、全く声門閉鎖しない発音を聞いたり話したりしてもらい、声門閉鎖というのがどういう筋肉の動きや音を指すのかを知ってもらうことから始めましょう。それから、声門閉鎖が多すぎる発音の仕方に‘息止め式’という名前をつけて、学

習者と共有しましょう。実は、自分の発音がよく途切れることに気づいている学習者も多いので、そのことを指す言葉があれば、この問題について話し合いやすくなるのです。 そして、日本語を話すとき、語中、助詞の前、"です""ます"などの頻出する文法辞の途中などで‘息止め’してしまうと、特に聞き取りにくさにつながりやすいので、少なくともそこでは‘息止め’しないよう練習をしていきましょう。また、モデルやクラスメイトの発音を聞いて、どこで‘息止め’しているか見つける練習もし、自分の発音に気づけるようにするとよいと思います。

こんな風に説明しよう

今日は最初に、発声練習をしましょう。アナウンサーや俳優が聞き取りやすい発音をするためにする練習です。大きな声で読んでみてください。

> あめんぼあかいなあいうえお　　うきもにこえびもおよいでる
> なめくじのろのろなにぬねの　　なんどにぬめってなにねばる
> まいまいねじまきまみむめも　　うめのみおちてもみもしまい
> わいわいわっしょいわいうえお　　うえきやいどがえおまつりだ

では、最初の行の発音を2つ聞いてみてください。

Aです。(注:「あめんぼあかいなあいうえお」息止めなし版 93Ω)

Bです。(注:「あめんぼあかいなあいうえお」息止めあり版 94Ω 。1つ1つの音の後に声門閉鎖を入れたもの)

AとBはどう違うと思いますか。Aは止めないで、Bは1つ1つ止めて発音していますね。みなさんは、AとBをまねして、同じように読めますか。できますね。じゃあ、Bを発音するときには、口の中のどの部分を使っていますか? 口の中、ではないですね。喉の奥で空気を止めているのが

わかりますか。この場所の名前を知っていますか？　日本語では声門 thanh môn といいます。喉の奥の方にあります。

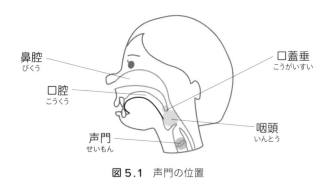

図 5.1　声門の位置

　みなさんは、ふだん話すとき、声門のことなんて考えたことがないですよね。でも、声門は自分で動かすことができますよ。ちょっとやってみましょう。「あああああ」と言います。"あ"が5つです。これを、喉に手を当てて言ってみましょう。まず、1つ1つの音の間で声を止めて言ってみます。「あ、あ、あ、あ、あ」みなさんもどうぞ。このとき声門を閉じていますね。声門を閉じた時、喉を触っていると、喉の動きが止まるのがわかりますか。

　じゃあ、今度は1つ1つの音の間で声を止めないで、5つの音を続けて言ってみてください。でも、5つの音だってわかるように、声の強さを変えて言うんですよ。「あぁあぁあぁあぁあぁ」と、声を止めないで続けて言えますか？　このときは、声門を閉じていないのがわかりますね。喉を触っていても、喉の動きが止まっていないですね。声門を閉じながら言うときの声と、閉じないで言うときの声は、違います。違いがわかりますね。こんな風に喉の動きが止まって、息が止まるところを、'息止め'と呼ぶことにしましょう。

　ベトナム語を話すとき、'息止め'は多いですか。どんな時に'息止め'

しますか。じゃあ、次のベトナム語の文を、また喉<ruby>喉<rt>のど</rt></ruby>に手を当てて読んでみて
ください。そして、どこで '息止め' しているか、教えてください。

Xin chào các bạn. Tôi tên là Hưng, tôi đang học tiếng Nhật. Rất
vui được gặp các bạn.

（みなさんこんにちは。私の名前はフンで、日本語を勉強しています。お会い
できてうれしいです。）

bạn とか học など、重い声調 thanh nặng のところでは、'息止め' します
ね。特に北部の出身の人です。他はどうですか。'、' があるところ、文の最
後、それから1つ1つの語の後でいつも '息止め' する人もいるかもしれ
ません。多いですね。'息止め' するところは、聞いてもわかりますか？

　じゃあ、日本語ではどうでしょうか。同じ自己紹介の文です。'息止め'
しているところはありますか。まず、聞いてみてください 95Ω 。

はじめまして。山田と申します。ベトナム語を勉強しています。
よろしくお願いいたします。

　'息止め' しているところはありますか？　文の最後でしているかもしれ
ませんね。他はどうですか？　ないですよね。そうなんです。日本語では、
文の途中で、ほとんど '息止め' しないんです。このことに気づいていた人
はいませんか？

　もし、日本語でたくさん '息止め' したら、どうなるでしょうか。さっき
の文を '息止め' して読みます。比べてみてください 96Ω 。

　2つの発音は、どちらが日本語らしいですか。最初の方ですね。日本語で
は、'息止め' しない方が日本語らしいです。日本人は、声門閉鎖がある時、
文がそこで終わるような感じがします。たとえば、"はじめまして" の途中

で声門閉鎖があったら、文が途中で止まりますから、とても変です。また、"やまだ"は名前ですね。名前の途中で‘息止め’があったら、名前が途中で切れてしまいますから、とても変なんです。"ベトナム語を"は、名詞と助詞ですね。日本語では、名詞と助詞は、いつもくっついています。でも、助詞の前で声門閉鎖があったら、名詞と助詞が離れてしまいますから、意味がわからなくなってしまいます。

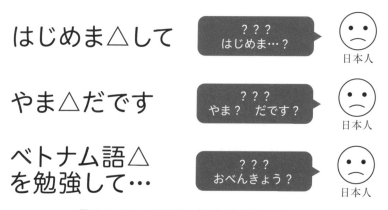

図5.2 もし、日本語に‘息止め’が多かったら？

でも、ベトナムの人は、ベトナム語の発音に‘息止め’が多いですから、日本語を話す時、‘息止め’をしてしまいやすいです。日本語を話す時、できるだけ‘息止め’しないように気をつけるといいです。自分の日本語の発音に‘息止め’が多いなぁ～って思う人はいますか。気づいている人もいるかもしれませんね。でも、これまで、こんなことを練習したことがなかったのではないでしょうか。このクラスの中で、あまり息止めがない人は、誰だと思いますか。その人は、先生になれますね。これから、クラスメイトが‘息止め’していたら、「今、息止めしているよ」って教えてあげるといいですよ。みんなで気をつけ合うと、早く上手になります。

5.1 練習

練習1

次の文を聞いて、'息止め'している場所に △マークを書いてみましょう。

1) あ め ん ぼ あ か い な あ い う え お　　　97Ω
2) う き も に こ え び も お よ い で る　　　98Ω
3) な め く じ の ろ の ろ な に ぬ ね の　　　99Ω
4) な ん ど に ぬ め っ て な に ね ば る　　100Ω
5) ま い ま い ね じ ま き ま み む め も　　101Ω
6) う め の み お ち て も み も し ま い　　102Ω
7) わ い わ い わ っ し ょ い わ い う え お　103Ω
8) う え き や い ど が え お ま つ り だ　　104Ω

練習2

次に、1)～8)の文を、最初から最後まで息止めしないで読んでみましょう。クラスメイトに聞いてもらい、息止めしているところがないか、チェックしてもらいましょう。

練習3

次のフレーズを、'息止め'しないように言ってみましょう。特に、＿の部分に気をつけてください。

1) ごめん<u>どう</u>を<u>お</u>かけします。
2) <u>いえいえ</u>。

3）よいおとしを。

4）とりあえず。

5）まあいいか。

6）なにかあったらいってくださいね。

7）なんていっていいかわからない。

8）ちょっとおうかがいしたいんですが。

9）どういうことですか。

10）どうぞおかまいなく。

答え

練習1

1）あめんぼ△あかいなあ△いうえお

2）うきも△にこ△えびも△およいでる

3）なめ△くじのろのろな△にぬねの

4）なん△どにぬめっ△てなにねばる

5）ま△いまいねじま△きまみむめも

6）うめのみ△お△ちてもみも△しまい

7）わいわいわっ△しょいわいうえ△お

8）うえき△やいどがえ△おま△つりだ

5.2　言い直しやフィラー

🔍 **例** 105🎧 ┈┈┈┈┈┈┈┈┈┈┈┈┈┈┈┈┈┈┈┈┈┈┈┈┈┈┈┈┈

• 留学した理由だけは、やっぱり新しい環境で勉強したかったり、新しい
  文化を体験しようと思いますので、高校生の時から留学しようと思って
  いました。でもなぜか日本かというと…
  《あー　んー　りゅ　りゅうがくした　りゆうだけは　えー　あー
  やっぱり　えーあ　あ　あたらしい　かんきょう　で　えーべんきょう
  し　したかったり　えあー　あたらしいぶんかを　おー　たいけんした
  いと　おもい　ますので　えーりゅう　あー　こうこうせいのときから
  りゅう　りゅうがく　あー　しようと　おもっていました　あー　んー
  でも　なぜかにほん　にほんかというと　えあー…》

❓ **相談** ┈┈┈┈┈┈┈┈┈┈┈┈┈┈┈┈┈┈┈┈┈┈┈┈┈┈┈┈┈┈┈┈┈┈┈

　　ベトナムの学習者の話を聞いていると、《あー　あー》とか《あ
む　あむ》といった音がたくさん入って、とても聞きにくいです。
日本語で、言葉が出てこないときに言う、「あのー」とか「えーと」
とか「あー」というようなものと同じ、フィラーと言うのでしょう
か。日本人ももちろん「あのー」とか「えーと」とか言いますか
ら、悪くはないと思うのですが、ベトナムの学生のこういう言葉
は、なぜだかとても耳に触るんです。慌てたような感じで、《あー
あー》と早いスピードで何度も繰り返すからなのでしょうか。《あ
む、あむ》とフィラーは日本人は言わないので、外国人っぽくて気
になるのかもしれません。ときどき、名詞などの語の途中でもこう

いう音が入ることもあります。何を言っているのかわからなくなるので、それはやめた方がいいと思うのですけど、あせって言っているからなのか、学習者は気づかないみたいで…。

　そのほかにも気になるんですが、ベトナムの学習者って言い直しがすごく多いんです。日本語の語って、そんなに言いにくいのでしょうか。言いにくくて一度で言えない言葉を、何度も何度も最初に戻って言い直そうとするのですが、これも聞き手にとっては大変疲れます。いちいち最初に戻って言い直さないで、途中から続けて言えばいいと思うんですが、なぜこうなってしまうんでしょう？

! 解説

1. フィラーについて

　ベトナムの学習者は、おそらく日本語の発音はとても速いと感じていると思います。1語1音節のベトナム語に比べれば、日本語の語は拍数が多くて、1つの文の中の拍数もベトナム語より多くなりますので、日本語のスピードが速く感じるのも無理もないでしょう。もっともっと速く話さなければならないと焦ってしまっている学習者は多いと思います。ただ、ベトナム語を勉強する日本人からみれば、ベトナム語ネイティブの話し方も大変に速いと感じるんですけどね…。これは、外国語学習者にとっては共通の苦しさかもしれません。

　焦れば焦るほど、《あー　あむー　えーあー》というようなフィラーが多く出てしまいます。確かに、ベトナムの学習者は、同じフィラーを《あー、あー、あー…》と何度も繰り返しがちであったり、語中や助詞の前などの区切りの悪いところでフィラーが出てしまったりといった特徴があります。「あのー…」と長く伸ばすなんて簡単なのに、それが難しいというのは、

日本語母語話者には理解しにくいかもしれません。しかし、ベトナムの学習者にとってはなかなか慣れないことのようです。速いタイミングで何度も意味のないフィラーが繰り返されると、日本人にとっては奇妙な発音になります。

これに加え、4.1 '途切れ途切れ式イントネーション' などでもお話ししたように、ベトナムの学習者は日本語を拍の単位で区切ってとらえてしまいがちであり、フレーズの区切りという感覚がつかみにくいです。それで、上記のようなフィラーが語の途中など区切りの悪いところで現れてしまうことになります。そうすると、日本語を母語とする聞き手は、話し手が言おうとする文を頭の中で再構成しながら聞かなければならなくなり、負担がかかります。その結果、語の途中などで、フィラーが速いスピードで何度も繰り返されることになり、意味の理解という点で聞き手に負担がかかるだけでなく、感情面でもイライラさせられるような発音になってしまうわけです。

2. 言い直しについて

何度も言い間違えるたびに語や文の最初に戻ってしまう現象は、とぎれ型語頭戻り方式と呼ばれます（定延 2016）。言いよどみには次に 4 つのパターンがあり、ベトナム語話者に多いのは、a です。

a. べ、ベトナムから　（とぎれ型語頭戻り方式）

b. べ、トナムから　（とぎれ型続行方式）

c. ベーベトナムから　（延伸型語頭戻り方式）

d. ベートナムから　（延伸型続行方式）

原因は、ベトナム語の言語類型と関係があるかもしれません。ベトナム語は、1 語が 1 音節で語形変化が全くない言語であり、言語類型上、孤立語に属します。孤立語に分類されるベトナム語では、さまざまな文法範疇が、

文脈、語順、前置詞などによって表現されます。1語だけでは文の文法的な形がよくわからず、語順や文の流れが大切なのです。そのため、語や文の途中で言いよどんだ時は、最初にもどって語や文の形を整えて言い直すことが求められます。言いよどんだ時に延伸したり、続行したりすると、聞き手は、話し手がどのような内容を言おうとしたのかがわかりにくくなります。そのため、ベトナム語と同じ孤立語に属する中国語も、aの言いよどみが多いと言われています。その反対に、日本語やトルコ語のような膠着語は、そもそも文法形式をどんどん後ろにくっつけて文を長くしているため、「たしか、こなーーかったーんーじゃーないかなー」のように文を後ろへ後ろへと伸ばして話し続けても、意味を理解することを邪魔しないため、言いよどんだ時にdのように後ろに続行する場合が多いと言われています。つまり、ベトナムの日本語学習者は、日本語では言いよどんだときに後ろにどんどん伸ばして話し続けても問題ないのに、ベトナム語の影響でそれに慣れていないというわけです。

　これらのことから、この問題についてベトナムの学習者に指導をする場合、ポイントは、日本語らしいフィラーを使うこと、フィラーを繰り返さないで長く伸ばすようにすること、語中や助詞の前などでフィラーを入れないようにすること、そして、うまく言えない時もいつも最初から言い直さず、途中から言い続けるようにすること、の4点であると言えます。まず、フィラーについては、指導が比較的しやすいです。初級の早い段階から、"あのー、えーと、んー"といった日本語らしいフィラーを教え、これ以外のフィラーが出ないように指導しましょう。また、フィラーをゆっくり言ったり、長く伸ばしたりと、色々な言い方を練習し、一方で何度も繰り返さないように指導してみましょう。例えば、会話のテストなどで、日本語らしくないフィラーを使ったり、語中でフィラーを使ったりした場合に減点するなど、日本語らしいフィラーを使うことを意識して練習するような仕組みを作ってもいいと思います。学習者の中は、フィラーは余計なもの、意味の

ないものととらえている人がいるかもしれませんが、日本語らしいフィラーを使うと初級でも日本語っぽい話し方に聞こえるようになります。日本人っぽく話そうという場面を作り、日本人になりきって練習してもらうといいかもしれません。

　次に、言い直しについてですが、これはどう練習すればいいのか悩ましいところかもしれません。ゲーム感覚で練習してみてはどうでしょうか。せっかくですから、学習者が暗記してしまえば役に立ちそうな例文を使って練習すると、楽しんででき、その後の役に立つかもしれません。

こんな風に説明しよう！

1.　フィラーについて

　これから、スピーチを聞いてみます 105🎧 106🎧 。ベトナム人と日本人が話しています。どんな風に話していますか。書いてみてください。

> 留学した理由は、やっぱり、新しい環境で勉強したり、新しい文化を体験したりしてみたいと思ったからで、高校生の時から留学しようと思っていました。でも、なぜ日本かというと…

　日本人のスピーチでは、"あー"とか"えー"とか"えーと"などの言葉が多いですね。これは、話す内容を考えているときとか、言いにくいときなどに使う言葉で、'フィラー'と言います。日本人は、どんなフィラーをよく使いますか。みなさんが聞いたことがあるのは？　"あー""えー""えーと""あのー""んー"などですね。

　じゃあ、さっきのベトナムの人のスピーチは、どうでしたか。どんなフィラーが多かったですか。《あー》とか《えー》《えあー》などが多いですね。"あー"は日本人も言いますが、《えあー》は日本人は言いません。

もう1つ、日本人とベトナム人のスピーチで、違う点があります。フィラーの場所です。日本人とベトナム人のフィラーの場所はちょっと違いますが、わかりますか。"高校生のときから留学しようと思っていました" という部分をもう一度聞いてみましょう。

　日本人は、フィラーを、文の最後とか、休んだところで言います。でも、ベトナムの人のスピーチでは、"りゅうがく　あー　しようと" のように言葉の途中で言っていますね。そうすると、話の内容がわかりにくくなってしまいます。

　フィラーを使うのは、悪いことじゃないですよ。言っても大丈夫です。日本人がよく使うフィラー、"あのー" とか "えーと" などは、みなさんももっと使って大丈夫です。ただ、もし、多すぎたら、おかしい感じがします。それに、言葉の途中で言ったら、わかりにくくなってしまいます。

　それから、ベトナムの人は、"えー、あー、" と繰り返していますね。日本人は、"あー…" と、1回だけゆっくり言っています。もし、"あー、あー、あー" と何回も繰り返して言うと、とても急いでいるような、困っているような感じがします。"あー…" と、1回だけゆっくり言ったら、聞いている人は心配しません。

　日本語のフィラーは、ちょうどいい場所で少し、ゆっくり使ったら、日本人っぽい発音になれますよ。

2．言い直し

　みなさんにとって、日本語の言葉は、長いですね。ベトナム語の言葉は、音が1つしかないものが多いですが、日本語の言葉は、音が多いですもんね。長い言葉を言うのは、大変です。ちょっと、長い言葉を覚えて言う遊びをしてみましょう。みなさんは、ことわざって知っていますか。昔から言われている、大切な知恵を伝える言葉です。ベトナム語にもありますよね。日本人もことわざをよく言いますから、有名なことわざを覚えていると便利で

すよ。ことわざを何度も言って覚えてみましょう。では、最初のことわざです。

1）急がば回れ【トタトト　トタタ】

では、私が言いますから、1人ずつ後について言って下さい。間違えないように言って下さいね。"急がば回れ"。

うまく言えないですね。うまく言えなかったとき、最初からもう一度言いますか。途中から言いますか。今から、最初からもう一度言うのは禁止です。《いそ、いそがば、いそがばまわれ》はダメです。《いそ、がば、まわれ》はいいです。間違えても、途中から続けて言ってください。

このことわざ、どういう意味か知っていますか。じゃあ、次は、"急がば回れ"を、この文に入れて質問してみましょう。

Ａすみません、（　）というのはどういう意味ですか

これも、言えないとき、最初からもう一度言うのは禁止です。途中から言うのはいいですよ。では、1人ずつ言ってみてください。

今、最初から繰り返して言うのを禁止、という練習をしました。どうしてでしょうか？　日本語では、言葉がうまく言えない時も、同じ言葉を何度も繰り返して言うと、とても聞きにくい感じがするんです。例えばこんな感じですね。

《すみません、いそ、いそが、いそがばま、いそがばまわれって、どういう意味ですか》

日本語の言葉は長いですから、全部言うのが大変なこともあると思います。でも、同じ言葉を何回も繰り返して言うと、聞いている人は少し疲れて

しまいます。間違えても、いつも最初から全部言い直さなくてもいいんです
よ。「いそがーばまわれ」のように止まったところの音を伸ばして続ける練
習をしてみましょう。

5.2 練習

次の文は、日本語の有名なことわざです。日本人が会話の中でよく使うものです。何回も言って覚えてみましょう。

1）渡りに船
2）急がば回れ
3）五十歩百歩
4）山あり｜谷あり
5）灯台｜下暗し
6）果報は｜寝て待て
7）木を見て｜森を見ず
8）雨降って｜地固まる
9）後悔｜先に立たず
10）備えあれば｜憂いなし
11）目から｜ウロコが落ちる
12）立つ鳥｜跡を濁さず
13）石橋を｜叩いて渡る
14）好きこそ｜物の上手なれ
15）郷に入れば｜郷に従え

練習1

“えーと”ゲーム（初級編）

グループでします。最初の人は、先生が読む1）〜15）の言葉を聞いて、繰り返して言います。最後まで言い続けることができた人が勝ちです。

ルール

途中で、“えーと”と1回だけ言ってもいいです。“えーと”をゆっくり1

回言うのは OK です。

① “えーと” を 2 回以上言ってしまったら、失格です。

② “えーと” 以外の言葉を言ったら失格です。

③ “えーと” と言っていいのは、最初、または、｜のあるところだけです。

　　｜以外のところで言ったら、失格です。

④言葉を最初から繰り返したら失格です。途中から続けて言うのはいい

　　です。

　　例）果報は｜寝て待て【タトトト　トタタト】

　　○「かほうは、えー…と…ねてまて」

　　○「かほうはね…てまて」

　　○「かほうはねーてまて」

　　×「かほうはねね…ねてまて」

　　×「かほうは、えーと、えーと、ねてまて」

　　×「かほうは、あーむ、ねてまて」

　　×「かほうはね、えーと、てまて」

　　×「かほ、かほうは、ねてまて」

練習 2

“えーと” ゲーム（上級編）

上の 1 ）～ 15 ）のことわざを聞いたら、下の文に入れて言ってください。

練習 1 のゲームと同じルールで遊びましょう。最後まで言い続けた人が勝

ちです。

　Aすみません｜（　）というのは｜どういう意味ですか

　B 昔から｜（　）って｜言いますよね。

　C（　）とは｜よく言ったものですね。

日本でベトナムに触れる

・コンビニや居酒屋

　2020年現在、日本でベトナム人に出会ってみたい場合、最も確実なのは、アルバイトとして働くベトナム人を探すことだと思います。ほとんどの場合、彼らは大学や日本語学校、専門学校で学ぶ留学生で、学費や生活費の捻出のために、空き時間の夜や週末などに働けるコンビニや居酒屋などでアルバイトをしているわけです。その他、製造業の工場や流通業の仕分け倉庫などで働く留学生も多くいます。留学生のほか、企業で働く技能実習生は、日本全国の企業に大変たくさんいて、在日ベトナム人のなかでもっとも人数が多くなっています。機械、繊維、食品加工などの他、農業、介護など、分野も広がってきました。2019年に施行された新在留資格「特定技能」による在日ベトナム人も増えています。日本の町中でベトナム語が聞こえてくることも、珍しくなくなってきています。

　ベトナム人は、大変気さくです。もし彼らと話してみたければ、気軽に声をかけてみてください。日本語でも構いませんが、ベトナム語で話しかけられれば、きっとほとんどの人がとても喜ぶはずです。例えば Chào bạn.〈チャーオ　バン〉（こんにちは）、Cảm ơn bạn.〈カーム　オン　バン〉（ありがとう）と声をかけてみてください。

・ベトナム料理店

　大きな都市では、ベトナム料理店が増えています。つい最近まで、ベトナム料理店のほとんどは日本人経営か、またはインドシナ難民のベトナム人が経営しているものでした。インドシナ難民とい

うのは、1975年のベトナム戦争終結後に難民として日本に渡って
きて定住した人たちのことです。日本に定住しているベトナム難民
のほとんどはベトナム南部出身でしたので、日本のベトナム料理店
は南部ベトナム料理を出す店がほとんどでした。ただし、現在の在
日ベトナム難民は、すでに2世、3世の世代になっており、若い世
代は日本生まれで、日本社会に溶け込んでいます。

　2020年現在、この傾向には変化が起こっています。日本に留学
生としてやってきた、いわばニューカマーのベトナム人が、日本で
就職し生活基盤を築いて、ビジネスを始めるケースが現れ始めたの
です。ニューカマーの外国人にとって、在留資格を確保し日本でお
店を開いたり会社を作ったりするのはハードルが高いのですが、い
よいよそのようなベトナム人も現れてきたようです。これから、ベ
トナム料理店やベトナムの商品を販売する店などは、ますます増え
てくるでしょう。

　さて、ベトナム料理店でベトナム語で注文するには、上で紹介し
た挨拶のほかに、次のようなフレーズが便利です。

　Em ơi! 〈エム　オーイ〉（自分の妹・弟くらいの年代の店員を呼ぶ時の
　言い方）

　Anh ơi!〈アイン　オーイ〉（自分の兄くらいの年代の男性の店員を呼ぶ
　時の言い方）

　Chị ơi!〈チ　オーイ〉（自分の姉くらいの年代の女性の店員を呼ぶ時の
　言い方）

　Tính tiền! 〈ティン　ティエン〉（お勘定を頼む時の言い方）

・教会、お寺

　ベトナム人は大乗仏教の信徒が多数で、他にキリスト教徒も数多
くいます。日本に長期に滞在するベトナム人が多数集まり、コミュ

ニティを形成している教会やお寺などが、日本各地に存在しています。お近くに外国人の集まるお寺や教会などがあれば、もしかしたら、それはベトナム人かもしれません。このようなところで日本語学習支援や生活支援をしている日本人の方も数多くいらっしゃいます。ベトナム人の知り合いを作りたい方は、このようなところに足を運んでみるのも良い方法かもしれません。

・インターネットラジオ

　外国のラジオ番組が、日本で気軽に聞けるようになりました。ベトナム語のラジオ番組も、インターネットを通して聞けます。NHK の外国語ニュースにはベトナム語版がありますし、ベトナムのラジオ局の番組もインターネットで簡単に聞けます。音楽番組なら、ベトナム語がわからなくても気軽に聞けるでしょう。

　おすすめは、ホーチミン市ラジオ局 VOH が製作する若者向け音楽専門局 Xone radio です。局のウェブサイト http://www.xonefm.com/radio-shows から、いつでも番組が聞けます。VN20 という番組では、最新のベトナムのヒット曲のランキングを聞くことができます。ベトナムの空気を感じてみてください。

変わるベトナム人

クイズです。

$7X, 8X, 9X, 0X$

みなさん、これが何のことかわかりますか？

数学の記号でしょうか？

　実は、これはベトナムの新しい世代を指して言う言葉です。7X は 70 年代生まれ、8X は 80 年代生まれ、9X は 90 年代生まれ、0X は 2000 年代生まれのことを指し、これらの世代差がベトナムでは 大きな違いとして語られる傾向にあります。下の図をみてください。

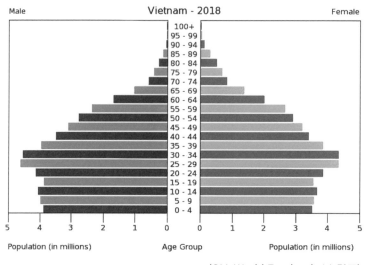

（CIA World Factbook より引用）

ベトナム戦争などの影響で、戦前生まれのベトナム人が少ないため、ベトナムはこの4世代が人口の約6割を占めます。グラフを見ると、特に90年代生まれと80年代生まれが多いことがわかります。これらの世代の特徴を知ることがベトナム人について理解する上で役に立ちます。

　まず最も大きい9X世代をみてみましょう。9X世代（1990〜1999年生まれ）は、1975年に終結したベトナム戦争を知らない世代で、自分の人生を楽しむことを重視する、個人主義の傾向の強い世代だと言われています。物心ついた頃からインターネットが身近にあったため、FacebookなどのSNSが大好きで、異文化接触にも積極的です。上の世代の人たちからすると「何を考えているのかわからない」「不真面目」「わがまま」と写りがちです。

　次に特徴的なのは7X世代（1970〜1979年生まれ）です。彼らは戦争前後に生まれた世代で、豊かではないベトナムを知っています。そのこともあり、自分の幸せより家族や国、周りの幸せのために懸命に努力し、活躍しようとします。異文化接触の経験、外国語学習の経験のない人も多くいます。とても真面目な世代です。今のベトナム社会を支えているのは7X世代です。

　ベトナムは近年、社会のリーダーの世代交代が進んでいます。企業や大学などの責任者とアポイントをとると、ベトナム側からはとても若い世代が出てくるのでびっくりする日本人も多いかもしれません。ここ数年で、政治の要職や企業や教育機関などのトップは60年代、70年代生まれに一新され、戦中派はあっさりと一線を退いたという印象があります。日本ではありえないことです。上の世代たちは、グローバル化、IT化といった国際社会の大きな変化を敏感に感じ取っているのかもしれません。

　8X世代（1980〜1989年生まれ）は、そうした個性の強い2つ

の世代の間の世代です。ベトナムが経済的に急成長してきた時代に大人になったため、個人主義と集団主義のどちらの要素ももつと言われています。

　日本語教育についてもこうした世代差の影響がでています。7X世代のベトナム人はほとんど日本に留学できなかった世代です。外国語学習自体に慣れていない人が多い世代でした。海外旅行の経験がある人も少なく、日本留学経験者はエリートでした。8Xのベトナム人はほとんどが英語学習の経験があり、アニメや日本製品で日本を知り、日本文化にも憧れがある世代です。日本への留学はまだまだ一般的でないですが、留学できた、そして海外旅行の経験がある人が増えて来た世代です。そして今、日本の日本語学校に来ている留学生のほとんどは9X以降の世代です。9X世代は日本だけを特別な国として考えません。アメリカやヨーロッパへの憧れを強く持ち、日本のアニメなどだけでなく、韓国のポップカルチャーにも親しんでいます。今日本に留学しているベトナム人留学生の指導に苦労していると語る日本語の先生が多いのは、9X世代という世代的特徴も影響しているかもしれません。

　0X世代（2000〜2009年生まれ）はどうでしょうか？　彼らは今、第一外国語で小学校から日本語を学ぶことができる世代です。英語等の外国語学習を幼少期から受けている人が多く、教育方法もモンテッソーリ教育など多様なシステムに触れています。子供の頃から日本語学習経験のある子は発音も自然な傾向にあります。0X世代が日本に留学し始めた今後、きっと2020年の今とは異なるベトナム人学習者がどんどん増えてくることでしょう。

初心者さんのための**Q&A**

ここでは音声学の知識がほとんどない人のために、基本的な言葉をわかりやすく説明します。

Q 音素と音声はどう違うの？

A 　音声とは、人間が出す声のこと全般を指していいます。叫び声も、猫の鳴き真似も、音声です。一方、音素とは、ある特定の言語での意味の違いを区別・認識する音声の基本単位のことです。1つの音素に分類される音も、実際にはその音声は一種類だけではなく、いろいろな音声で発音される場合があります。そのような場合に、その音のバリエーションのことを異音といいます。日本語で一番有名な異音の例は"ん"です。"かん [m] ぶん"の"ん"と"かん [ŋ] こく"の"ん"は音声的には別の音ですが、日本語ではこれを1つの音素 /n/ とまとめます。日本人は、これらを別の音とは感じていないでしょう。でも、日本語を母語としない人たちには、これが別々の音に聞こえる場合があります。

　表記については、音素は / / で、音声は [ ] で囲む習慣になっています。この本でもそのように表しています。

Q 拍と音節はどう違うの？

A どのような言語にも、言葉のリズムを作る音の単位があります。日本語では、'拍' という単位を使います。拍は、'モーラ'（mora）とも呼ばれます。

日本語では、基本的に日本語ではひらがな一文字が 1 拍です。ただし、拗音、つまり小さい "ゃゅょ" の音を含む音は、ひらがな 2 つで 1 拍です。つまり、"きゃ" は 1 拍です。

音節（シラブル syllable）とは、拍とは異なるリズムの単位で、日本語ではリズムの単位 として用いられませんが、英語やベトナム語では音節がリズムの単位になります。英語やベトナム語では、子音 1 つ、母音 1 つ、子音 1 つが基本的な 1 つの音節を構成します。たとえば英語の "dog" は 1 つの音節になり、リズム 1 つになります。

Q 母音と子音って何ですか？

A 母音とは、日本語でいうと "あいうえお" の音です。母音は、発音するとき、舌などが口の中のどこにも当たっていない状態で出すことができる音です。子音とは、舌や歯、唇などを口の中のどこかに当てたり、近づけたりした状態で出す音です。日本語では、子音だけで出す音は、原則として "ん" だけです。それ以外の音は、母音と一緒に出てきます。たとえば子音 /t/ と母音 /a/ が続けて出ると、"た" /ta/ の音になります。英語で、母音を vowel、子音を consonant と言うため、母音は V、子音は C と略されることがあります。

1つの音節の中で最初にある子音を、頭子音といいます。"た" の頭子音は /t/ です。 また、1つの音節の中で最後にある子音を末子音といいます。日本語には末子音がありませんが、英語の例を挙げると、"dog" の末子音は /g/ です。

Q ピッチとアクセントって何ですか？

A ピッチとは、この本では音の高低のことを表します。アクセントとは、語の中の音の高低によって言葉の意味を表すしくみのことです。例えば、関東地方の日本語では、"はし"の最初の音が高く次の音が低ければ"箸"の意味になり、逆に、最初の音が低く次の音が高ければ"橋"や"端"の意味になります。このようなしくみのことを、アクセントというのです。

日本語のアクセントでは、音が低くなり始める場所があるかどうか、ある場合はそれがどこにあるかによって、言葉の意味を表します。この、音が低くなり始める場所のことを、'下がり目'や'（アクセント）核'などと呼びます。例えば、"箸"では、"は"が高く"し"が低いので、"は"の後に'下がり目'があることになります。下がり目を表す記号として、本書では＼を使います。

日本語のアクセントにはいくつかのパターンがあり、これを'型'といいます。一般的なアクセント型の分類では、まず、アクセント核がある'起伏式'とアクセント核がない'平板式'に分けられます。起伏式は、下がり目の位置によって頭高型（あ＼いさつ）、中高型（おに＼ぎり）、後ろの言葉から低くなる尾高型（いもうと＼が）などがあります。この本ではアクセント型を'トタ式'で表しています。

334

Q 調音法と調音点はどう違うの？

A　調音法とは、言葉の意味を区別するためのいろいろな音の出し方のことをいいます。例えば、“た”と“な”を比べた場合、“た”は、舌を歯茎の裏に付け、そして息を勢いよく出して破裂するような音を出します。一方、“な”は、舌を歯茎の裏に付けたまま、鼻から息を出しながら発音します。このように、調音法を変えることによって、“たら”と“なら”のように、言葉の意味が変わるわけです。調音法には、破裂して出すのか、摩擦して出すのか、鼻から出すのかなど、いろいろな種類があり、私たちはふだん、これを無意識に使い分けています。

　調音点とは、言葉の音を出すために、舌などを口の中のどこかに近づけますが、その近づいた先のことです。例えば、‘か’と‘た’を比べた場合、‘か’は舌の奥の部分を上顎の奥に近づけますが、‘た’は舌の先を歯茎に当てて発音します。この場合、‘か’の調音点は上顎の奥の方にある‘軟口蓋’という場所、‘た’の場合は歯茎になります。調音点と調音法についてもっと詳しく知りたい方は、鹿島（2002）を参考にしてください。

参考文献

鮎澤孝子（2003）「外国人学習者の日本語アクセント・イントネーション習得」『音声研究』7：47-58.

磯村一弘（2009）『国際交流基金　日本語教授法シリーズ第2巻　音声を教える』ひつじ書房

岩田礼（2001）「中国語の声調とアクセント」『音声研究』5（12）：18-27.

NHK放送文化研究所編（2016）『NHK日本語アクセント新辞典』NHK出版

小河原義朗（1998）『外国人日本語学習者の発音学習における自己モニターの研究』東北大学文学部博士学位論文（未公刊）

小河原義朗・河野俊之（2009）『日本語教師のための音声教育を考える本』アルク

小熊利江（2002）「学習者の自然発話に見られる日本語リズムの特徴」『言語文化と日本語教育』24：1-12.

小原亜紀子（2003）「文末イントネーションの音調識別と機能理解についての一考察 ― ベトナム人日本語学習者を対象として」『2003年度日本語教育学会秋季大会予稿集』

鹿島央（2002）『日本語教育をめざす人のための基礎から学ぶ音声学』スリーエーネットワーク

金村久美（1999）「ベトナム語母語話者による日本語の発音の音調上の特徴」『ことばの科学』12：73-91.

金村久美（2019）「より教えやすい日本語のリズム・アクセント指導法の開発と改善」『人文科学論集』98：1–19.

金村久美・今川博・榊原健一（2017）「ベトナム語と日本語の音声における喉頭調節」『日本語音声コミュニケーション』5：1–34.

金村久美・松田真希子（2018）「ベトナム人日本語学習者のための発音教育」『2017 ハノイ国家大学主催国際シンポジウム紀要』, 185–191.

金村久美・松田真希子・磯村一弘・林良子（2012）「ベトナム語母語話者の日本語音声における喉頭の緊張」（研究発表，日本音声学会 2012 年度（第 26 回）全国大会発表要旨）『音声研究』16-3：101–102.

郡史郎（1997）「日本語のイントネーション—型と機能」杉藤美代子・国広哲弥・河野守夫・廣瀬肇編『アクセント・イントネーション・リズムとポーズ』, 169–199. 三省堂

斎藤純男（2008）『日本語音声学入門　改訂版』三省堂

定延利之（2004）「音声コミュニケーション教育の必要性と障害」『日本語教育』123：1–16.

定延利之・中川明子（2005）「非流ちょう性への言語学的アプローチ—発音の延伸、とぎれを中心に」串田秀也・定延利之・伝康晴編『活動としての文と発話』, 209–228. ひつじ書房

定延利之（2016）『コミュニケーションへの言語的接近』ひつじ書房

佐藤友則（1995）「単音と韻律が日本語音声の評価に与える影響力の比較」『世界の日本語教育』5：139–154.

佐藤大和（2018）「アクセント音調の諸相とその能動態形式」『言語資源活用ワークショップ 2018 発表論文集』, 592–599.

杉藤美代子（1980）「"おそさがり" 考—動態測定による日本語アクセントの研究」徳川宗賢編『論集日本語研究2　アクセント』, 201-229. 有精堂出版

杉藤美代子（1982）『日本語アクセントの研究』三省堂

杉本妙子（2003）「ベトナム語圏日本語学習者の発音に関わる誤用についてⅠ— 誤用の実態を中心に」茨城大学人文学部紀要『コミュニケーション学科論集』14：19-45.

杉本妙子（2005）「ベトナム語圏日本語学習者の発音に関わる誤用についてⅡ— 音声聞き取り調査と発音調査における長音化・短音化の誤用の比較と考察」茨城大学人文学部紀要『コミュニケーション学科論集』17：73-93.

杉本妙子（2007a）「ベトナム語圏日本語学習者の発音に関わる誤用についてⅢ— 促音と撥音における誤用の比較と考察」茨城大学人文学部紀要『人文コミュニケーション学科論集』2：149-164.

杉本妙子（2007b）「ベトナム語圏日本語学習者の発音の誤用と日越語音声の特徴について」*KY YEU HOI THAO KHOA HOC QUOC TE NGHIEN CUU VA DAY-HOC TIENG NHAT*, 347-359. ハノイ国家大学外国語大学

田中真一・窪薗晴夫（1999）『日本語の発音教室—理論と練習』くろしお出版

轟木靖子（1992a）「ベトナム語母語話者の日本語名詞の発話に伴う音調について」『1991年度研究成果報告書　日本語の韻律に見られる母語の干渉（2）』, 105-139.

轟木靖子（1992b）「ベトナム語母語話者の問い返し文の音調について」『STUDIUM』19：106-118.

轟木靖子（1993）「ベトナム語の声調の音響的分析」『D1班研究発表論集』「日本語音声」D1班1992年度研究成果報告書, 190 - 206.

轟木靖子（1993）「ベトナム語母語話者の問い返し文の音調について」『D1班研究発表論集』「日本語音声」D1班1992年度研究成果報告書, 177 - 189.

冨田健次（2002）『ヴェトナム語の世界』大学書林

冨田健次（1988）「ヴェトナム語」『言語学大事典（上）』, 304 - 325. 三省堂

ファム・トゥ・フオン（2006）「ベトナム語母語話者による日本語のザ行音・ジャ行音・ヤ行音の聞き分け」『日本言語文化研究会論集』, 83 - 108.

松田真希子（2016）『ベトナム語母語話者のための日本語教育 ── ベトナム人の日本語学習における困難点改善のための提案』春風社

松田真希子・吉田夏也・金村久美（2019）「ベトナム人日本語学習者の日本語発話リズムのばらつき ── PVIを用いた分析」『日本語音声コミュニケーション研究』7：202 - 215.

松森晶子・新田哲夫・木部暢子・中井幸比古（2012）『日本語アクセント入門』三省堂

森本智子・松本知恵・高橋尚子（著）水谷信子（監修）（2014）『すぐに使える 日本語会話超ミニフレーズ200（Speak Japanese!）』Jリサーチ出版

Brunelle, M. (2009) Tone Perception in Northern and Southern Vietnamese. *Journal of Phonetics* 37-1：79 - 96.

Brunelle, Hạ, and Grice. (2012) Intonation in Northern Vietnamese. *The Linguistic Review* 29 - 1：3 - 36.

Đỗ Thế Dũng, Trần Thiên Hương, and Georges Boulakia. (1998)
Intonation in Vietnamese. In D. Hirst and A. D. Cristo. (eds.), *Intonation
Systems : A Survey of Twenty Languages*, 395 – 416. Cambridge
University Press.

Hoa A. P. (2003) *Vietnamese Tone : A New Analysis*. Routledge.

Ladd, D. Robert. (1984) Declination : a review and some hypotheses.
Phonology Yearbook 1 : 53 – 74.

Pierrehumbert, J., & Beckman, M. E. (1988) *Japanese Tone Structure*.
Cambridge, MA: MIT Press.

Poser, William J. (1984) The phonetics and phonology of tone and
intonation in Japanese. PhD dissertation, MIT.

Vũ, T. P. (1981) The acoustic and perceptual nature of tone in Vietnamese.
Unpublished Ph.D. thesis, Australian National University.

謝 辞

本書の作成にあたり、貴重な助言や協力をいただいた以下の方々に心より感謝申し上げます。

- ・学校法人エール学園応用日本語学科の先生方、学生の皆様
- ・DENSO ベトナムの皆様
- ・日越大学の先生方、学生の皆様
- ・名古屋経済大学留学生向け日本語科目担当の先生方、留学生の皆様
- ・畑佐由紀子先生、渡部倫子先生、櫻井千穂先生（広島大学）
- ・新田哲夫先生（金沢大学）
- ・外国語発音習得研究会（カニ研）の皆様
- ・貴重な音声資料を快く提供してくださった、An さん、Bắc さん、Bình さん、Chi さん、Cúc さん、Hà さん、Hải An さん、Hiền Anh さん、Khánh さん、Lan さん、Lộc さん、Ngân さん、Ngọc さん、Quân さん、Quế さん、Quỳnh さん、Thuỷ さん、Thành さん、Yến さん
- ・Vũ Thị Mỹ Dung さん　Lê Thị Huệ さん（金沢大学）

付 記

本書は以下の助成を受けています。

科学研究費補助金基盤研究（B)「海外日本語学習者音声アーカイブの構築・分析と WEB 韻律学習支援ツール開発」（代表　林良子）課題番号 17H02352

あとがき

　私がベトナムに留学していたとき、周りのベトナム人全員が発音の先生でした。ベトナム語の先生だけでなく、友達や近所の人たち、知らない人まで、ベトナム語で話しかければみな私に発音をリピートしてくれ、ときには一緒に熱心に練習してくれました。正直に言えば、頼んでもいないのに…と苦々しく思うこともありましたが、ベトナム人にわかるように話せるようになれたのは、その人たちのおかげだと今強く思っています。

　この経験と比べると、日本語を学ぶ人たちは、今、発音を勉強するチャンスにそこまで恵まれていないのでは、と思います。発音を勉強したいと思っている学習者に対して、それはフェアではないのでは？とずっと感じてきました。この気持ちが、ベトナムの人たちから日本語がどんな風に聞こえるのかを、日本の人や日本語教師の方々に伝えようという原動力になりました。日本語の発音を学びたいという学習者のために、日本語教師にはもっとできることがあると私は考えています。

　ベトナム語をわかるように話せない外国人を親戚のように温かく受け入れ、飽きずたゆまず発音の熱血指導をしてくれたベトナムの人たちに、改めてお礼を申し上げます。そして、この本をきっかけに、ベトナムの人たちの発音学習をお手伝いしたいと思う日本の人や日本語教師の仲間が一人でも増えれば、筆者の一人としてこれほどうれしいことはありません。

金村久美

「何かが違う、でもどう違うか、どう訂正すればいいかわからない。」

　ベトナム人日本語学習者の発音を否定し、何度もモデル発音をリピートさせ、だんだん日本語で話すのを嫌いにさせてしまう。15年前の私はそんな「こまり先生」の一人でした。未だに試行錯誤でふしぎは尽きませんが、音声学とベトナム語の専門家の金村先生と一緒にこの本づくりに関わったことで、少しふしぎが減った気がします。そんな、私のような悩める日本語教師が、これまで「ふしぎ」に感じていたベトナム人日本語学習者の発音のしくみについて科学的に理解し、いろいろな発音指導法を実践してもらえれば、著者の一人としてうれしく思います。

　一点伝えたいことがあります。それは、この本は、「ベトナム人日本語学習者の不自然な日本語発音は日本語ネイティブの発音のように矯正されるべきだ」という前提ではないということです。日本語は日本語母語話者だけのものでなく日本語をつかうみんなのものです。多様な発音が許容される社会が望ましいです。そのことは当然の前提です。しかし同時に、日本語学習者が、日本語母語話者コミュニティで、誤解なく、自分がつながりたいようにつながるためのことばの学びの手立ても必要です。そのためには、発音の仕組みをよく理解した上で発音を習得できる、このような教材が必要だと思います。

　私は、この本で学んだベトナム人日本語学習者が、自分がつながりたい日本語コミュニティで、自分らしい発音や伝え方ができるようになればうれしく思います。そして日本語母語話者もこの本によってベトナム語とベトナムへの理解を深められるといいと思います。相互の発音学習を通じて、日本語人とベトナム語人の理解が深まり、豊かにつながる社会になるよう願っています。

松田真希子

索 引

著者紹介

金村久美 (かなむら くみ)

博士（学術）　名古屋経済大学教授　専門：日本語音声学・ベトナム語教育

主な論文：「ベトナム語母語話者による日本語の発音の音調上の特徴」『ことばの科学』12（名古屋大学
言語文化部言語文化研究会、1999）、「ベトナム語と日本語の音声における喉頭調節」〔共著〕『日本語音声
コミュニケーション』5（日本語音声コミュニケーション教育研究会、2017）、「より教えやすい日本語のリズム・
アクセント指導法の開発と改善」『人文科学論集』98（名古屋経済大学人文科学研究会、2019）など。

松田真希子 (まつだ まきこ)

博士（学術）　金沢大学融合研究域教授

専門：マルチモーダルコミュニケーション研究・日本語教育

主な編著書：『ブラジル人のためのニッポンの裏技』（春風社、2008）、『ベトナム語母語話者のための
日本語教育―ベトナム人の日本語学習における困難点改善のための提案』（春風社、2016）、『複言語・
複文化時代の日本語教育』〔共編〕（凡人社、2016）など。

ベトナム人に日本語を教えるための発音ふしぎ大百科

Pronunciation Encyclopedia for Teaching Japanese to
Vietnamese People

Kanamura Kumi and Matsuda Makiko

発　行	2020年 8月17日　初版1刷
	2022年10月20日　　2刷
定　価	3200円＋税
著　者	© 金村久美・松田真希子
発行者	松本功
装丁者	渡部文
DTP	深港英子（株式会社 ソフトマシーン）
印刷・製本所	株式会社 シナノ
発行所	株式会社 ひつじ書房
	〒112-0011　東京都文京区千石2-1-2　大和ビル2階
	Tel：03-5319-4916　Fax：03-5319-4917
	郵便振替 00120-8-142852
	toiawase@hituzi.co.jp　https://www.hituzi.co.jp/

ISBN 978-4-89476-919-9